现代企业财务与绩效管理研究

徐伟丽　马丽敏　著

吉林人民出版社

图书在版编目 (CIP) 数据

现代企业财务与绩效管理研究 / 徐伟丽，马丽敏著
. -- 长春：吉林人民出版社，2023.3
ISBN 978-7-206-19813-7

Ⅰ. ①现… Ⅱ. ①徐… ②马… Ⅲ. ①企业管理 – 财务管理 – 研究 ②企业绩效 – 企业管理 – 研究 Ⅳ. ① F275 ② F272.5

中国国家版本馆 CIP 数据核字 (2023) 第 038907 号

现代企业财务与绩效管理研究
XIANDAI QIYE CAIWU YU JIXIAO GUANLI YANJIU

著　　者：徐伟丽　马丽敏	
责任编辑：张　草	封面设计：李彦伟

吉林人民出版社出版 发行（长春市人民大街 7548 号）　邮政编码：130022
印　　刷：三河市华晨印务有限公司
开　　本：787mm × 1092mm　　　　　1/16
印　　张：15.25　　　　　　　　　　字　　数：300 千字
标准书号：ISBN 978-7-206-19813-7
版　　次：2023 年 3 月第 1 版　　　　印　　次：2023 年 3 月第 1 次印刷
定　　价：78.00 元

如发现印装质量问题，影响阅读，请与印刷厂联系调换。

前　言

企业财务管理是企业管理的重要组成部分，在实践管理过程中可以发现，财务管理由多个部分组成，其中最重要的就是绩效管理。做好企业的财务工作，应明确财务管理与绩效管理之间的关系，将企业战略发展的总体目标作为企业财务绩效管理目标，确保企业管理目标的一致性。在新时期的背景下，互联网技术的发展使得财务管理呈现信息化特征，大数据、云计算、区块链等的出现，使企业财务和绩效管理迎来了新的挑战。企业要想实现良好的发展，应从科学的角度出发，学习现有企业财务和绩效管理知识，认真研究并判断企业财务与绩效管理的发展趋势，以高效的财务管理手段和明确的绩效管理目标，融合大数据时代信息共享服务理念，以创建财务共享服务平台，构建财务绩效管理体系的方式，综合提高企业的管理能力。为此本书围绕现代企业财务与绩效管理进行深入的研究与探索，其理论意义与实践价值不言而喻。笔者将本书分为以下九个部分。

第一章主要内容为现代企业管理转型机遇和挑战，在此基础上延伸性研究企业管理转型方向。以现代企业转型为中心，通过阐述现代企业管理概念、内容、方法及管理制度介绍概念性知识，综合分析现代企业转型的机遇、挑战和转型方向。本章内容旨在使读者掌握企业管理基础概念的前提下，结合国际背景和国内企业发展，了解企业管理发展历程，为接下来的学习做好铺垫。

第二章以企业管理为主，围绕财务管理展开，首先是财务管理相关概念和理论知识介绍，通过阅读和学习，可以使读者对企业财务管理有基础认识。其次是对财务管理内容进行介绍，主要设计目的是使读者在了解财务管理基础理论知识的前提下，深入学习企业财务管理所包含的内容，提高读者对企业财务管理的认识。最后，从企业财务管理的发展趋势入手，从管理目标、管理主体、管理对象及管理方式四个角度切入，深入分析企业财务管理的发展趋势，升华财务管理思想。

第三章主要对企业绩效管理理论进行探究和分析，内容包含现代企业绩效管理相关概念与理论，企业绩效管理的内容介绍，在综合学习理论知识的基础上，对企业绩效管理的发展趋势进行分析，从管理理念和管理技术两个层面出发，结合企业绩效管理现状，深入学习企业绩效管理思想。

第四章初步探究企业财务管理与绩效管理之间的协同关系，以财务管理在现代企业管理中的具体应用为主,从创新应用的角度出发,进行实践性的探究分析。主要内容包含企业在融资、投资以及财务共享服务模式等方面的财务管理创新应用,内容丰富且架构清晰,对企业财务管理的实践应用进行了深入研究。

第五章以战略绩效管理在现代企业财务管理中的应用为主,对企业战略绩效的管理模型、体系构建、管理实践和管理评价进行综合论述,对探究绩效管理在企业财务管理中的具体应用方法和应用过程进行探究,并在此基础上以评价的方式对体系结构进行有效完善。

第六章以风险绩效管理在现代企业中的具体应用为主,对企业风险绩效内容和实践管理过程进行综合探究,总结风险绩效管理的优化策略,设计评价体系,对风险绩效管理内容进行综合完善。

第七章以企业预算绩效管理在企业财务管理中的具体应用为主,学习企业预算绩效管理目标的设定方法和流程化设计并总结优化策略,在实践的基础上对企业预算绩效管理的保障措施进行探究,保障企业预算绩效管理的顺利实施。

第八章以现代企业财务与绩效管理体系建设与应用为主,在论述企业绩效管理在财务管理中的功能的同时,从财务人员核心能力建设、企业管理体系建设和管理体系应用两个方面对企业绩效管理进行了具体介绍。主要内容包含财务管理在绩效管理中的功能性、企业财务与绩效管理体系建设,以及企业财务与绩效管理体系的应用。相较于前面几个章节来说,本章节实践性内容较多,需要在学习基础理论知识的前提下,以实践验证的方式辅助章节内容的学习。

第九章以结论和创新展望为主,在前面章节学习的前提下,总结了现代企业财务与绩效管理的特性,并有针对性地提出了管理建议。在管理创新方面,主要分为我国企业未来管理的发展路径及企业财务与绩效管理创新展望两部分内容,笔者基于当前市场经济及企业发展情况,对管理路径及企业创新管理方式进行了预测性分析。

目录

第一章 绪　论 ··· 001
　　第一节　现代企业管理转型机遇 ····························· 001
　　第二节　现代企业管理转型挑战 ····························· 005
　　第三节　现代企业管理转型方向 ····························· 011

第二章 现代企业财务管理体系构建的理论探源 ············· 016
　　第一节　现代企业财务管理概述 ····························· 016
　　第二节　企业财务管理内容 ·································· 028
　　第三节　现代企业财务管理的发展趋势 ···················· 041

第三章 现代企业绩效管理体系构建的理论探源 ············· 047
　　第一节　现代企业绩效管理相关概念与理论 ·············· 047
　　第二节　绩效管理的内容介绍 ······························· 061
　　第三节　现代企业绩效管理的发展趋势 ···················· 073

第四章 绩效导向下的现代企业财务管理创新方向与实践 ······· 079
　　第一节　企业财务管理与绩效管理的协同关系 ··········· 079
　　第二节　现代企业融资管理创新应用 ······················ 085
　　第三节　现代企业投资管理创新应用 ······················ 100
　　第四节　现代企业财务共享服务模式创新应用 ··········· 110

第五章 战略绩效在现代企业财务管理体系的具体应用 ······ 121
　　第一节　企业战略绩效管理模型 ····························· 121
　　第二节　企业战略绩效考核体系的构建 ···················· 126
　　第三节　企业战略绩效管理实践 ····························· 136
　　第四节　企业战略绩效管理评价 ····························· 147

第六章 风险绩效在现代企业财务管理体系中的具体应用 ………… 153

第一节 企业风险绩效管理概述 ……………………………… 153
第二节 企业风险绩效管理的过程 …………………………… 159
第三节 企业风险绩效管理优化策略 ………………………… 163
第四节 企业风险绩效管理评价体系设计 …………………… 167

第七章 预算绩效在现代企业财务管理体系中的具体应用 ………… 176

第一节 企业预算绩效管理目标设定 ………………………… 176
第二节 企业预算绩效管理的流程设计 ……………………… 182
第三节 企业预算绩效管理优化策略 ………………………… 188
第四节 企业预算绩效管理的保障措施 ……………………… 194

第八章 现代企业财务与绩效管理体系建设与应用 ………………… 197

第一节 现代企业财务管理在绩效管理中的功能性 ………… 197
第二节 现代企业企业财务人员核心能力建设 ……………… 202
第三节 现代企业财务与绩效管理体系建设 ………………… 209
第四节 现代企业财务与绩效管理体系应用 ………………… 219

第九章 现代企业财务与绩效管理结论与创新展望 ………………… 224

第一节 现代企业财务与绩效管理结论 ……………………… 224
第二节 现代企业财务与绩效管理创新展望 ………………… 228

参考文献 ………………………………………………………………… 232

第一章　绪　论

第一节　现代企业管理转型机遇

在经济快速增长的大背景下，国家经济体结构发生了翻天覆地的变化，机遇伴随着挑战，创新决定了转型方向，我国企业发展逐步实现了从单一农业经济向多元化经济发展的目标。了解现代企业管理的概念和特征，学习现代企业管理的内容和方法，根据现代企业的发展趋势，综合分析现代企业管理所面临的转型机遇，对不断强化企业管理水平，提高企业核心市场竞争力具有重要意义。本章节作为基础内容，从现代企业管理的概念出发，分析企业管理特征，总结企业管理内容和方法，了解现代企业管理的背景，初步分析企业管理的转型与机遇，提升对现代企业管理的认识。

一、现代企业管理概述

（一）企业的概念

企业指的是依据国家法律法规设立，以自负盈亏和独立核算的形式，从事商品生产和经营活动的社会营利性经济组织，企业实际持有者具有法人资格，需要依法开展企业经营活动。因此，企业具有以下几点基本要素。

第一，企业需自负盈亏。企业拥有独立运营的权利，在自主经营的同时对企业的盈亏情况直接负责。

第二，企业需要从事商品生产和经营活动。从这一点来看，企业必须拥有必要的营业场所，而且不限于办公地、车间生产地、销售门店等。

第三，企业需要生产和流通。资源方面，如人力资源、物理资源、场地资源等，是企业必不可少的组成部分。

第四，企业必须合法合规。企业的生产经营活动，须在遵守法律法规的前提下开展，因此企业活动应受到法律的约束和保护。

第五，企业拥有自主权。企业的特性决定了企业实际持有者具有企业的自主权，在企业存续期间，根据企业的不同类别，自主经营，对盈亏的情况直接负责。

(二) 企业的特征

企业的概念决定了其特征，因此企业主要有以下四个特征。

1. 企业的资源整合

从企业的要素构成可以看出，企业进行生产经营，需要对资金、设备、劳动力、场地、生产技术和管理等要素进行整合，构成企业的生产经营资源。从企业资源内容来看，主要分为有形资源和无形资源。有形资源构成了企业的有形资产，如企业生产设备、生产车间、生产原材料等。无形资源构成了企业的无形资产，如生产技术、企业组织管理架构、企业文化等。有形资源和无形资源对企业的发展具有同等重要的作用，将无形资源和有形资源有效整合在一起，才能最大限度地激发企业的生产力和创新能力。

2. 企业的经济性

企业由企业股东、经营管理人员、企业普通员工等组成，从这一点来看，企业的各组成部分具有一定的利益连接性。在企业发展的过程中，不同人员之间存在着不同的利益关系，如股东与企业实际经营管理人员之间的委托与代理关系，经营管理人员与企业普通员工之间的薪资报酬关系，企业监督者与企业管理者的监督与被监督关系等。不同的利益关系有效凸显了企业的经济性，对企业的不同人员具有不同的约束与制衡作用，为企业发展奠定了基础。

3. 企业的营利性

从企业的性质来看，企业是营利性组织。[1]企业是社会发展的重要组成部分，从原始的农业生产，到如今的机械化加工，企业经营的主要目的是获得利润、创造财富。财富是人类物质生活的基础，为了提高生活质量，人们需要以生产劳动的形式，对原材料产品进行加工，在这一过程中，除去原材料、人工、能源等生产成本获取利润，有组织有计划地开展生产性的经营活动。企业以创造利润和财富的形式开展经营性活动，在一定程度上提高了人们的生活质量，有效促进了社会发展。

---

[1] 钱坤，俞荟，朱蕾. 企业管理 [M]. 北京：北京理工大学出版社，2020：12.

4.企业的合法性与独立性

企业是社会组成的重要部分，除内部利益关系外，企业发展与银行、债权人、国家税务司法机关、下属代理商、消费者以及竞争者之间存在着复杂的外部关系，企业特性决定了其在发展的过程中，必须承担起社会责任，从合法合规的角度出发，正确处理多方复杂关系。例如，在合法的基础上创建企业，在生产经营过程中严格遵守生产销售的各项规定，认真学习相关法律法规，主动承担纳税人义务。企业在合法的基础上具有一定的独立性，其生产和经营内容受法律保护，不同企业的组织架构和文化具有较大差别，为企业的多元化创新提供了发展空间。

二、现代企业管理的内容及方法

（一）现代企业管理的内容

企业发展的最终目的是实现利润最大化，提升企业价值，这是企业的最终使命，也是企业存在的意义。企业管理以提升企业利润为核心，细分为生产管理、经营管理、企业文化管理等方面，具体如图1-1所示。

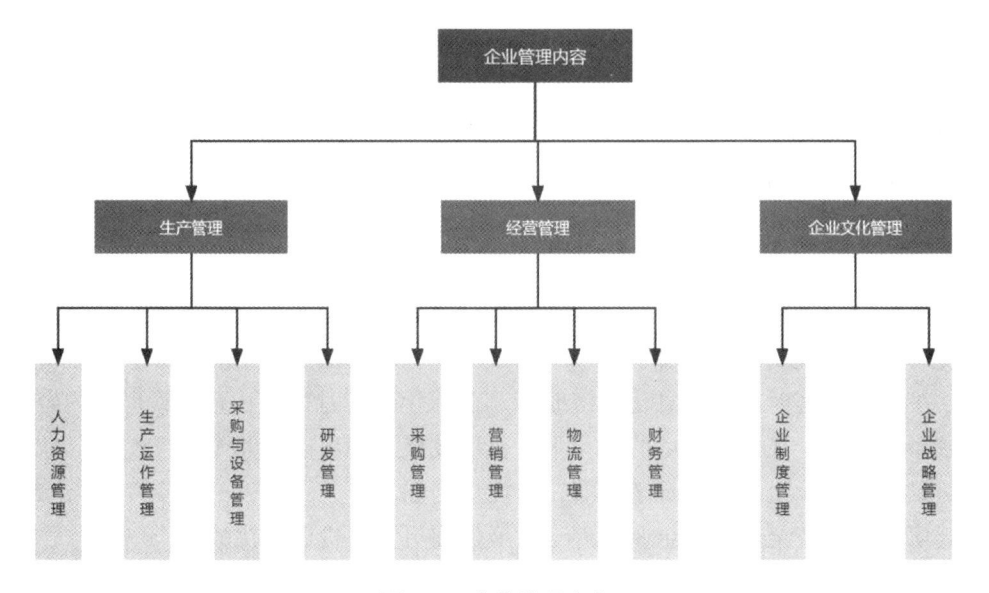

图1-1 企业管理内容

（二）现代企业管理的方法

现代企业管理内容较多，管理方法也根据内容进行了细化分类。

1. 行政管理方法

行政管理方法主要指的是根据现有的行政系统，对企业职工进行管理的一种方法。其中包含企业人力资源管理、企业文化活动管理、企业后勤服务管理、企业安全保障管理等。

2. 经济管理方法

企业经济管理方法，主要应用于企业被管理者的薪酬方面。例如，从奖金、津贴、节日福利、薪资待遇等入手，以利益驱动调动企业人员积极性。经济管理方法在很大程度上影响了企业被管理者的个人利益，是企业管理的常用方法之一。

3. 制度管理方法

企业制度管理方法主要指的是从法律的角度出发，对企业被管理者的行为作出约束。企业依法制定的规章制度受法律保护，这些规章制度可以有效提高企业管理的稳定性，形成企业管理标准。

4. 教育管理方法

企业教育管理方法，主要从技术设备更新、岗位业务内容变更、企业文化发展的角度出发，对企业被管理人员进行再教育，在提升企业被管理人员业务能力的同时，宣传企业文化，增强被管理人员对企业文化的认同感。

三、现代企业管理转型机遇

（一）现代企业管理背景分析

现代企业管理制度是在经济发展的不同时期逐步形成并完善的。纵观企业发展史，企业管理受外界环境影响在不断改变。在不同的历史阶段，如农业经济时期、工业化经济时期、信息化经济时期、全球化经济时期等，企业管理的内容和方法不断变化。在外部环境的变化下，企业发展呈现出以下几个特征。

第一，企业组织边界日渐模糊，开放性增强。

第二，经济全球化使企业管理与发展面临更大的机遇与挑战。

第三，信息化时代来临，知识经济快速发展。

第四，市场需求多样化，创新带动企业发展。

现代企业管理的外部环境在不断改变，企业内部管理也应在改变的基础上不断进行创新，在过渡的同时，抓住转型机遇。

（二）现代企业管理的转型机遇

从微观角度来看[①]，企业发展是经济发展的基础，企业要想提升经济，就需要改变原有思想，并结合市场环境和国家经济政策，进行转型与发展。科技的创新和经济的进步，有效提升了中国产品在国际上的地位，进行产业结构优化，保护环境并推动环保理念，担当大国责任成为中国企业转型与发展的大方向。在国家经济快速发展的前提下，企业转型是适应经济环境变化，促进国家经济发展的有力保证，转变企业发展方式，在一定程度上推动了经济发展，促进了科学发展。

从宏观角度分析，国家市场环境在不断变化，全球竞争和经济信息化使得企业开始认真反思战略管理、产品管理、资源管理及效率与价值等问题。在反思中总结经验，在发展中谋求创新。企业外部环境的变化使得对企业内部管理者的要求越来越高，在现代企业管理转型的过程中，抓住机遇，积极应对挑战就显得尤为重要。

由此可见，现代企业管理转型可以有效促进经济发展，提升企业核心竞争力，帮助企业适应市场环境，优化市场产业结构，促进国民经济发展。在新的经济形势下，现代企业管理也面临着转型，如从人力资源管理、企业财务管理、企业绩效管理、企业文化管理等层面，不断进行优化和补充，调整管理结构，适应企业整体转型变化，为企业整体转型做好准备。

第二节 现代企业管理转型挑战

从改革开放到现代化生产的进程中，现代企业管理历经了多次变化，企业管理模式和管理内容，依据企业战略发展目标进行了有效调整。在经济社会快速发展的今天，了解企业转型的背景，综合学习企业转型的系统性思维，抓住现代企业转型的本质，在面对现代企业管理转型的挑战时，快速做出反应，是一个优秀的管理者应该具备的重要能力。

[①] 赵昌文，张文魁，马骏，等. 中国企业转型发展调查研究 [M]. 北京：中国发展出版社，2013：11.

一、现代企业转型的背景

国家经济发展迅速，用几十年的时间完成了西方国家近百年的工业发展之路，企业转型一直都是企业发展的重要途径。[①] 在改革开放的 40 多年中，中国企业至少经历了五次比较大的转型。

1978—1999 年，第一次的企业管理转型，其背景是国家经济形势发生了巨变，计划经济转向商品经济，这一转变为企业发展提供了更多的机会。在这一时期，优秀的企业家开始出现，在由市场调节供需关系、计划经济退出历史舞台的前提下，市场需求巨大。与此同时，社会生产力的不足直接导致供需关系呈现紧张状态。在这一时期，企业以改善市场供求关系为主，企业家开始创业，市场环境较好，竞争压力较小。1992 年，人民思想解放加快，胆子大、步子快，在改革开放的背景下，国家现代化建设开始进入下一阶段，大量民营企业开始出现。

1999—2002 年，国家经济体制正式确立为社会主义市场经济，工业化产品在满足市场的前提下，出现了严重的产能过剩，在这一阶段，企业要生存、要发展，就必须改变以往的认知，进行转型和升级。在经济不断发展和变化的过程中，人民的生活水平得到了有效提高，市场产品已经能够满足人民的吃穿等基本生活所需，经济结构开始出现转变。城市和房地产建设开始成为热门行业，钢筋、水泥、煤矿以及各种能源的价格开始上涨，经济结构开始出现转变，产业经济结构呈重型化趋势。

2002—2012 年，在加入世界贸易组织（WTO）的背景下，大部分企业开始从单一的国内发展路径，转变为走向国外的发展路径。外向型企业带动了国家贸易经济的发展，经济贸易发展迅速，加快了中国与国际接轨的速度。在这一时期，外资企业开始与我国国内企业进行合作，以竞争的方式促进经济发展，互相博弈，共同进步。

从 2012 年至今，互联网信息技术快速发展，同时传统销售行业遭受了严重打击。在这一背景下，企业商品销售与服务管理开始由传统门店统销统管的形式，逐步转型为线上销售、线上服务的模式，物流行业蓬勃发展。在这一阶段，企业迎合互联网的发展趋势，转变了经营模式，完成了第四次转型。

如今，互联网快速发展，5G 时代已经来临，企业开始遭受新一轮的信息冲击。在信息时代，知识付费和商品销售开始结合，信息时代中企业要想完成自救，必须在迎合互联网发展的前提下，从信息化的角度进行创新转型。

纵观企业转型的发展史，可以发现企业的转型与国家经济体制的转变，市场

[①] 陈雪频. 重塑价值：中国企业转型路径 [M]. 北京：中国友谊出版公司，2017：4.

供需关系的转变，市场经济形势的转变，互联网及信息的发展有着密切的关系。转型没有时间的限制，也不受地域的制约，在本节的分析中，阶段性划分仅仅代表年份，在实际的企业发展中，转型是一个漫长的过程，不同行业的转型阶段有着很大的区别。从上述内容中可以总结出，转型是企业发展的常态化现象，企业转型需要在适应市场环境变化的前提下进行创新，以创新求生存，以创新求发展。

二、现代企业转型的系统性思维

（一）影响企业转型的因素

1. 外部市场的预判

受外部环境的影响，企业发展受到一定的制约，决策者缺乏长远规划，企业发展战略并不清晰，且并未形成科学的决策机制。企业战略的制定缺乏计划性和科学性，仅仅依靠领导者的个人直觉和经验很难带领企业进行转型。在企业转型过程中，缺乏市场预判能力，面对瞬息万变的市场，缺乏应变机制甚至毫无还手之力。

2. 转型目标不够明确

在企业转型过程中，明确的转型目标可以有效提高企业转型的成功率。在企业转型的过程中可以发现，中小企业的转型存在一定的盲目性，一味追求转型升级，并未对企业转型进行战略化部署和深入性研究与分析。主要表现为，看重眼前利益而忽视了企业长远发展的内在驱动力，企业转型困难较大，导致生命力大大缩短。

3. 企业自身的管理缺陷

企业分为很多种，不同的企业内部自身管理有着很大的不同，企业内部存在的管理缺陷，对企业转型具有一定的阻碍作用。例如，家族氏企业的经营管理中，组织结构较为简单，在不断发展的过程中，管理方式难以适应市场环境的变化，企业发展缺乏灵活性和创新性，导致企业结构转化升级停滞不前。

（二）企业管理转型的常见误区

在宏观经济环境不断变化的背景下，企业管理转型可以提高企业的技术发展和技术创新能力，根据市场变化主动调整企业管理策略，对企业产业结构进行优化升级，如从产品角度、服务角度、营销角度及财务角度出发，优化企业管理结构，全面提升企业的抗风险能力。企业管理转型有诸多好处，但是在转型过程中，经常会出现以下几点误区。①

第一，将转型定义为转行，过度看重行业热度，舍本逐末。

第二，转型过度依赖互联网，将企业管理转型简单定义为互联网转型。

第三，以资本运作代替实业，忽略转型的实际意义。

第四，缺乏互联网思维，忽略企业管理转型的过程性和常态性。

第五，将转型简单定义为整合，依靠互联网进行跨界整合，缺乏创新性。

从企业管理转型的误区来看，误区的存在大多时候是因为对企业管理转型的认知比较片面，在固定思维的影响下，很容易将企业转型看作技术、产品、营销、管理的简单转变。在互联网和信息时代的背景下，将互联网和信息化作为企业创新的唯一途径，认为将互联网及信息化与企业管理和生产经营进行简单的结合，则可以实现企业转型。从某一方面来看，互联网和信息化可以为企业发展带来有效的刺激，短时间内取得较好的成效，但是对企业产业结构的优化升级来说，还远远不够。②归根结底，企业转型误区的存在，实际因为企业管理者对企业转型缺乏完整性认识，好似"盲人摸象"般难以探究其全貌，对转型进行简单定义，对企业转型缺乏系统性思维。企业转型过程中跟风现象严重，关注热门行业和新兴行业，甚至直接放弃本来行业。如实体经济企业转行金融投资企业。信息化时代行业变化速度加快，转型更为紧迫，企业管理者缺乏对企业转型的系统化思维和战略性部署，在学习新的术语概念时，忽略了企业转型的本质，在陷入误区时，迫切转型的心理导致企业管理者的焦虑感增加，最终导致转型失败。

（三）企业管理转型的系统性思维

新经济时代，企业家从企业战略管理的角度出发，将传统产品数量、产品价格、产品质量等内容，结合企业供应链管理统筹为企业战略管理。③便于企业在新经济形势下，根据所处环境，更加合理地分配企业资源，运用企业资源，使企业价值最大化。与此同时，深刻反思转型与机遇之间的关系，深入了解转型的系统性和全局性，综合其创造、支持、传递和获取价值的特性，以更新服务内容升级产品的形式实现价值传递，获取收益模式的转变。抓住机遇，从内部的角度以价值为支撑，进行升级组织，实现企业转型与发展，如图1-2所示。

---

① 陈雪频. 重塑价值：中国企业转型路径 [M]. 北京：中国友谊出版公司，2017：10.
② 陈雪频. 重塑价值：中国企业转型路径 [M]. 北京：中国友谊出版公司，2017：12.
③ 陈雪频. 重塑价值：中国企业转型路径 [M]. 北京：中国友谊出版公司，2017：15.

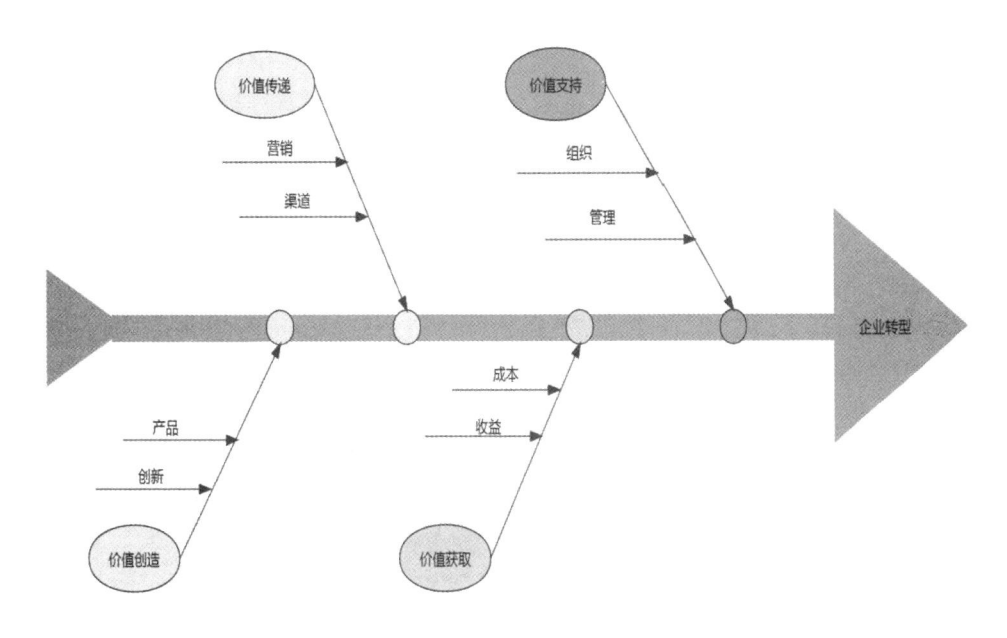

图 1-2　企业转型构成要素

1. 企业的核心价值

企业的核心价值是服务客户，为客户提供好的产品或好的服务，在创造客户价值的基础上实现企业价值。例如，电子产品、包装食品及生活用品，同属于产品交易。按摩、培训及美容则同属于服务教育。企业的价值核心，以服务客户的形式创建客户价值为主。企业转型应以服务客户为主创建客户价值，并以创建客户价值为企业转型的出发点，来推动企业转型，确定价值核心，提升企业市场竞争力。

2. 企业的价值传递

企业的核心价值以服务客户为主，解决客户的问题，在这一过程中，需要进行企业的价值传递，即经历由企业向消费者交付产品或服务的过程。在企业转型中，实现企业的价值传递，需要企业管理者思考如何去锁定自己的目标客户，即受众群体，完成价值传递并在此基础上构建营销渠道。

3. 企业的价值支持

企业的价值支持主要指的是在企业组织管理中，构建企业组织架构，支撑企业进行产品创造，并将其构建成为一个持续的过程。例如，企业中的组织行为中人力资源、设备资源以及资金资源等，根据企业的实际发展情况，制定具体的制度，合理构建审批流程，帮助企业更好地进行核心价值的创造和企业价值的传递。

4.企业的价值获取

企业的最终目的是进行价值的获取,在产品生产、营销渠道的铺设等过程中,企业会花费大量的人力物力,因此建设清晰的成本结构,计算生产销售的成本,明确收益和利润,是进行价值获取的基础。在这一过程中,将提高企业的投资回报率和资金利用率作为企业转型的目标,通过系统构建和战略性部署,完成企业转型。

总而言之,企业的转型具有一定的系统性,在企业转型的过程中,具备系统性思维,并将各个环节紧密联系在一起,进行有机融合,才能有效提高企业转型的成功概率。除此之外,关注互联网和信息化趋势,利用互联网和信息化体现企业价值,从产品和服务方面为客户群体提供良好体验。优化企业内部管理结构,整合企业资源,使企业价值最大化,实现企业转型目标。

三、现代企业管理转型面临的挑战

(一)企业管理转型面临经济形态的挑战

信息化带领企业开始走向知识经济时代,企业管理内容也开始由传统管理逐步转向知识资本管理。[1]在经济形态不断发生变化的前提下,企业管理者的思想开始发生转变。企业管理的方法和制度在经济形态的转变下,进行优化升级,且逐步经历了以下几个过程:经验管理—科学管理—行为管理—现代化管理—知识管理。在知识经济背景下,人力资源管理开始凸显其主要管理地位,在一定程度上影响了企业的管理战略。

(二)企业管理转型面临经济全球化的挑战

在经济全球化的影响下,企业发展与国际接轨,企业的生产管理活动,也应跟随企业的转型而发生转变。综合各生产管理要素,结合国际经济形势和国际环境,对企业管理系统进行优化,在优化的过程中完成转型,逐步完善管理环节和管理内容。在这一经济形势下,传统单一的企业管理模式,不能适应企业全球化的发展趋势,管理组织结构进行了优化。

(三)企业管理转型面临网络经济的挑战

网络经济时代,传统的营销和产品销售方式发生了巨大转变,物流产业和信息产业快速崛起,网络经济成为热门词汇。网络经济的出现对传统企业管理无疑

---

[1] 李若辉.家具企业转型升级的第三种动力[M].南京:东南大学出版社,2019:35.

又是一次挑战。庞大的计算机网络系统所衍生出的大数据,功能强大且覆盖领域广泛,企业经营理念不得不跟随时代的转变与时俱进,企业的内部组织结构和组织形式,也应在企业经营管理理念发生转变的同时进行相对应的变化。

第三节 现代企业管理转型方向

在前面的章节中我们系统学习了现代企业管理转型所面临的机遇和挑战,从企业转型的角度出发,探究现代企业管理转型的要素,以系统性思维结合时代背景,可以得出结论,现代企业的转型首先需要在企业管理方面进行转型。本节从现代企业管理制度基础知识出发,对现代企业管理转型的方向进行探究,并对观点性内容进行深入讨论。

一、现代企业管理制度

(一)现代企业组织构成

现代企业组织是以明确企业人员分工与协调关系为目的,来规范企业部门成员职责的组织制度。[①] 其中主要包含了四个部分,即股东大会、董事会、监事会及总经理。

1. 股东大会

股东大会顾名思义是由企业所有股东组成,是企业的主要权力机构,在企业管理中承担重要的管理职能。如选举更换董事会成员、监事会成员,对董事会和监事会提供的报告内容进行审批,参与企业财务预算方案的审议,对企业形式的变化,如合并、分立变更、解散以及清算进行决议。

2. 董事会

董事会一般是由股东会选举的,董事对内直接对企业事务负责,对外代表企业进行经营决策。董事会的职权以提供方案执行股东决议为主,如制订企业利润分配方案,制定企业基础管理制度,执行股东会提出的决议。

---

① 胡建兵.小而美:中小企业的转型之路[M].长沙:湖南师范大学出版社,2016:27.

3. 监事会

监事会的主要设定目的，是对董事会和企业经理进行监督，减少企业实际管理人员滥用职权损害企业利益现象的发生。从监事会的性质来看，监事会具有一定的独立性、法定性和专门性，因此监事会的组成成员不得少于三人，人数较少的企业至少设定一到两名监事人员。与此同时，董事以及企业高级管理人员不能担任企业监事职位。

4. 总经理

从传统角度来看，总经理是企业的最高领导人，代表企业创始人。实际企业总经理的职能与其所在企业的性质有着密切的关系。如民营中小企业，人数较少，并未设立股东和董事会，总经理为企业实际职务最高的管理人员，直接代表企业，对内直接行使决策权，对外代表企业进行经营角色。在大型企业中，总经理的职务主要负责企业业务的经营管理，受董事会和监事会的监督，经营管理决策需报请董事会的批准，并向董事会报告企业经营情况。

（二）现代企业管理制度

现代企业管理制度主要目的是对企业的经营管理负责，进行制度方面的安排，主要包括以下几个部分，如图1-3所示。

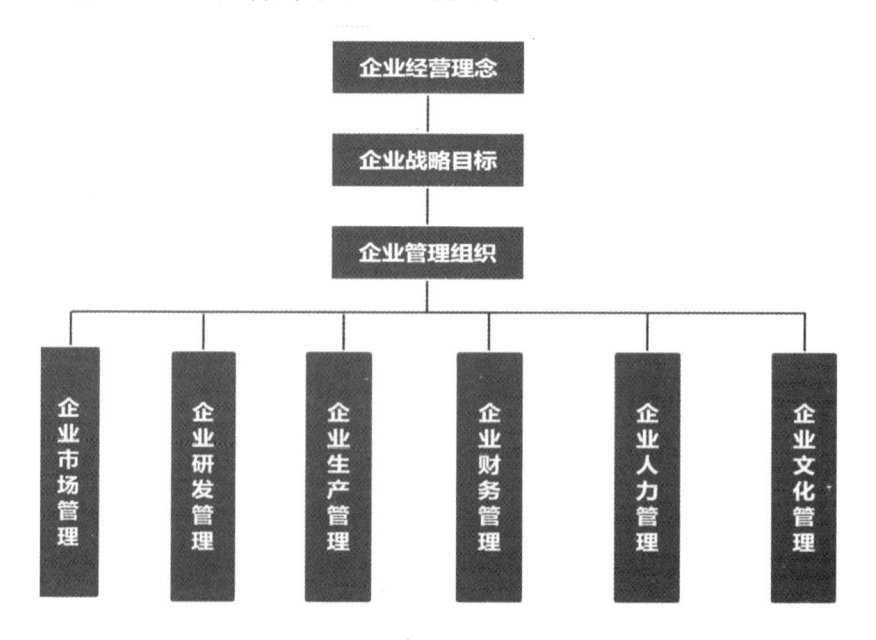

图1-3 企业转型构成要素

1.企业经营目的和观念

在企业经营过程中，明确经营目的并形成一定的经营理念，可以将企业的经营活动上升至更高的层次，依据经营目的和经营理念，制定企业管理制度，深化企业管理制度。

2.企业目标与战略

企业目标与战略是由拥有企业实际决策权的管理人员，根据企业发展的经营目的和经营理念制定的。企业目标与战略的制定需要在建立和完善企业组织机构的基础上，开展经营活动，有目标、有计划地对企业战略性发展进行有效完善，并最终使企业的经营目的和经营理念得以实现。

3.企业的业务职能

根据企业的内部结构和职务设定，企业的业务职能管理一般包括六个领域：企业市场管理、企业生产管理、企业财务管理、企业研发管理、企业人力管理及企业文化管理。

二、影响企业管理的因素

（一）企业所面临的外部环境

企业的生存和发展，应根据外部环境不断进行调整，如企业发展战略和企业发展目标的调整，企业内部管理结构、人力资源管理和财务资源管理的调整，适应不断变化的外部环境，以此来满足市场和经济形势的变化。[①] 外部环境包含企业本身所属的行业特征，外部环境所造就的市场特点，政府政策所引导的经济形势等。在适应外部环境变化的过程中，能够有效优化企业内部结构，如优化企业职能部门、企业的管理层次结构以及职权结构等。

（二）企业的规模和内部结构

企业的规模不同，其内部管理结构的设置也会有一定的差异。如企业规模较大，人数较多，企业活动较为复杂，专业管理分工更加细化，增加了管理框架的复杂性。在企业规模较大的前提下，企业内部管理人员需要协调和决策的事务明显增多，管理人员要进行分权，管理层级设定增多，因此企业的规模影响着企业内部管理结构的设计，是影响企业管理的基本因素。

---

① 薛丽红，李晓宁.现代企业管理[M].北京：北京理工大学出版社，2019：33.

（三）企业的业务种类和特点

企业的业务种类和业务特点，影响着企业的岗位设置。业务种类少，业务性质简单，岗位设置人数少，管理层次也相应减少。若业务种类多且各业务之间联系紧密，就需要企业的各部门之间进行相互作用。内部结构较为紧密，综合管理的难度明显提高。

（四）企业的研发和技术能力

企业的研发和技术能力，决定了企业组织活动的效率，对组织活动和职务设计方面有一定的影响。例如，对于创新型企业来说，企业的研发和技术能力是企业发展的基础，为满足企业的发展，组织管理设计更加侧重于创新方面，研发和技术管理占据企业组织机构的核心位置。在传统企业中，技术创新内容较少，企业管理组织机构中的核心位置向成本、利润等方向转移。企业研发和技术能力对企业管理和组织架构的形成有直接影响。

（五）企业的人力资源管理

在企业管理中，人力资源是形成企业管理组织架构的基础。综合考察并提高员工素质，使员工的个人需求发生转变，促使其在学习的过程中获得个人工作能力的提升，对企业的管理与发展来说是一笔很大的财富。企业人力资源的管理制度应具灵活性，从多元化角度出发设置激励制度，提高员工工作和学习的积极性。例如，设置弹性工作时间，根据实际情况给予员工决策参与权和监督权，制定科学合理的薪资福利制度。人力资源的实际管理，直接影响着企业职权结构和企业人员素质水平，在企业管理中占据着重要地位。

（六）企业的信息化建设

在信息经济时代，企业的信息化建设可以有效改革企业管理的途径。[1] 利用网络信息，企业管理者可以快速获得数据与信息，且管理数据也越来越便捷和全面。信息系统的建设和完善，使得企业内部的业务流程发生了变化，不仅可以有效降低企业管理成本，还帮助管理者从复杂的管理活动中挣脱出来，最终达到利用信息的流动性，简化管理流程并提高管理效率。

---

[1] 薛丽红，李晓宁.现代企业管理[M].北京：北京理工大学出版社，2019：34.

三、现代企业管理转型的方向

在综合学习现代企业管理制度,综合分析现代企业管理转型背景后可以得出,现代企业管理转型所面临的挑战来自企业整体转型、企业战略的部署、资源的分配、人员的管理以及企业财务的有效管理。企业战略的部署决定了企业的发展方向,资源的分配取决于企业战略的部署,人员的管理和财务的管理决定了企业转型的质量,将各部分内容进行融合,构建管理体系,实现现代企业的管理转型。现代企业管理转型的方向主要有以下几个方面。

一是管理者的决策能力和战略部署,现代管理转型并不是一蹴而就的,而是应该根据当前企业内部发展现状,制订合理的战略部署计划,管理者的决策能力和战略部署能力,对企业内部管理体系的转型与重新构建具有重要影响。

二是企业的生产,企业的生产能力是企业管理转型的基础,提高企业生产能力,即创建更高绩效,根据现有资源获得企业利益最大化,以优化企业管理的形式,促使企业转型。

三是企业的资源整合,在企业转型过程中,需要整合企业内部多方资源,逐步进行产业升级。在资源整合的过程中,了解企业设备、厂房等固定资产情况以及短期借款、应付债券等负债情况,帮助决策者更加有效地作出转型决定。

在企业战略部署统筹的过程中可以发现,传统的财务管理和绩效管理手段,难以满足企业的变革和发展要求,财务管理手段单一,难以满足预期企业战略管理的目标。企业管理兼并整合可以有效利用企业资源,在激烈的市场竞争下,降低成本实现利润最大化,在面对外部环境变化时,面对挑战抓住机遇。在管理整合和企业转型创新的过程中,财务绩效管理可以确保有效内控的前提下,实现低成本控制,做好生产的最优决策,提升企业绩效,落实企业战略目标。因此,企业管理者应学习和归纳企业财务与绩效的管理思路、管理方法及管理手段,最终达到提高企业风险应对能力及企业核心竞争力的管理目的。

第二章　现代企业财务管理体系构建的理论探源

财务管理是企业管理的重要组成部分,因此本章内容以财务管理概念为基础,重点介绍财务管理的概念和目标、特点、管理环节与原则,对基本理论内容进行深入学习,为接下来的章节学习做好铺垫。本章节内容主要分为三部分,一是现代企业财务管理概述;二是现代企业管理的内容;三是现代企业财务管理的发展趋势。通过概念知识学习,趋势深入化分析,提高学习者对现代企业财务管理的认知,引导其从趋势发展角度出发,开展自主学习活动,为接下来的章节内容学习做好铺垫。

第一节　现代企业财务管理概述

一、财务管理的概念和特点

(一)财务管理的概念

财务管理应在确定整体财务目标的前提下,对企业投资、筹资、资金运营和利润分配,进行统筹化管理。财务管理属于企业内处理各部门财务关系的一项经济管理工作,由企业资金运作和其他经济体的利益关系组成,在财务管理过程中,财务管理人员应依照财经法规制度,组织开展企业财务管理活动,严格按照财务管理原则,组织开展企业的财务活动。

（二）财务管理的特点

1. 管理范围广

企业管理的范围主要分为两方面，一是企业内部的财务管理；二是企业外部的财务管理。[①] 首先从企业内部来说，财务管理的范围较广主要体现在，一是财务管理涉及企业生产经营的各个环节，如商品生产、商品供应、商品销售等，企业内部各部门之间存在着资金联系，具有一定复杂性。监督各部门合理使用财务资金，降低生产成本，提高资金利用率，需要财务管理人员在指导的基础上，进行有效的监督和约束。与此同时，对企业内的各部门负责，提供准确、完整的财务内容，帮助企业管理者依据企业现有情况，做出正确决策。二是相较于企业内部的财务管理，企业外部的财务管理则表现得更为复杂。在市场经济中，现代企业财务管理需要调节各利益主体之间的财务关系，如企业与股东之间的财务关系（股东出资认缴比例、股东分红），企业与政府之间的财务关系（纳税、罚款），企业与金融机构之间的关系（抵押贷款、借贷），企业与供应商之间的财务关系（物品价值），等等。

2. 管理综合性强

现代管理制度在企业发展和转型过程中不断完善，根据企业的性质和企业的规模形成了不同的企业管理体系。企业管理制度一般由生产管理、技术管理、人事管理、物资管理、营销管理等部分组成，规模较大的企业配备专业的物资管理、设备管理等人员，企业管理系统结构复杂，且需要统筹协作才能体现出理想状态下的管理效果。财务管理与其他管理不同，其他管理的标准大都比较单一，如生产管理标准，以质量和数量作为衡量标准，技术管理以技术创新能力和研发能力为衡量标准。财务管理是一种价值管理，包含对企业各项财务活动的管理，如企业的投资、筹资、成本管理、利益分配等，综合性较强且联系范围广。财务管理的价值管理属性，使其以资金收付的形式形成了一种流动的价值形态，可以有效反映企业的运营、生产、销售等情况。因此，将财务管理作为企业管理转型的突破口，综合利用其价值管理属性，对企业的生产经营活动进行协调控制，可以起到一定的监督作用，在优化企业管理结构的同时，促进企业转型和发展。

3. 管理灵敏度高

现代企业制度中，企业的经营管理目标是提高经济效益，投入资本并实现资本保值和增值。企业要生存和发展，应能通过生产经营，实现收支平衡，获得

[①] 马勇，肖超栏. 财务管理[M]. 北京：北京理工大学出版社，2021：12.

经济利益,并使经济效益最大化。经济利益的提升可以使公司的人力资源、财务资源和固定资产获得有效增加,完成财务指标并形成完整的资金链。从这一点来看,财务管理是企业管理的核心与基础,做好财务管理工作,可以及时了解企业的发展情况,帮助企业管理人员正确根据企业内部环境和外部经济形势,做出正确决策。

二、财务管理目标

财务管理目标是企业财务管理人员,在依据企业财务管理制度进行的理财活动。财务管理目标受外部环境的影响,应根据外部环境作适当调整,在财务管理体系中占据行为导向的重要地位,可以为企业财务人员指明工作方向,并对其财务管理工作的完成度进行有效衡量。[1] 根据财务管理目标性质的不同,可以从宏观和微观的角度对财务管理目标进行具体分析,如图2-1所示。

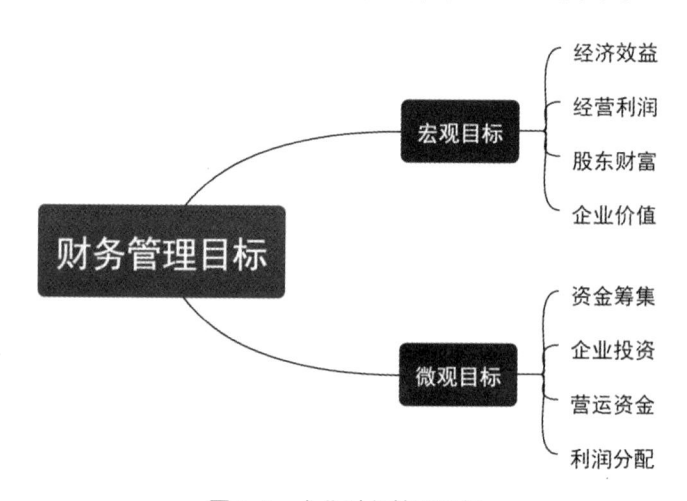

图 2-1 企业财务管理目标

(一)财务管理的宏观目标

企业财务管理的宏观目标,主要以创造价值与财富为主,通过专业的财务管理活动,提高企业利润和经济效益,创造股东财富,提升企业价值。

1. 经济效益最大化

提高企业经济效益,是企业财务管理的最终目的。在实际财务管理过程中,经济效益的提升,是以财务管理指标来进行衡量的,通过对资金、成本、收入等

---

[1] 蔡维灿. 财务管理 [M]. 北京:北京理工大学出版社,2020:9.

财务要素的计算，对企业经济效益情况进行综合评估。提高企业经济效益，是一个概念性词汇，无法准确计量且缺少实际可操作性，因此，在财务管理目标中，经济效益最大化具有不确定性，无法用数字或具体事物进行衡量。

2.经营利润最大化

以经营利润最大化为企业财务管理目标，需要企业在财务管理过程中进行经济核算，通过加强企业管理和改进企业生产技术的方式，综合提高企业职工的劳动生产率，以此来达到降低产品成本的目的。将利润最大化作为企业财务管理的目标，有利于提高企业资源配置的合理性，提高企业的整体经济效益。利润在一定程度上反映了企业的经营成果，从这一点来看，企业的利润越高，财富积累越多，离企业的财务管理目标就越接近。

3.股东财富最大化

股东财富最大化观点认为，股东是企业实际创办者，其经营目的是获得财富和经济效益，因此，在财务管理过程中，使股东财富最大化，则达到了股东创办企业的最初目的。这一理论依据主要指的是，股东为企业创办提供原始资本，因此，企业应为股东创造价值，从而坚定股东投资企业的信心，使股东不断为企业输入资本，促使企业实现可持续发展。对上市企业而言，股东财富代表了企业的市场价值，充分考虑了货币时间价值问题，在一定程度上规避了投资风险。股东财富是以企业长期的经营行为来衡量的，容易量化，便于对企业的财务管理和经营状况进行考核。股东财富最大化适用于上市公司，非上市公司并不适用，因此，根据企业实际情况，对企业的财务管理目标进行个性化制订。

4.企业价值最大化

企业价值一般指的是企业的市场价值，即企业所有者权益和债权者权益的差值，也可指企业通过生产经营活动，在未来所能创造的现金流量现值。未来现金流量存在风险因素，具有一定的预测性。因此，以企业价值最大化作为财务管理的目标，需要企业财务管理人员，在考虑资金时间价值的同时，对风险和报酬关系进行综合性分析，对财务政策进行不断优化。

（二）财务管理的微观目标

企业财务管理微观目标指的是具体目标。[①] 主要由四个部分构成，即资金筹集、企业投资、营运资金和利润分配。与财务管理的宏观目标不同，财务管理的微观目标设定更加具体，可操作性强。

---

① 蔡维灿.财务管理[M].北京：北京理工大学出版社，2020：11.

1.资金筹集目标

资金筹集目标首先应满足企业的生产经营，在此基础上降低资金成本，进而达到减少财务风险的目的。在企业生产经营过程中，首先需要资金，作为企业生产的基础。资金是企业正常运营的基础保障，是企业生存和发展的必备条件。充足的资金可以帮助企业购置生产要素，扩大生产规模研发新品，在企业创新发展过程中，需要注入源源不断的资金。企业创立和发展离不开资金筹集，而不同的资金筹集方式和筹集渠道，风险和成本有着一定差异，因此，企业财务管理人员在进行企业资金筹集的过程中，应从资金成本、财务风险等角度出发进行综合考虑，在降低资金成本的前提下，将财务风险降到可控制的范围内。

2.企业投资目标

企业财务管理中企业投资目标指的是，科学合理使用企业资金，在此前提下提高企业经济效益的一种资金管理模式。企业财务管理人员和企业决策者，应对企业所投资的项目进行调研分析，从可行性的角度出发，评估风险等级，最终达到在降低风险的同时提高投资回报率的资金管理目的。企业投资一般包括两部分内容，一是企业的内部投资，如设备更新和技术研发，企业需要以内部投资的形式，提高企业生产效率，实现科技创新，在提高生产经营成果的同时，达到改善企业财务状况的目的。二是企业外部投资，企业合理地投放和使用资金，改善企业所处的外部环境，如以现金、实物、股票等形式，对其他企业进行投资，获取未来收益，并将其作为企业未来总收益的一部分。通过有效的对外投资，可以满足企业的资金调度、扩张、战略转型等需要，在市场经济多元化发展的前提下，企业对外投资已成为企业财务活动的重要组成部分。企业盈利能力、资本增值和企业负债指标是企业财务状况评判的要素，与此同时，企业的盈利能力是企业股东、管理人员以及员工最关心的问题，因此，通过企业内部投资和外部投资，综合提高企业盈利能力和企业经济效益是实现财务管理目标的基本途径之一。企业资产负债水平对企业的负债情况进行了综合反映，与此同时，企业的偿债能力代表着企业对内部以及外部债务的支付偿还能力，优化企业内部财务管理结构，可以有效保障企业投资者利益，减少企业所面临的偿债风险。企业的负债少，偿债能力强，则能够保障投资者和债权人的资金安全，提高企业的资金利用率并促使企业资金进行正常周转。企业内部投资，可以使生产水平和技术水平获得有效提高，保障投资者和企业员工利益，促进企业全面发展。企业外部投资，可以根据市场经济环境，有效抓住外部机遇，提高企业未来预期的利润，在提高企业资金利用率的同时降低资金投资风险，最终达到提高企业效益的目的。

3. 企业营运资金管理的目标

企业营运资金管理主要指的是，在资金管理过程中，对资金进行合理分配，提高资金周转率和利用率。在企业营运资金管理过程中，通常将其分为两个方面，一是企业耗资管理，二是企业收入管理。在企业的生产经营过程中，生产消耗是必不可少的，耗资管理的目的在于监督企业各部门节约成本，减少费用开支提高资金利用率，增加企业利润。企业收入管理的最终目的是使企业获得更高利润，增加企业收入，则可以在减去生产成本的前提下，增加企业利润率，从而实现企业盈利。收入管理目标要求企业根据商品市场环境，综合考虑商品市场竞争力，以扩大产品销售额提高商品市场占有率为管理目的，科学合理地制定商品价格，保障企业资金运转的顺畅性，对企业资金进行有效利用。

4. 企业利润分配的目标

企业利润分配的目标主要指的是，在提高企业利润水平的前提下，对企业利润进行合理分配。企业利润分配过程中需要企业财务管理人员，对企业的收益和成本进行正确计算，并将其作为企业利润分配的基础。

企业在生产经营过程中获得了收益性利润，合理对企业收益性利润进行分配，首先确定利润留成和分配比例，将利润留成作为企业日后发展的资金积累，提高企业的抗风险能力和综合发展潜力。利润分配对外应遵循国家规定，对内应综合考虑企业的发展需要，正确处理各方关系，正确分析当前利益和长远利益，为企业未来发展奠定经济效益和社会效益基础。

企业财务管理目标由宏观目标和微观目标组成，宏观目标确定了企业财务管理的大方向，内容较为广泛，为财务管理目标构建了基础框架。微观目标交代了企业财务管理的具体内容，从企业财务管理的内部角度出发，细化管理内容，对宏观目标进行了有效补充。

三、财务管理环节与原则

（一）财务管理环节

财务管理环节是为达到企业财务目标，应对企业内部和企业外部环境变化所作出的一系列财务管理活动，包含了财务管理的职责和功能。财务管理的环节如图 2-2 所示。

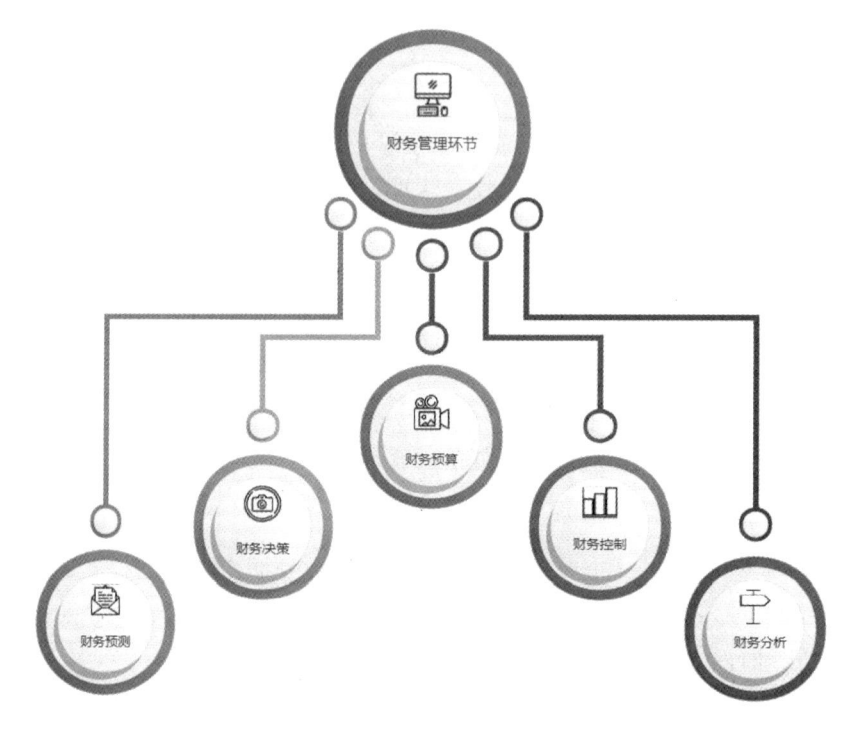

图 2-2　财务管理环节

1. 财务预测

财务预测指的是财务管理人员对企业财务活动进行预计和测算，通过参考企业财务历史资料，当前企业外部经济环境和内部生产经营情况，对企业未来财务的发展趋势进行预测。财务预测可以有效预计企业财务变化，为企业管理决策者提供参考，便于其编制企业发展计划，制定生产标准和销售定额。企业财务预测活动应满足以下三个条件：一是在明确预测目的的前提下确定预测对象；二是搜集相关信息形成资料；三是制订预测模型并在此基础上开始财务测算活动。财务预测可以分为定性预测和定量预测，前者一般是利用企业财务情况和资料，从直观的角度出发，结合财务管理人员的主观判断力来对企业未来的财务发展情况进行预测。后者一般是在具备大量历史财务管理数据的前提下，确定变量并建立数学模型来对企业未来财务发展趋势和因果进行预测的一种方法。前者适用于缺乏财务管理历史数据，后者则必须有大量的财务管理历史数据进行支撑，因此在开展财务预测活动的过程中，管理人员应综合考虑企业情况，确定财务预测方法。

财务预测管理的目的是根据财务预测的性质，提高财务管理人员和决策人员对企业财务未来发展不确定的认识，使其在制订企业财务计划目标的过程中，综合考虑市场经济环境，对财务计划的实施效果进行预测性分析。在进行财务预测的过程中，应保障财务预测的连续性，即通过企业历史财务资料和现有财务资料对企业财务状况进行综合判断，其次遵循关键因素原则和客观性原则，从科学的角度出发，对财务预测中所涉及的成本、收益等问题进行综合性预测，在降低财务预测成本的同时提高财务预测质量。

2.财务决策

财务决策是在确定财务管理目标的前提下，由财务人员制订财务方案，并由管理人员挑选出最优方案。财务决策对企业的生存和发展有着直接影响，因此，在财务决策过程中，应在深入调查企业财务能力、生产能力和经营状况的前提下，确定决策依据，制订决策标准，最大程度保证财务决策的正确性，为企业的可持续发展提供保障。从以上内容来看，财务决策的步骤可以概括为以下三点，一是明确财务决策目标；二是根据财务决策目标提出多个财务管理方案；三是在多个备选方案中选出最佳方案。

3.财务预算

财务预算是对企业的未来一段时间财务需求进行预算，如现金预算、财务费用、预计利润表等。对企业一段时期的经营成果和现金收支情况进行预测分析，集中反映企业预算期内的经营成果、资金来源、资金占用等情况。根据财务预测所制订的财务战略和计划，计算预算期内的各项财务指标，为企业财务战略服务，保证财务计划的落地实施。在开展财务预算工作的过程中，企业财务管理人员应对企业财务环境进行综合分析，明确预算指标。根据企业财务预测开展财务预算活动，从综合平衡的角度出发，企业内部财务能力进行有效协调，确定财务预算方法，编制财务预算的各项内容。

4.财务控制

财务控制的目的是保障企业目标和财务计划的实现，根据国家法规，对财务预算目标和企业现有财务制度进行补充和完善，及时纠正财务管理中的错误和偏差，使之对企业财务目标和计划形成一种支撑性作用。通过财务控制手段，控制资金占用率，在保障企业正常生产运营的同时提高企业经济效益。在企业财务控制的过程中，一般要经过以下三个步骤。一是制订财务控制标准，分解财务任务责任落实到人。二是构建控制体系，记录财务执行情况，同控制标准进行对比，从中找出差异并及时消除。三是在财务控制执行的过程中，设定绩效考核标准，创建奖惩制度。财务控制可按控制时间、控制指标和控制方式进行分类，按时间则可分为事前、事中和事后。按指标分类则可分为绝对控制和相对控制，按控制方式分类则可分为定额、预算以及开支标准。

5.财务分析

财务分析的基础是财务计划和财务历史资料，结合企业生产经营活动，从财务的角度出发，对影响企业财务的因素进行主观和客观分析。总结影响企业利润增长的因素，通过深入了解企业的采取情况，掌握企业各项财务内容，结合企业财务预算指标，提出意见和建议。在财务分析的过程中，找到管理中存在的问题，并有针对性地提出问题解决策略，为企业管理者和决策者提供财务数据支撑。在财务分析的过程中，财务管理人员一般要经历以下几个步骤。一是从历史财务资料中全面掌握企业财务信息。二是将企业财务预算指标和企业实际完成指标进行对比，揭露企业管理和生产经营中存在的问题。三是在问题中分析原因，责任到人。四是从财务角度出发给出财务意见，提出改革措施，帮助企业管理者和决策者开展管理活动。财务分析方法是多种多样的，比较常见的方法有对比分析法、比率分析法和综合分析法。对比分析法适用于相关性指标较为全面，可以针对某一具体财务指标进行对比的情况。比率分析法一般是将互有联系的财务指标结合在一起进行综合性分析，形成比率关系。综合分析法一般结合多种财务指标，对企业的财务状况和经营成果进行综合性分析，从多项指标综合考虑的角度出发得出影响企业发展的因素。

（二）财务管理的原则

在进行财务管理时，应遵循的原则如图 2-3 所示。

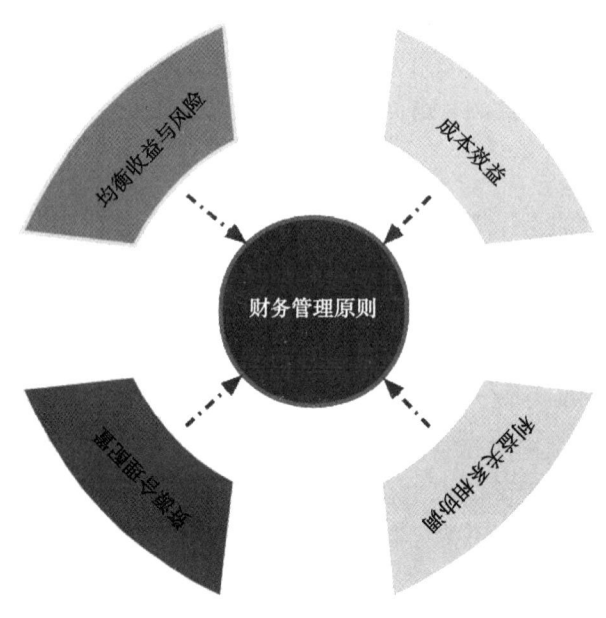

图 2-3　财务管理原则

1. 均衡收益与风险

企业外部市场环境随经济政策在不断变化，企业经营活动和筹资活动均具备一定的风险特征，财务管理中的风险主要指的是，企业的财务活动无法达到企业获得预期报酬的经营或投资目的，收益与风险并存且无法回避，这就要求企业财务管理需均衡收益与风险之间的关系。在实际管理中可以发现，收益与风险存在正相关关系，如风险越大收益越大，风险越小收益越小。在企业进行财务决策的过程中，要追求最大化收益的同时把风险控制在一定范围内，通过对风险和收益的全面预测，做出正确的财务决策。在财务管理过程中，通过均衡收益风险，得到最佳财务管理方案。只有这样才能在降低企业风险的同时，使企业收益最大化，体现企业财务管理的真正作用。

2. 成本效益

成本效益是衡量企业经济行为的主要要素，主要目的是通过对企业生产经营所需成本和所获得的收益进行比较，控制成本，提高效益，优化两者之间的关系，以便提高企业经济效益，使其盈利额最大化。从本质上来看，企业财务管理中的成本效益要素由企业生产经营成本与收入利润构成，财务管理中的财务效益原则具体指的是提高企业劳动成果，减少企业劳动消耗，即减少企业资金占用成本，提高企业经营利润。

3. 利益关系相协调

利益关系相协调主要指的是协调企业财务各部分关系，如企业与债权人、企业与投资者、企业与投资单位、企业与员工以及企业与政府等。正确分析企业内部与外部之间的利益关系，及时解决冲突和矛盾，提高企业的财务管理能力，减少企业效益提升的不利因素。在企业财务管理中协调利益关系的核心要素是收益分配合理，即通过利息支付、缴纳税金、支付工薪等形式开展财务活动，保障投资者、企业员工、债权人、企业所有者以及国家的利益，改善企业的财务状况，促使企业在不断发展的过程中形成利益关系链，在促进利益关系和谐发展的同时，提高企业财务的稳定性。

4. 资源合理配置

财务管理中的企业资源合理配置原则主要以企业再生产过程中资金的管理为主，首先根据资金的使用方式将其分为不同形态，如企业生产资金、储备资金、成本资金、结算资金等，资金形态与资金用途有着紧密关系。以资金分配为主的企业资源配置，应在保证企业生产经营活动顺利进行的前提下，将资金合理分配到企业生产经营的各个阶段当中去，协调企业生产所需原材料的购进，企业产品的生产经营以及销售的各部分关系,通过合理配置企业资金,促使企业物资分配形成一个合理的比例关系,提高企业经营效率,促进企业可持续发展。

四、财务管理的基本理论

随着财务管理人员对企业财务管理认识的不断深化,财务管理开始形成一系列的理论。理论内容来源于企业财务管理实践,可以作为理解财务管理逻辑的基础,有效指导财务管理工作。现根据财务管理的基本框架,对财务管理的基本理论进行介绍和分析。

（一）现金流量理论

现金流量理论是财务管理的基础理论,由企业现金、企业现金流量、企业自由现金流量等要素组成。现金具有流动性强的特点,在一定程度上决定着企业的发展,反映了企业的价值。在财务管理实务中,企业一般重视现金管理,对企业现金流量进行严格把控。如关注企业的现金流入量和现金流出量,以此为基础计算企业现金净流量。在经营和投资过程中,统计现金流量并制作现金流量表,将其作为企业现金预算控制的参考内容。随着对现金流量理论研究的不断深入,自由现金流量概念开始出现。自由现金流量指的是企业完全可以进行自由支配的现金,这一概念最早由美国经济学家阿尔弗雷德·拉巴波特及哈佛大学学者詹森提出,在历经30余年发展后,现金流量折现模型开始出现。在价值评估领域中,现金流量折现模型理论最为健全,且被广泛使用。

（二）价值评估理论

价值评估理论属于财务管理的核心理论,对企业内在价值、净增价值、评估模型等方面进行了综合分析。财务管理范畴内的价值主要指的是内在价值和净增价值。内在价值即现值,如股票价值指的是从现值的角度来看,股票的实际价值。净值指的是净现值即净增现值,内在价值和净现值是在现金流量的基础上进行估值的,因而允许一定误差。

价值评估中需要确定折现率,折现率指的是企业的未来预期收益进行现值折现,在这一过程中计算出的比率。折现率可以对企业资产进行评估,体现资产的收益率水平。如财务学家威廉·夏普提出的资本资产定价模型,这一模型的主要理论内容,一种是分散投资来化解系统风险（可分散风险）,另外一种则是分散投资来化解非系统风险（不可分散风险）。企业所在的金融市场中,系统风险即可分散风险无法得到市场的补偿,非系统风险可以得到市场的补偿。将非系统性风险作为 β 系数,利用对证券市场的报酬率以及市场组合报酬率进行计算,分析其敏感程度，形成资本资产定价模型。利用这一模型，可以对企业的股权资本成本进行有效估计，帮助计算企业加权平均资本成本，并对企业的限制和净现值进行有效计算。

（三）投资组合理论

投资组合理论是关于证券组合收益与风险关系的理论，投资组合指的是证券构成组合，收益取证券收益的加权平均值。从理论角度来说，投资组合收益与证券风险的加权平均数呈反相关关系，但是在实际投资过程中，实际风险与证券风险的加权平均数并无相关关系。

在实际投资过程中，投资组合能够有效降低非系统风险。在投资组合中，风险和报酬存在某种关系，如投资组合中的风险溢价，即承担风险所得到的报酬。在这一理念中，风险承担越高，风险溢价越大，投资者所获得的报酬也就越高。在实际研究的过程中，人们并未发现和确定两者之间的函数关系。投资组合理论最早由经济学家马科维茨在1952年提出，在深入学习和探究过程中可以发现，马科维茨在研究中以随机变量的形式来表示投资组合的价值，取其均值来对收益进行有效衡量，建立方差关系计算风险数值，将投资组合风险与报酬以函数的方式进行了有效展现。

（四）资本结构理论

资本结构理论的要素为资本结构、财务风险、资本成本以及公司价值。资本结构理论包括净收益理论、净营业收益理论、MM理论、代理理论、等级筹资理论等。通常情况下，企业的资本由长期债务资本和权益资本构成，资本结构理论探究企业资本负债间的比例关系，以此作为评价企业财务风险，计算企业资本成本的基础。

（五）风险评估理论

企业的财务收益存在不确定性，从理论角度来说，风险与收益共存且两者之间应成正比关系。但是，在企业投资过程中，部分企业投资者偏向于高风险高回报的投资类型，部分企业投资者青睐于稳健低风险的投资类型。在企业财务管理过程中，企业投资、筹资和经营过程中都存在着不同程度的风险，因此需要以风险评估的形式来控制企业风险，在获得收益的同时将风险降低至可控范围，保障企业的正常运行和健康发展。

第二节　企业财务管理内容

企业财务关系一般以经济利益为纽带，因此衍生出了多种企业财务关系，企业财务管理的内容多种多样，管理体制与企业自身性质有着很大关系，财务管理环境则受外界环境、企业内部发展等条件的制约，财务管理的内容应包含对企业外部市场经济环境和企业内部财务环境的分析。

一、企业财务关系分类

企业财务关系以经济利益为纽带，将企业在组织财务活动中的各方相关关系结合起来。企业资金筹集、资本投资、资金营运以及利润分配等管理活动，与企业内部管理和企业外部发展都有着紧密的联系。从企业财务管理的内容来看，企业财务关系可以分为以下几类。

（一）企业与投资者

投资者向企业投入资金，企业以发放股利、利润分配等形式使投资者获得经济收益，两者之间形成财务关系。企业投资者依据其性质进行分类，通常由国家、企业法人、具有完全民事行为能力的个人以及境外投资者组成。企业与投资者之间签订投资合同，按照出资比例与合同章程进行利润分配活动。企业所有者拥有企业经营权，企业投资者拥有利润分配和获得企业经济收益的权利，两者之间存在本质差别，相互成就且相互依存。

（二）企业与债权人

企业向债权人借入资金，两者之间产生借贷关系。企业需根据合同约定，按时向企业债权人支付利息偿还本金。企业通过资金营运、资金分配等活动，需要在满足自身经营生产的同时，开展企业投资活动，以此来达到扩大企业规模降低企业资金成本的目的。企业向银行机构、商业机构或个人进行借款，与出借资金方形成借贷关系。企业占用债权人资金，应以利息的形式为债权人提供补偿，按照合同约定支付利息，当债务到期时及时偿还债务资金，结束借贷关系。

（三）企业与债务人

企业以债券、提供借款服务、商业信用等形式，将资金出借给其他单位或企业所形成的财务关系。企业借出资金后，有权按照合同约定收取利息，要求债务人按时归还本金。

（四）企业与投资单位

在企业规模和经营范围不断扩大的过程中，企业通过股票或其他投资的形式，与其他企业形成资金关系。在这一过程中，企业作为出资方应按照约定进行出资，对出资时间和出资数量负责，按照合同约定内容参与其他企业的利润分配活动。

（五）企业与往来单位

企业的往来单位主要是供应商、企业客户等，企业与供应商或客户之间产生的财务关系，一般以业务为主。如业务中所涉及的收支结算，企业应及时进行款项的收付，减少资金互相占用。企业与供应商或客户之间的经济往来一般以合同的形式对双方的责任和义务进行约束，从本质上与债权债务关系相同，属于债权债务关系的一种。

（六）企业的各内部单位

企业各内部单位在生产经营环节中所产生的经济关系，如产品的相互提供、劳务等构成了企业各内部单位之间的财务关系。企业内部资金核算，需要在实行企业内部责任核算制的前提下，计算企业供应部门、生产部门、销售部门和生产经营部门之间的内部转移的价格，以此来从价格层面出发，明确企业内部各单位之间的财务关系。

（七）企业与员工

劳动报酬是企业与员工的财务关系纽带，员工在企业劳动，企业以支付劳动报酬的形式满足员工的需求。企业向员工所支付的劳动报酬有工资、津贴、奖金等，按照员工的劳动质量和劳动内容，向员工支付劳动报酬，根据职工的企业劳动成果合理分配，从财务和经济角度出发，完善企业人力资源管理体系。

（八）企业与政府

企业与政府之间的财务关系主要以税收的形式进行展现，按照规定缴纳税务是企业的责任和义务。政府的职能是进行社会管理，需要以税收的财政形式保证政府体系的正常运转。企业依法纳税，政府为企业提供必要的社会服务和良好的经营环境，两者之间是一种相互促进、相互成就的关系。

二、企业财务管理的内容

财务管理指的是以价值增值为目标，围绕企业各项财务活动而展开的决策、控制和评价的过程，主要包括资金筹集、投资活动、资金营运以及利润分配。[①] 因此，本部分内容从企业资金筹集、资金运用、资金回收与分配的角度出发，对企业财务活动进行系统性论述，如图2-4所示。

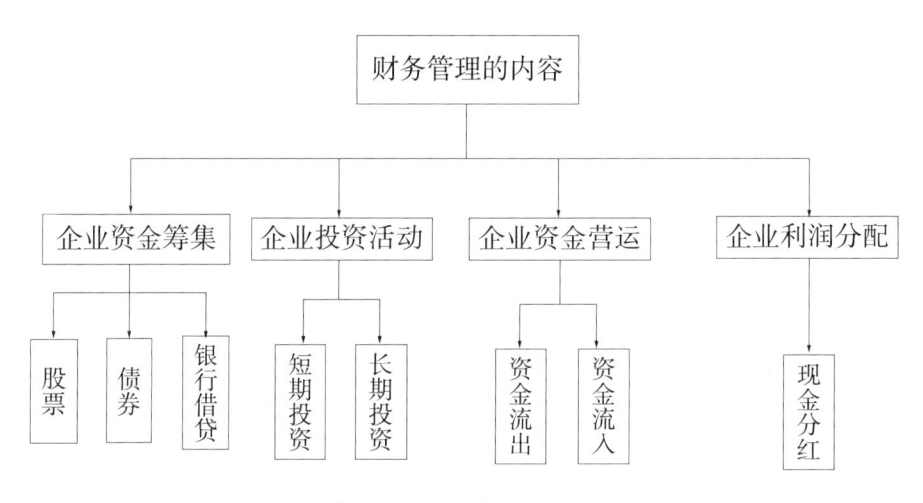

图2-4 财务管理的内容

（一）企业资金筹集

企业资金筹集指的是企业筹措资本用以企业投资的过程，资金筹集积累企业原始资本，可以帮助企业开展生产经营、企业投资等资本活动。企业筹资一般有以下三种途径：一是发行股票；二是向银行借款；三是发行债券，资金流入企业，为企业注入新鲜血液。企业偿还银行借款、为股东分红、支付银行利息等行为，导致资金流出企业。在企业资金筹集过程中，资金流入和资金流出同属于企业的资金筹集。在资金筹集过程中，企业财务管理人员应确定企业资金筹集的数量，在满足企业正常投资和基本运营的同时，选择合理的筹资方式，降低筹资成本，提高企业资金利用率。

---

① 漆凡．财务管理[M]．上海：立信会计出版社，2020：9.

(二)企业投资活动

企业投资活动是指在确定企业目标和财务管理目标的前提下，综合企业情况，以企业资金作为投入资本获得盈利的过程。通过企业投资活动，增加企业价值，促进企业发展。如将企业资本用于购置本企业的固定资产、购买持有其他公司股权、与其他企业联合经营等。企业的投资活动会导致资金流出，投资盈利会引起资金流出，能够引起企业资金流出和流入的活动统称为财务活动。在资本投资过程中，企业货币资金转化为企业设备、长期股权投资等固定资产和其他企业股权等虚拟货币资产。企业投资分为对内投资和对外投资，根据时间长短又分为短期投资和长期投资，如对内短期投资一般针对企业日常生产经营活动，对内长期投资，如企业技术研发、企业人力资源管理等。企业对外短期投资和长期投资，类型较多，内容更加复杂。

(三)企业资金营运

企业正常的生产经营活动会引起资金流出，如生产设备、原材料的采购，工人工资、仓库管理费、物流费用以及生产经营中的其他费用。在资金营运的过程中，短期借款和产品销售会引起资金流入企业。在企业管理中，资金的流入和流出统称为企业的资金营运活动。在对企业营运资金进行管理的过程中，管理人员首先应考虑资金利用率问题，以提高企业资金利用率的形式，加快企业的资金周转，促使企业资金形成良性循环。

(四)企业利润分配

企业正常的生产经营会产生利润，对外投资会增加企业价值，导致资金流入企业。企业按照规定进行纳税并以现金分红的形式为股东分红，会导致资金流出企业。综上所述，利润分配活动指的是，与利润相关，因获取、上缴等活动，导致资金流入或流出的企业活动。利润分配中企业财务管理人员应根据现有财务战略和财务计划，制订分配方案，通过利润分配优化企业内部结构，提升股东和企业员工满意度，促使利润分配发挥出积极作用。

企业财务管理基本由以上四部分组成，各部分内容之间具有一定的联系性，相互促进且相互制约。资金筹集是企业财务管理的基础活动，关乎着企业的生存与发展，企业资金筹集的能力和数量影响着企业的规模。筹集资金是第一步，企业投资是第二步，只有将筹集到的资金科学合理地投资出去，才能使企业资本不断增加，体现资金筹集的目的。投资和筹资需要以企业资金营运的方式来实现，企业财务管理通过对营运资金的合理控制和管理，可以有效提高企业营运资金的效率，体现资金筹集和资金投资的目的。利润分配在一定程度上对资金筹集、投资和营运等方面产生着不同的影响,利润分配来源于企业资金筹集、投资和营运,而利润分配反作用于企业的资金筹集、投资和营运。企业资金筹集、投资、营运和利润分配,均体现了企业的价值创造,是企业发展和企业管理中必不可少的环节。

三、企业财务管理体制

财务管理的体制首先以明确财务层级为主,在此基础上对财务各层级的权限、责任和依据进行规定,从合理配置财务管理权限这一核心问题出发,科学构建企业财务管理体制。企业财务管理体制对企业财务管理的运行和实施质量具有决定性作用,在学习和掌握企业财务管理内容和企业财务关系分类的前提下,综合学习企业财务管理机制,能够从层级划分的角度出发,增强对企业财务管理的认识,如图2-5所示。

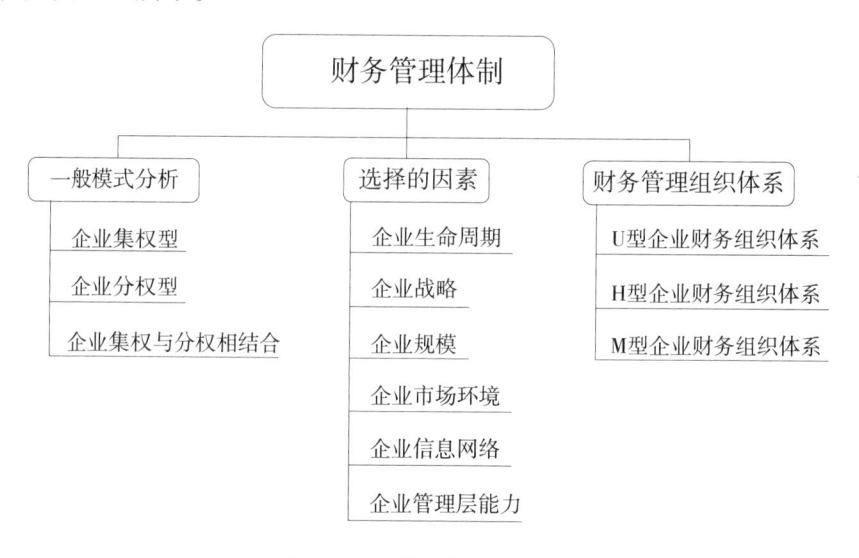

```
                        财务管理体制
          ┌─────────────────┼─────────────────┐
      一般模式分析         选择的因素         财务管理组织体系
      企业集权型          企业生命周期       U型企业财务组织体系
      企业分权型          企业战略           H型企业财务组织体系
      企业集权与分权相结合  企业规模           M型企业财务组织体系
                         企业市场环境
                         企业信息网络
                         企业管理层能力
```

图 2-5 企业财务管理体制

(一)企业财务体制的一般模式分析

1. 企业集权型财务管理模式

企业集权型财务管理模式,其管理权限一般来自企业总部,下属各单位以执行总部指令为主,处在被管理地位。企业集权型的财务管理模式,以集团公司整体框架为基础,根据公司总体财务目标设计管理模式,将管理模式、管理机构等进行有机结合,可以有效提升企业资源配置的合理性,以总部资源为主,强调其权威性,统一调配资源内容,由企业总部控制和管理内部财务,进行财务决定,下属公司执行决策,按照总部公司的财务目标,制订短期财务规划并对公司进行日常管理。在经济全球化和信息化的不断发展下，集权型财务管理模式受到了很多集团公司的青睐，但是在实际财务管理过程中也会出现一些难以避免的问题。如集团下属公司缺乏主动性和积极性，因缺乏决策参与性而丧失活力。集团总部决策程序复杂，时间较长，难以准确把握市场机会。

2. 企业分权型财务管理模式

企业分权型财务管理模式是将企业内部管理权进行分散，各所属单位均具有财务管理权利。如对单位内的产品供应、生产能力、销售策略和人员管理等方面作出管理活动。企业分权型财务管理模式有利于提升企业各单位之间的主动性和积极性，促使其依据企业单位所存在的问题及时提出相对应的解决策略，提高各单位的业务能力。有利于分散企业风险，提高企业各单位的财务管理能力，帮助企业人员实现自我成长。在实际管理中，企业分权型财务管理模式难以形成统一标准和健全的管理机制，企业各单位容易出现缺乏全局观和整体意识的情况，资金管理分散难以对企业总体财务目标负责，这在一定程度上增加了企业的资金成本，在费用管理、企业利润分配等方面也存在一定的管理困难。

3. 企业集权与分权相结合的财务管理模式

企业集权与分权的财务管理模式首先在制度上进行了统一，如制订统一的内部管理制度，其中明确规定了企业各部分的财务权限，企业利润的分配形式和分配方法，企业所属的各单位应严格按照企业内部管理制度开展财务管理活动，制度内容应根据企业各部门特点进行补充和完善。在管理中放弃以往企业集权和企业分权的绝对管理模式，根据企业现状抓大放小，集中管理部分权限，为部门自我管理留有空间。在实际经营过程中，以促进企业发展为根本目的，制定各项发展战略和经营目标，积极鼓励各部门单位以企业主体发展战略为主，对部门内的生产经营或财务管理策略进行有效制定。企业集权与分权相结合的财务管理模式，将企业集权与分权的优势进行了有效结合，同时规避了两者的缺点，管理模式具有优越性，在实际企业财务管理中获得了广泛应用。

（二）影响企业财务管理体制选择的因素

财务管理体制一般指的是在确定企业战略目标的前提下，开展企业融资、投资、经营以及实施价值化管理。财务管理体制的核心是企业价值最大化，通过对企业融资、经营和投资的管理，提高企业现金流量和投资收益，同时达到降低企业融资成本的目的。企业财务管理一般包括企业预算管理、企业内部控制、企业成本管理、企业信息管理以及企业营运等，因此影响企业财务管理体制选择的因素由以下几点构成。

1. 企业生命周期

企业发展一般都会经历五个阶段，即企业初创阶段、企业快速发展阶段、企业稳定增长阶段、企业成熟阶段和衰退阶段。在各个发展阶段中，企业有着不同的特点，财务管理模式也相应有所不同。如在企业初创阶段，企业经营风险较高，需要快速把握市场动态及时作出管理决策，因此，在财务管理方面比较偏向于集权模式。在企业成熟阶段，企业经营模式和经营内容较为固定，企业营业风险降低，因此更多选择集权与分权相结合的管理模式。

2. 企业战略

企业战略是依据企业的不同发展阶段进行制定的，如从创业阶段，到企业快速发展阶段，再到企业成熟阶段，企业战略逐步扩大，在进行地区开拓的同时以联合的形式提高企业实力，促进企业产品向多样化的方向转变。在企业联合的过程中，纵向一体化战略要求企业各部门之间保持紧密的业务联系，在这一过程中更倾向于选择企业集权的形式开展企业财务管理工作。

3. 企业规模

企业规模决定着企业财务管理的工作量，企业规模较小则企业结构简单，财务管理工作量小，财务组织集中，因而倾向于采用集权模式进行财务管理活动。企业规模较大，财务管理较为复杂，企业财务管理需要设置各种权限和规划，一般选择集权与分权相结合的财务管理模式，也可根据自身情况进行调整和选择。

4. 企业市场环境

企业市场环境的稳定性对企业财务管理模式的选择有一定的影响，企业所处市场环境简单，不确定性因素较少，企业生产经营相对稳定，则可以相对应地集中财务管理权。若企业所处环境比较复杂，不确定性高，企业财务管理在权利划分时，应给予各层级财务管理人员相对应的财务管理权利，以此来提高企业对市场环境的应变能力，促使企业在危机中谋生存、求发展。

5. 企业信息网络

信息具有一定的时效性，在企业财务管理过程中，财务管理者的决策和决策下达的时间对企业战略和决策的实施有着很大的影响，因此集权型的财务管理模式需要建立快速准确传递信息的网络系统，保障财务战略和决策的顺利实施。

6. 企业管理层能力

企业管理层能力强，可快速根据市场环境制订出企业财务战略和财务计划，则可以采用集权型的财务管理机制。反之，则应通过分权的形式，调动企业下属各单位的积极性，提高企业对外部市场环境的应变能力。

综上所述，在企业财务管理体系的选择中，应综合考虑企业类型、市场环境、管理手段以及经济政策等内部和外部因素，选择符合自身发展需要的财务管理体制。

（三）企业财务管理组织结构

企业财务管理组织结构应与企业制度要求相适应，在企业内部管理结构中，实行决策权、执行权和监督权三权分立的原则。通过利用综合管理、分层管理等思想，对企业财务管理体系内容进行个性化管理。现代企业中的管理融合了综合管理和战略管理思想，企业财务管理也是由企业总部财务管理和下属财务管理各部分单位的综合性管理，以战略管理的形式，与企业组织结构相适应。企业最常见的组织结构一般由以下三种构成，即U型企业财务组织结构、H型企业财务组织结构和M型企业财务组织结构。[1]

1.U型企业财务组织结构

U型企业财务组织结构，将公司财务管理职能化，在具体管理过程中主要体现为没有中间管理层，以集权控制的形式通过总部进行采购、营销、投资等活动，职能部门直接控制企业各业务单元，企业总部拥有管理权和控制权，削减子公司自主权。

2.H型企业财务组织结构

H型企业财务组织结构的典型特征是过渡分权，集团总部下所设立的子公司拥有法人地位，职能部门较为完整，子公司拥有绝对自主权。集团总部下的子公司具有较大独立性，缺乏监督和有效的约束。在现代企业财务组织的演变中，H型企业财务组织结构逐步发展为分权管理和集权管理相结合的形式，即在实际管理过程中，既可以选择分权管理，也可以以加强监督和有效约束的形式实现集权管理。

3.M型企业财务组织结构

M型企业财务组织结构相较于H型企业财务组织结构来说集权程度更高，如在企业经营中，按照产品、地区以及市场来划分要素，设立职能部门和事业部。事业部属于中间管理组织，对内行使管理监督权，不能脱离企业单独对外从事生产经营活动。在M型企业组织结构不断地演变下，事业部等中间管理部门，也开始具备独立经营、独立核算等经营组织权，在企业集团总部的授权下，可以参与企业兼并、重组等重要决策。

---

[1] 段顺玲，李灿芳. 财务管理[M]. 北京：北京理工大学出版社，2020：30.

四、企业财务管理的环境

财务管理环境主要指的是企业的理财环境，财务管理环境是由企业外部财务活动和企业内部财务管理共同组成的，从空间角度来分，企业财务管理环境分为内部环境和外部环境，财务环境变化具有一定的复杂性，企业外部环境和内部环境综合影响了企业财务活动的开展。外部环境包括国家经济政策变化、企业外部市场变化以及金融环境变化等。内部环境主要包括企业组织形式、组织结构、生产环境以及技术环境等。本次内容以讨论社会文化环境、技术环境、经济环境、法律环境以及金融环境为主，对企业财务管理环境[①]进行总结性分析，如图 2-6 所示。

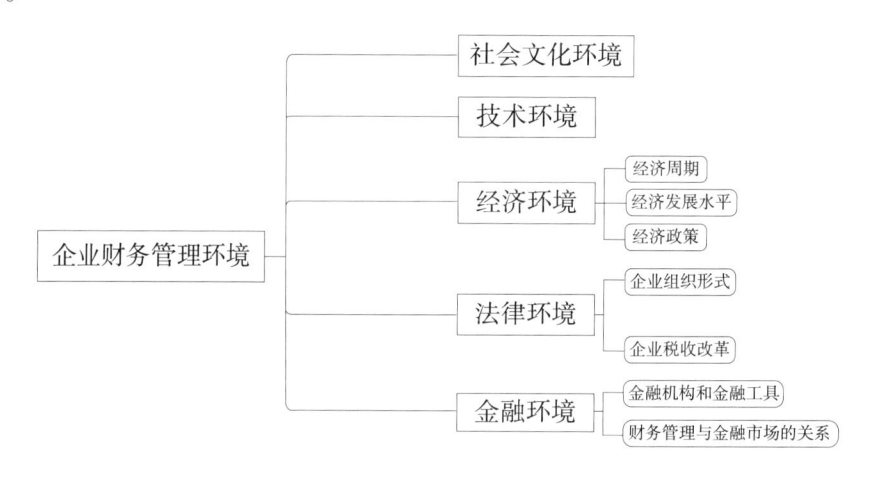

图 2-6 企业财务管理环境

（一）社会文化环境

社会人环境指的是在社会环境中，人的普遍的习俗观念，对价值的看法以及对个人行为准则的要求，这与人的受教育程度和社会经历有着密切的关系。传统习俗观念、价值看法和行为准则，在一定程度上影响着人对经济和财务管理的看法。社会文化环境一般由教育、习俗、文学艺术、科技发展、新闻广播等组成，与此同时适用于社会发展且在不断变化的道德观、价值观以及劳动观，对人的精神活动具有一定的影响。人是社会群体，在社会文化环境中学习和实现自我发展，由此可见，社会文化环境对企业财务活动有着多方面的影响。

---
① 邹娅玲，肖梅崚. 财务管理 [M]. 重庆：重庆大学出版社，2021：12.

（二）技术环境

技术环境指的是企业的技术环境，即企业的产品研发能力的提高，可以构建出优秀的技术环境，可以有效提高企业财务管理的效率和效果，技术环境和企业财务管理呈现正相关关系。技术发展影响着企业经营，如企业产品研发和技术水平的能力的提高，可以优化企业产品结构，提升企业服务，改善市场供求关系，增加市场占有率，帮助企业获得良好的发展机会。技术环境的改变对企业经营战略的设计有着重要影响，新技术的发明会带动新产品或新行业的崛起，发展新产业的同时淘汰老旧产业。例如，在信息化不断发展的背景下，财务机器人开始应用到企业财务管理当中去，财务机器人代替传统会计人员开展核算、财务预测等工作，可以有效满足企业的财务管理需求，利用财务机器人开展财务管理工作，高新技术产物代替了原始人工核算，提高企业财务管理者的工作效率，在未来的财务管理工作方向中，可以减少企业财务人员的基础工作，使财务人员重点从财务预测、财务分析和财务决策等方面参与学习和再教育活动，财务人员促使企业财务管理人员向复合型人才方向发展。

（三）经济环境

经济环境是影响企业财务管理的外部环境，经济环境包含经济周期、企业经济发展水平以及经济政策。本小节将从这三个方面出发，对企业经济环境进行综合分析。

1. 经济周期

经济周期主要指的是企业经济的扩张和收缩过程，过程反复交替且呈现一定的波动性。经济周期一般由上升和下降两个阶段组成，在表现形式方面以上升到下降的形式进行循环交替。在上升阶段企业的经济发展呈现繁荣状态，在顶峰转向下降阶段，经济下行呈现衰退现象。经济下行的最低点称为谷底，经济不断衰退则容易出现经济萧条现象。在经济谷底阶段，由下降转为上升，开始下一时期的经济上升阶段。在市场经济中，经济运行一般会经历四个阶段，即复苏、繁荣、衰退和萧条，阶段性循环构成了经济发展周期。在不同经济时期，企业应根据外部经济环境变化进行财务战略调整。如在经济复苏时期，经济由谷底上升开启经济上行阶段，企业财务管理应对策略，应积极增加企业厂房设备、实行长期租赁、建立存货、开发新产品等应对经济变化。在经济繁荣期，做好企业扩建、厂房设备扩充的准备，开展企业产品营销规划，做好增加企业劳动力等工作。在经济衰退期，企业应根据市场环境及时停止扩张，处理企业闲置设备，做好停产部分产品准备，减少企业产品库存，停止企业人员招聘。在经济萧条阶段，建立企业投资标准，控制投资风险，以保持市场现有份额为主，放弃次要利益，积极减少企业产品库存，在缩减管理费用的同时做好裁减企业雇员的准备。经济运行周期可以综合体现出企业外部经济的发展现状，帮助企业进行经济发展趋势的预测，对企业正确规划财务发展战略、制订企业财务计划以及明确企业发展趋势具有积极作用。

2.经济发展水平

经济发展水平影响着企业财务管理水平，如经济发达的地区，经济发展水平高，经济内容和企业经济关系更加复杂，财务管理内容需要在适应经济环境的前提下，进行创新发展。经济发展水平的提高可以催生出多样化的财务管理方法，在复杂的经济关系中，提高企业财务管理的有效性。

3.经济政策

经济政策的变化直接影响着企业的经济环境，企业财务管理系统需要根据经济政策的变化进行调整，以保障其正常运行。如经济政策中的价格体制政策、金融体制政策、外汇体制政策、社会保障制度以及投资制度等，经济政策的变化，对企业的经营活动均会产生一定的影响。如金融体制中的货币发行以及信贷的政策变化，影响着企业的融资和投资预期收益。政府财税政策的变化，影响着企业的资金结构、财务战略规划等。外汇体制政策的变化，影响着进出口贸易项目的预期收益、投资回收期等。

（四）法律环境

市场经济应遵循法律法规和市场规则，法律为企业提供了一定的自由经营空间，企业受法律约束的同时也受法律保护。在企业管理中，法律环境主要由企业组织形式和企业税收变革两部分组成。

1.企业组织形式

从法律法规层面来看，企业组织一般分为三种：独资企业、合伙企业以及公司。

（1）独资企业。独资企业顾名思义是由个人出资经营的企业，所有权和控制权归后人所有，在独享收益的同时独自承担营业风险的企业，独资企业以个人对企业承担无限经济责任。独资企业具有建立和解散程序简单，经营时间和管理方式比较自由的优势，但独资企业的性质是由个人出资创办，经常会因个人财务状况和信用状况面临融资困难的问题，企业存续缺乏可靠性。

（2）合伙企业。合伙企业是由两个或多个合伙人在签订合伙人协议的前提下，在共同出资的前提下，共同享有经营权和收益权、共同承担企业盈亏风险。

合伙企业由多名合伙人组成，以前期签订的合伙协议为法律基础，内部同属于合伙关系，对企业债务承担无限连带责任。合伙企业的优势是开办简单，信用度高，融资较为容易，合伙人共同承担企业风险。合伙企业的缺点是权力分散，企业决策缓慢，企业结构相对较为复杂，企业管理内容相对较多。

（3）公司。公司是依照公司法以盈利为目的在中国境内设立的，主要类型有有限责任公司和股份有限公司。设立公司的优点在于，公司股东承担有限责任，既可以最大限度保证投资者利益，又可以将风险控制在合理范围内。股份有限公司可以发行股票和债券，便于集资和大型企业的开办。公司实行所有权和经营权分离原则，综合提高了管理水平。公司的组织结构便于企业资本的运作，可以更好地帮助投资者实现利益最大化的投资目的。

2.企业税收改革

近年来，我国最大的税收制度改革是"营改增"，营改增制度主要指的是企业营业税改增值税，通俗说是将企业缴纳营业税的应纳税改成增值税。企业税收制度的改革减少了以往重复征税的情况，有利于降低企业税负，促社会经济形成良性循环。企业税收改革对企业产品定价、营业利润以及企业投资均会产生一定的影响。企业税收减少，产品定价具备降低空间，营业利润空间增大，营改增中的不动产抵扣政策促使企业投资规模增加，可以有效增强企业经营能力，帮助企业完成创新转型。

（五）金融环境

金融环境主要指的是在国家的金融体制下，影响经济主体活动的要素。企业所处的金融环境主要指的是金融市场，从广义角度来说金融市场的特性是资本流动，一切资本流动的场所都可以称之为金融市场，如实物资本流动和货币资本流动。从狭义角度来看，金融市场以市场买卖或虚拟货币流动为主。

1.金融机构和金融工具

金融机构指的是从事金融业的相关机构，一般包括银行、基金、信托、保险以及证券等。一般按照地位和功能可以分为四类，第一类是中央银行即中国人民银行，在金融机构中地位最高且权力最大。第二类是银行金融机构，如政策性银行、商业银行以及农村信用社等。第三类是非银行金融机构，如国内的保险公司、财务公司以及证券公司等。第四类指的是中国境内的外资或中外合资金融机构。金融工具拥有可以在金融市场交易的特性，如股票、期货、外汇、保单等。金融工具可以在金融市场参与买卖活动，其最基本的要素为书面证明中的支付金额与支付条件，凭借金融工具要素，可以在金融市场上进行交易和转让。金融工具根据其支付条件可以分为金融工具和衍生金融工具，常见的金融工具如货币、期权、债券以及期货，偿还期和收益性较为固定，风险较低。金融衍生工具如期货合约、期权合约、远期合同以及互换合同等，具有跨期性、杠杆性、联动性以及高风险性的特点。

2.企业财务管理与金融市场的关系

金融市场具有资金融通，使资金供需双方通过信用工具快速完成融资的作用，从宏观角度来说金融市场可以快速帮助企业实现货币借贷和资金融通，帮助企业办理票据参与有价市场的交易活动。从当前企业财务管理发展现状来看，企业财务管理影响着企业未来战略计划的制订，当前管理计划的有效实施，应明确企业财务管理与金融市场的关系，需要综合判断金融市场对企业财务管理的影响，并在此基础上反推企业财务管理对金融市场发展所产生的作用。

金融市场是企业融资的重要场所，资金是企业发展的根本，企业开展正常的生产经营活动首先需要注入资金，购买设备聘请员工，获得企业固定资产和人力资源。企业的资金大部分都需要从金融市场中进行筹集，借助金融市场平台，可以有效降低企业的筹资成本，提高企业的筹资成功率。企业投资一般分为直接投资和间接投资，直接投资指的是将资金直接注入企业的生产经营环节，从企业的生产经营中获得利润性收益。间接投资中企业以投资金融性资产为主，如证券投资、期权以及期货投资等。金融市场对企业营运资金具有一定的影响，如金融市场环境为企业经营带来了不可预知的风险，营运资金是企业发展的基础，可以有效提高企业的抗风险和市场应对能力。综上所述，金融市场对企业财务管理中的筹资、投资和营运资金的积累具有较大影响，健康的金融市场环境对帮助企业融资、扩大企业规模具有积极意义。

企业财务管理主要是管理财务工作，需要组织企业财务活动，处理企业内部和外部的财务关系。企业财务管理属于企业经济管理，要对企业的生产经营、战略发展以及融资筹资负责。企业金融业务涉及方方面面，业务对象也各有不同。企业通过金融市场可以实现企业长期资金和短期资金的转化，如出售长期股权资产，进行长期投资，变现金融资产和固定资产变现短期资金。短期资金转换长期资产，如短期资金转换股票、债券等，企业财务管理的战略，金融市场为企业财务管理提供了途径，与此同时，企业财务管理对金融市场也起到了一定的制约性作用。企业财务管理的健康发展可以有效促进金融市场体制的健康运行，两者之间相互作用、相互制约、相互依存，缺一不可。

第三节 现代企业财务管理的发展趋势

财务管理的发展与企业外部环境的变化有着密切的关系，财务环境变化导致企业财务行为变化，在时代的快速发展和变革下，新时期现代企业财务管理在哪些方面发生了变革呢？本部分内容将从财务管理的目标、主体、对象、方式等角度出发，对企业的财务管理行为变化趋势进行深入探究。

一、企业财务管理目标的发展趋势

在以往的企业管理中，财务管理目标以价值最大化为主，为实现企业价值最大化的财务目标，提高企业生产效率、降低生产成本及提高产品利润率是实现企业价值最大化的主要方式。[①] 企业价值最大化可以最大限度地保证投资者利益，难以满足利益相关者的利益需求，单一以企业价值最大化衡量企业发展情况，企业社会责任被弱化，企业生存在社会环境中，忽略了自身对社会的责任和义务，价值目标并未实现人民幸福指数的提升，从宏观角度来看，社会环境变化不明显。在新时期市场环境开始转变，国家经济发展要求企业财务管理目标开始转变，具体表现为在追求企业价值最大化的同时，提升企业员工幸福指数，担当社会责任，追求宏观层面的提升国民幸福指数。企业价值最大化与国民幸福指数相融合，在追求利益的同时，体现企业的社会意义和发展价值。

传统财务管理目标基于投资者的角度，提出股东价值最大化思想，股东出资形成企业的原始营运资金，股东承担企业经营风险，因此是企业的实际经营受益人，股东作为企业财务管理目标的主要要素，追求股东价值最大化的财务目标无可厚非。在新时代的财务管理过程中，财务管理目标要素开始多元化发展，股东出资依旧是企业财务管理目标构成的主要要素，但却不是唯一要素。时代的发展要求企业重视人才的培养和吸收，人的要素地位增长，资本要素地位开始下降，财务目标由政府要素、经营者要素、资本要素和人才要素共同组成，政府保障企业市场环境，经营者为企业发展提供决策，资本为企业发展注入新的活力，人才保证企业战略目标的顺利实施，四者相互作用，促使企业实现新的价值创造。企

---

① 段顺玲，李灿芳. 财务管理 [M]. 北京：北京理工大学出版社，2020：46.

业财务目标构成主体要素的变化，导致企业价值分配方式开始发生变化，企业经营者、出资者、政府以及企业员工均可参与企业的价值分配。在新的经济形势下，企业财务管理呈现分享经济和共享经济特征。财务分配要素的增加，使得企业财务管理在分配的过程中应坚持收益分配均衡性原则，合理分配企业利益，从而保证企业的可持续发展。

现代企业财务管理不仅仅是由单一要素到四个主体要素的变化，外部利益甚至互联网价值都使得企业的利益关系变革更加复杂。企业生存在市场的大环境下，无法以"单打独斗"的形式快速完成生产经营活动，追求企业利益最大化是企业的微观发展目标，追求企业价值最大化才是企业发展的最终目的。在新时期的企业发展中，宏观角度的企业财务管理目标已经从单一的企业价值最大化，逐步扩展形成企业内部四要素的利益分配，由出资者扩展到企业发展，由企业发展扩展到市场价值链体系。企业价值与社会价值相融合，使企业在承担社会责任的同时获得健康发展。

二、企业财务管理主体的发展趋势

在以往企业发展中，公司制企业成为现代企业的典型，两权分离的管理方法有效实现了专业化运营，但在公司管理方面，出现经营者与出资者信息不对称的情况。经营者的决策和个人行为出现违背道德、逆向选择等情况，公司管理并未形成完整的内部控制体系。为减少这一情况的发生，相关监管部门要求公司建立内部控制体系，增设监督管理和风险控制部门，保证公司的正常运转。从企业管理的历史发展来看，早期的企业是由自然人创办的，并未出现股东大会、董事会和监事会等管理概念，公司内部控制体系先于公司治理体系发展。在公司制的企业出现后，公司治理体系和内部控制体系开始互相融合，且公司治理体系逐渐成为公司内部控制的一部分，两者的融合产生企业的风险控制体系。在两权分离的公司制企业中，财务管理主体分为三个层级，即出资者财务、经营者财务和财务部门，实际出资者、经营者和员工促成三层治理结构。出资者层级能够保证经营者的行为符合出资者的投资目标，减少经营者逆向选择行为的出现。经营者则可以根据企业实际经营需求，按照规章制度开展投资、筹资和利益分配等活动，制订企业发展战略规划，对战略实施进行计划拆解和控制。财务部门的财务管理可以有效核算企业现金的流入和流出，从数量和期限角度出发对企业现金流进行有效控制。

随着现代企业的不断发展，母子结构的大型企业集团开始出现，母公司从战略发展、财务计划等多个方面对子公司进行管控，母公司专门进行资本经营，子公司在母公司的资本经营要求下开展产品经营活动。这一企业模式中，母公司是子公司的出资者和监管者，对子公司的资本结构和收益分配具有绝对话语权。母公司作为财务主体，兼具专业化和治理化特性。在公司外部财务管理主体开始逐步延伸扩大，如在互联网和大数据背景下，人工智能数字经济开始出现，企业边界日渐模糊，受外部环境的影响，企业价值的创造不再仅仅限于企业本身。企业价值是企业在关联社会或其他企业的前提下，进行协同作用得到的价值成果。在这一概念下，企业的财务管理不仅仅局限于单一企业，而应依存于价值链或价值网络所形成价值星系，在协同和整合的前提开展财务管理活动，才能保证企业宏观意义上的价值最大化。从以上内容可以得出，财务管理体系从最初公司制的两权分离向企业集团母子关系转移，逐步呈现层次化趋势。相对应的财务管理主体发生变化，主要表现为以周延化的形式向价值链和价值网络所构成的价值星系转变。财务管理主体由价值星链和网络价值上的所有企业所构成。这符合国家经济体的转变趋势，是提高国家经济发展速度创新企业经济模式的必经之路。

三、企业财务管理对象的发展趋势

从传统意义角度来看，企业财务管理对象是限于企业的生产经营活动，资金流动中、涉及的财务关系，企业生产经营需要资金，获取资金首先需要开展资金筹集、投资等财务活动，除此之外，企业的日常经营活动，现金的流入流出以及经营利润的分配都会使资金发生运动。财务管理对象以服务企业生产经营活动为主，企业资金运动以企业生产经营活动而存在，缺乏独立性。在早期企业发展中，企业主要以银行借贷的形式进行融资活动，资本注入以购买生产设备、支付工人薪酬或用作企业运营现金流为主，企业财务活动完全服务于生产经营活动，财务活动因生产经营而存在，企业生产经营是企业财务活动产生的前提与目的。

资本市场的出现和管理制度的完善，企业融资方式发生了巨大转变。融资不再单一地以银行间接融资为主，而是开始走向多元化，直接融资概念出现。企业通过股票、债券和票据的发行，直接向市场筹集资金，货币商品开始出现。货币商品包含国家发行的货币以及多种金融衍生工具，企业以股票、债券、票据等金融工具向市场筹集资金时，财务活动以经营货币商品为主，与传统生产经营中的实物相比，两者之间有着本质差别。从这一点来看，财务活动与企业生产经营活动在本质上有着相似属性，即两者都属于经营活动，前者经营的是货币商品，后者经营的是实物商品。企业可以通过资本市场直接开展融资和投资活动，如发行和购买股票、债券或票据等，为其他企业提供原始资本或直接从其他企业获得原始资本，前者以投资获益的方式积累企业原始资本，后者以融资的形式获得原始资本，企业在资本市场上自由买卖货币的行为,并不属于企业生产经营活动,财务管理对象的金融进一步扩充,即从服务企业生产经营活动扩充至独立货币商品运动。

随着资本市场的不断发展,资本体制逐步形成,市场上开始出现专业进行货币商品交易的公司,如证券公司、贷款公司以及基金公司等,其公司的基本活动就是以经营商品货币为基础的财务活动。随着资本市场的进一步发展,国际资本市场开始形成,企业的资金运动和财务活动开始与国际市场接轨。企业资金运动和财务活动的空间范围变大,风险属性增加,如受国际资本市场的政治环境、法律环境、汇率利率变化以及税收风险等因素的影响,相对应的财务管理问题随之出现。风险伴随着机遇,国际资本市场的发展为企业融资和自身发展提供更多的市场机遇。人工智能的快速发展,以互联网、通信技术和大数据为基础的数字经济,使得企业产生的商流、物流、人流和信息流等内容进行了充分融合,实体经济和金融产业,资金运动和商品运动的各种要素变化,使得企业财务管理对象发生了变化。企业价值创造以整体市场环境和经济发展来进行衡量和展现,价值链、价值网络和价值星系概念开始出现,这就标志着企业财务管理对象由单个的企业资金运动或财务活动,开始向关联企业的各要素融合所形成的整体对象方向进行整合。

四、企业财务管理方式的发展趋势

早期的企业管理并没有生产经营管理的概念,管理体系尚未形成,管理方式和内容比较简单,呈现混沌管理特征。在企业规模不断扩大的前提下,经济市场变化要求企业将生产经营和管理具体化,企业内部管理开始出现分工化趋势,专业化管理概念出现,并在实际企业管理中发挥了各自的作用,有效提高了企业的生产经营效率。分工管理是为了提高企业生产经营效率,而协同整合则是为了更好地完成企业的整体目标。财务管理以企业资金管理为主,结合信息化的管理进行整合化管理。企业财务管理呈现出企业内部信息整合、企业内部资源配置整合、企业生产经营活动与价值目标整合、企业内部资源与外部资源整合、满足价值向创造价值转变以及企业自身价值创造与企业外部价值创造的有效整合特征,这体现了企业财务管理逐步完成了从分工专业化管理向整合系统化管理的转变。

(一)企业内部信息整合

企业内部信息整合以会计核算、财务信息共享等方式来实现,在工作过程中重点对企业商流、物流、人流和资金流进行整合,最终实现搭建信息平台的目的。在信息平台搭建的过程中,让信息流动起来产生汇聚性,以此来对企业内部信息进行有效整合,消除信息的孤立性和滞后性,提高企业管理质量。如在进行企业项目决策的过程中，整合相关经济政策、企业内部生产情况以及企业资金等信息，通过信息整合的方式，提高企业财务管理活动的效率。

（二）企业内部资源配置整合

企业内部资源主要以现金和非现金资源为主，现金资源由企业的现金流和生产经营利润、企业融资等组成，非现金资源由企业的生产设备、科研技术以及人力资源等内容组成。在企业发展早期，以行政化的资源配置方式为主，企业资源利用率低，难以达到理想化的财务管理效果。和早期企业相比，现代企业规模和结构更加庞大和复杂，行政化资源配置的方式难以满足其自身的发展和需要，市场化资产配置的方式应运而生。在现代企业财务管理中，大型企业集团一般都具备内部自身市场，如总公司向分公司进行资源配置就属于市场化的资源内部配置，通过这一方式可以使企业的闲置资金流动起来，挑选效率较高的子公司为其提供资金资源，有效利用企业资金，创造企业收益。

（三）企业生产经营活动与价值目标整合

构建预算体系，将企业的生产经营活动与价值目标进行有效整合，即以企业的员工行为和企业生产经营活动链接企业预算目标。在两权分离的公司制企业中，整合股东大会、董事会和经理层的关系，使其在相同公司财务管理目标下，履行自身职责。如股东大会提出利润目标，董事会根据利润目标制订生产经营计划，基于员工行为和企业生产活动确定预算，企业经理层进行预算分解，将根据利润目标所提出的生产经营计划，落实到企业部门员工中去，执行分层级的责任预算计划，以责任预算督促责任主体履行自身职责，以生产经营与价值目标相整合的形式，整合企业所有人的行为，完成企业财务管理目标。

（四）企业内部资源与外部资源整合

在资本市场环境中，企业发展呈现数字经济和信息化的趋势，财务管理出现外部扩展特征。结合大数据、数字经济等特征，构建以价值链和价值网络为基础的价值星系，促使其产生系统效应，需要企业在财务管理方面更加合理地运用内部资金，提高资金运用的有效性，协同开展资金运动活动，整合内外部资源，以此来实现企业价值最大化。

（五）满足价值向创造价值转变

在传统企业中为实现企业价值最大化，企业的生产经营活动以满足顾客的需求为主，企业财务活动都是以满足顾客需求和提升顾客满意度为基础开展的。

在新时代的企业发展中，供给侧结构性改革理念的提出要求企业在满足顾客需求的同时，通过创新产品的形式引导和创造顾客需求。从本质角度来看，前者以提升顾客满意度，降低企业成本为主提升企业价值。而后者以创造顾客需求的形式，提高质量需求降低顾客成本来提升企业价值。企业价值开始从满足顾客到创造需求，的方向转变，为配合企业改革，企业财务管理方面应对创新研究的费用和成本进行综合管理，为企业创新发展提供资金支持。

（六）企业自身价值创造与企业外部价值创造的有效整合

互联网数字经济的快速发展，以人工智能和大数据为基础，将企业市场环境、经济环境与内部生产进行了有效链接，传统企业发展是以单个企业为主进行价值创造，在信息化时代企业价值的体现以价值链形成价值网络最终组成价值星系的形式进行体现。这标志着企业价值创造的形式不再是单一以关注企业自身价值创造为主，而是在星系网络中与其他企业通过有效协作来进行资源整合，提高整体价值创造力并最终形成聚合效应。在现代企业财务管理中，财务资源共享实现价值共享，企业自身价值创造逐步向企业外部有效价值创造转变，价值分享和财务资源共享也逐步成为财务管理的核心内容。

从以上内容可以看出，在企业的不断发展过程中，财务管理趋势从以分工管理逐步转向整合管理。财务管理早期以分工需求为基础，后期发展以整合和生产经营方向转变。价值管理和信息管理是企业财务管理的基础，价值管理与信息管理在财务管理中呈现的无差别性，可以有效提高财务管理的整合性，促进财务管理由分工到整合的转变，这符合企业发展的协同性目标，有利于企业财务管理在适应新时代变化的同时发挥自身管理作用。

第三章　现代企业绩效管理体系构建的理论探源

在市场经济的不断发展下，企业开始进行转型，管理实践需要在企业转型的基础上进行有效发展，绩效概念的提出，对提高企业经济利益，促进企业发展具有重要意义。在不同的企业发展时期，人们对企业绩效的概念理解也有所不同。明确绩效概念并对其进行评价和管理，是正确定义绩效并在企业管理中正确开展绩效管理活动的基础。本章以了解企业绩效定义、分析绩效性质和影响绩效的因素为主，综合学习绩效概念，为接下来的绩效管理学习做好铺垫。

第一节　现代企业绩效管理相关概念与理论

一、绩效的相关概念与理论

（一）绩效的发展和内涵

1. 绩效的定义

绩效属于管理学概念范畴，从字面含义来看，绩效的组成要素是绩与效，绩具体指的是业绩，效则指的是工作效率。绩效的英文为performance，中文解释为"执行、表现和业绩"，英译过来绩效本身具有多重含义，不同的人对其理解不同，当把绩效这一概念应用到企业管理中时，应在关注其理论发展的同时，结合演变过程理解其全部内涵，并在实践运用中针对不同企业管理情况进行具体分析。

绩效的含义可以从管理学视角、经济学视角、社会学视角三个方面来解读。

（1）管理学视角下的绩效。管理学是以实现综合管理、提升管理效果为目的开展的企业活动，①绩效是衡量管理目标实现的标准，在确定管理目标的基础上，综合企业个人绩效和组织绩效，提高企业各层面人员的有效输出，是实现企业经营管理的最终目的。企业员工个人绩效是组织绩效的基础，个人绩效与组织绩效具有一定关系，但是这种关系却不是绝对的。假设企业管理中按绩效为企业员工分配任务，企业员工作为企业组织的成员，在都完成组织要求的前提下，组织绩效得以实现。当组织战略目标与企业个人绩效目标相差较大时，即使企业员工能够在一定时期内完成个人绩效目标，但很难完成组织目标，即实现组织绩效，导致企业组织管理失败。

（2）经济学视角下的绩效。在经济学视角下，员工绩效与薪酬挂钩形成对等关系。绩效是员工对组织所做出的贡献，而薪酬是以报酬的形式回报员工的付出，两者呈现贡献与回报的关系。这一现象在某种意义上和等价交换原则类似，符合市场经济运行规则。

（3）社会学视角下的绩效。在社会学视角下，企业员工应像承担社会责任那样承担企业责任，绩效是员工对组织做出的贡献，也是其在企业生存的前提，绩效能够保证自我生存，完成绩效是作为企业一员的义务，接受企业报酬、薪资以及休假等待遇，就需要回馈企业，承担企业责任。

2. 绩效的内涵

绩效的内涵可以从理论与实践两个方面来解读。

（1）绩效的理论含义。从绩效的理论角度来分析绩效内涵，主要产生了以下三种管理，即过程论、潜能论和结果论。②不同管理理论对绩效定义的侧重点有所区别，其主要内容有着很大区别。

过程论将绩效看作行为活动，即为达成既定目标所采取的行动过程。过程论认为行为是结果的前提，因此可以通过控制行为来达到控制结果的目的。将绩效看作行为，在管理过程中确定具体目标，通过约束员工行为构建员工行为标准体系，在工作过程中提高员工个人能力，以此来达到提高员工绩效保证完成员工目标的目的。在过程论的发展过程中，绩效二维模式思想开始出现，绩效的二维模式要素由任务绩效和周边绩效构成。任务绩效主要看员工的个体能力，以工作熟练度和工作知识掌握情况作为基础考察要素，对员工的个人工作过程进行考核。周边绩效又被称为关系绩效，指的是与周边行为相关的绩效，即员工个人能力和行为过程与企业生产中的组织核心与服务并无直接关系，但是通过企业组织沟通、营造良好组织氛围等形式，可以有效帮助企业目标任务的完成，帮助员工完

---

① 陈仪卓. 企业财务管理绩效问题研究 [J]. 现代商贸工业，2016，37(17)：122-123.
② 陈仪卓. 企业财务管理绩效问题研究 [J]. 现代商贸工业，2016，37(17)：122-123.

成绩效，提高企业组织绩效。

潜能论主要是在知识经济时代背景下，对知识型员工的管理和评价，关注员工的潜在能力，并将高绩效与企业员工的素质进行挂钩。如将绩效的决定性因素分为认知技能、精神运动技能、生理技能和人际管理技能，从事实、原则以及目标的角度出发，去判断员工的行为动机，选择是否付出努力、努力的程度以及努力的持续性等，以此作为绩效的衡量标准，从潜能发展的角度出发与绩效挂钩，在对绩效概念进行全新解释和理解的过程中，探究潜能与绩效之间的关系，并在实际管理中进行综合应用。

结果论主要指的是以结果来衡量绩效，在工作中以实际产出作为绩效考核标准，重点体现绩效的客观性，将绩效明确化。在实际管理过程中可以发现，企业员工的行为并不都是可控的，绩效结果论过分强调结果，容易导致企业员工之间为追求短期利益而进行恶性竞争的行为，对提高组织绩效和企业利益产生不利影响。

（2）绩效的实践含义。在企业实践中，绩效概念发生了很大的变化，表现得更加具体化且具有较强的可操作性。[①] 如将绩效定义为"工作任务"，拆解工作任务并将其分配到企业的员工手中，使其承担个人任务责任，减少任务与组织之间的依赖性，将完成工作作为绩效考核的要素。这一绩效方式的优点是较为简单，适用于单一生产线或体力劳动者的管理，属于传统绩效范畴。缺点是单一的绩效考核标准和内容，无法对企业管理层和知识层员工的工作任务进行有效衡量，任务界定不够明确导致绩效缺乏针对性。将绩效看作"工作产出"，即从结果论的层面对绩效进行实践应用分析，从岗位职责的角度出发确定工作任务，从企业员工的岗位知识掌握情况、技能熟练度、工作态度等方面综合考虑，分析其为组织或部门完成目标任务所作出的贡献。在实际应用过程中，个体考核信息受不可控因素影响，单一将产出和结果作为员工绩效的考核标准的考核方式存在疑虑。将绩效定义为"行为"，在实践过程中，员工工作可能会出现不可控现象，受外界影响出现的行为差异无法对绩效进行有效衡量，重视结果忽视人际关系、程序等因素，绩效衡量缺乏公平性。将绩效看作"行为＋结果"的结合体，将结果和过程看作绩效的要素，在实际应用中均具有一定的缺陷，将行为作为基础，结果和过程构成绩效体系，在有效结果的基础上则形成了一种比较全面且受到大众认可的绩效观。在实际应用过程中可以发现，企业不同类别和层次的人员，重视的内容不同，绩效构成要素也有所不同，层级高者以结果为主，层级低者以过程或行为为主。除此之外，不同企业对结果和过程的侧重点不同，如发展快速的

---

① 云鹏，尹海燕. 绩效管理 [M]. 北京：中国商业出版社，2015：13.

企业更加重视结果，将结果作为绩效的衡量标准。平稳和成熟的企业则更加注重过程，重视流程和规范，强调企业工作文化。以实际收益和预期收益来定义绩效，即员工做了什么和能做什么。在知识型员工管理过程中，将员工知识技能掌握和潜能素质发展作为绩效考核的重点，从创新的角度出发建立绩效考核，促进企业目标的实现。在考虑企业完成了哪些目标，员工在完成目标中做了什么的同时，思考企业哪些目标并未完成，在未来企业发展中还应做出哪些改善。以开放式的绩效观念对员工行为和过程结果进行包容，从实际收益和预期收益的角度出发，对绩效完成情况和未来考核方向进行重新思考。

（二）绩效的性质

在从理论和实践角度学习绩效定义的同时，可以通过综合分析总结出绩效的性质。从绩效的定义角度来看，绩效具有以下三个性质。

1. 多因性

所谓多因性，具体指的是从影响绩效的因素方面来看，绩效被多个因素影响，在绩效评价的过程需要综合多种因素，如组织内部因素和组织外部因素。内部因素主要包括组织战略、架构、文化以及管理决策者的水平和能力等。组织外部因素主要指的是企业外部环境变化，如市场环境受社会、经济、国家法律法规政策的影响而产生的变化。在不同的企业和市场环境下，不同因素对绩效的影响有一定的差别，因此，在研究绩效的过程中，应综合多种影响因素，综合分析影响绩效的关键因素，从而找到影响绩效的根本因素，提出管理改革策略，提升组织的整体绩效水平。

2. 多维性

多维主要指的是多维度和多角度，在绩效评价过程中，从多方面开展评价活动。如从有效性、效率和变革性的角度出发，以达成预期目的的程度作为有效性的评价标准，将资源投入产出情况作为效率的评价标准，将组织创新和应对未来发展的变革准备程度作为变革性的评价标准。在企业绩效管理中，最常见的为评价员工个人绩效，从工作结果和工作态度的角度出发进行综合性评价。工作结果的评价要素应包括工作完成数量、质量和效率等。工作态度的评价应包括全局、纪律、服从、协作等要素，从多个要素标准出发，对员工的工作态度进行综合衡量。在实际应用过程中，可以根据评价结果的用途来确定评价维度和评价指标，根据目标确定评价要素和相应权重，从评价方式、评价角度和评价内容等方面体现绩效的多维性特征。

3.动态性

绩效的动态性特征体现在员工绩效会随时间推移或环境变化而发生变化，在不同的绩效周期，绩效可能由好变差，也可能由差变好，因此应根据具体情况，综合绩效的动态性特征，从及时评价减少绩效管理成本的角度出发，确定绩效管理的周期和评价要素。除此之外，在不同环境下绩效的侧重点有所偏差，如侧重结果、侧重效率、侧重过程等，企业组织和个人应从系统和长远发展的角度出发，从多维角度加强对绩效概念的认识和理解。

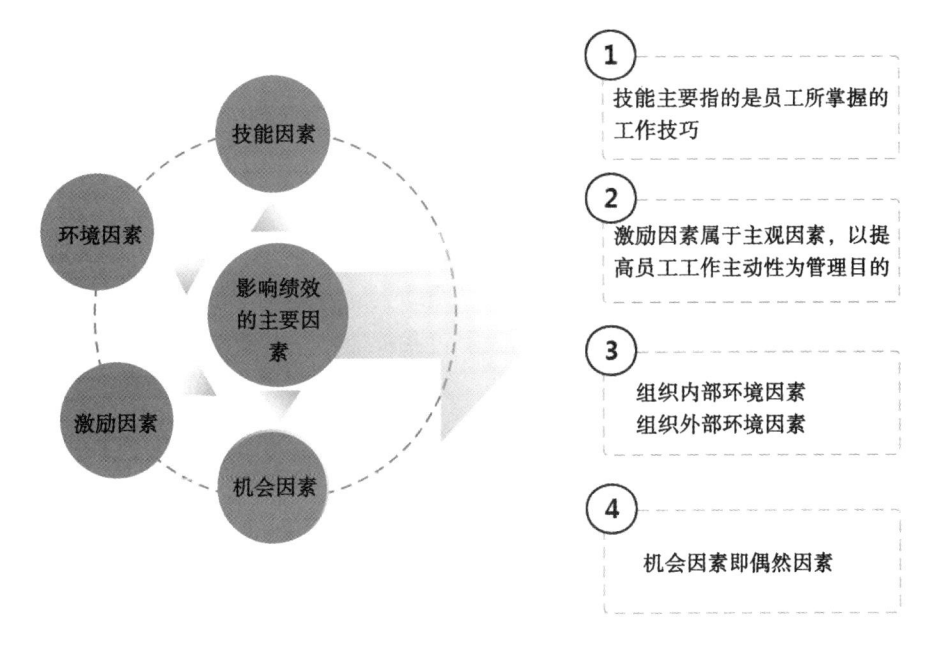

（三）影响绩效的主要因素

影响绩效的主要因素有技能因素、环境因素、激励因素和机会因素，如图3-1所示。

图 3-1　影响绩效的主要因素

1　技能主要指的是员工所掌握的工作技巧

2　激励因素属于主观因素，以提高员工工作主动性为管理目的

3　组织内部环境因素　组织外部环境因素

4　机会因素即偶然因素

1.技能因素

技能主要指的是员工所掌握的工作技巧，从本质来看，影响员工技能的因素有先天的天赋和智力，后天的经历、教育和培训等，员工的技能呈动态性变化，通过再学习、培训等方式，可以系统化提升员工技能。员工技能水平的提高对提高组织效率、实现组织目标具有积极作用。

2. 环境因素

环境因素分为两部分，一是组织内部环境因素，二是组织外部环境因素。前者主要由公司环境条件和管理政策构成，如企业员工的劳动环境、企业组织架构、工资福利待遇等，内部环境因素可以随企业制度的变化得到有效改善。后者主要由市场经济环境、社会政治等客观因素组成，具有不可控性，企业内部环境和外部环境的变化在一定程度上均会对企业员工的绩效产生影响。

3. 激励因素

激励因素属于主观因素，为提高员工个人积极性，从薪酬、待遇以及奖励等方面进行综合设计，根据员工特性和需求结构对激励体系进行完善，选择适当的激励方式，可以有效提高员工主观能动性，达到提高员工工作绩效的目的。

4. 机会因素

机会因素属于偶然因素，如组织员工学习，为员工提供成长和发展的机会，部分员工可以因为工作变动而获得特殊的学习机会，在完成特定任务的同时获得自我提升。在机会因素的促使下，员工达成在原本职位中无法完成的绩效，机会因素可以有效提升组织绩效，通过有效拓展获得新领域的发展，由此可见，机会对于企业个人和组织来说都具有非常重要的影响。

从以上内容可以看出，适当激励可以调动人的主观能动性，组织员工的积极性提高了，才会积极争取内部资源，获得自我技能水平的提高。因此，绩效管理主要研究的是如何制定适当的激励机制，调动企业员工的主观能动性，改善员工内部工作环境，在提升员工技能水平的同时，达到提升组织和个人绩效的最终管理目的。

二、绩效管理的相关概念与理论

在学习绩效管理这一概念时，首先应明确组织、管理和绩效的关系，组织是管理活动的前提，管理是提升绩效的手段，绩效是管理的最终目的。纵观企业发展史，企业类型在不断变化和丰富，以围绕绩效开展的管理学探究工作随着时间推移也延伸出了相关理论和概念。不同时期的学者以改善组织绩效、提升绩效水平为目的开展管理研究活动，从不同假设、视角和分析问题的方式等方面开展绩效管理研究活动，研究内容和研究理论不尽相同，对绩效管理概念和理论的内容进行了丰富。

绩效管理集中体现了对绩效相关问题的系统性思考，绩效管理的发展和内涵，不同学者对不同时期的管理绩效进行了系统性论述。[①]例如，英国学者理查德·威廉姆在《组织管理绩效》一书中对什么是绩效管理进行了系统阐述，从三个角度对绩效管理的内涵进行了阐述。一是绩效管理就是管理组织绩效，从组织绩效角度对绩效管理进行解释，认为企业战略目标对员工的绩效产生了重要影响，如企业的组织结构、生产工艺以及业务发展等目标的制定使得企业技术、结构和业务流程发生变化，员工绩效必然会受到一定影响。二是将绩效管理看作员工的绩效管理系统，以对员工的个人绩效进行管理来实现最终的绩效管理目的，这种绩效管理观点以员工为核心，在明确组织目标的前提下，对员工绩效进行综合管理。第三种观点是在一、二种观点的基础上形成的，即将绩效管理看作综合管理员工绩效的一个系统，将组织与员工进行整合的一种绩效管理办法。观点内容在统一的基础上又进行了细分，一种认为绩效管理应强调组织绩效，而另一种则认为应加强员工个人绩效，前者将企业每个员工与企业或组织的目标联系在一起，后者则认为绩效管理应以激发员工潜力提高员工绩效为主，使员工个人目标与企业战略目标一致，通过有效组合来达到最终管理目的。从本质上来看，两者侧重点和中心有着明显区别，在对绩效管理内涵的理解和分析方面具有较大差异。美国学者赫尔曼·阿吉斯认为绩效管理是在有效区分个人绩效与团队绩效的前提下，通过测量、发展等手段，对组织战略进行持续改进的过程。雷蒙德·A.诺伊等将绩效管理定义为，员工工作活动达到实际组织目标、产出目标的过程，通过开放性的沟通，对团队和个人的行为进行分析，形成组织利益并达到预期目标。我国学者则普遍认为，企业绩效管理应对组织和个人的绩效进行持续改善，最终达到实现企业战略目标的目的。

从绩效管理的内涵和发展来看，综合绩效管理理论和管理实践内容，统一出以下结论。一是绩效管理将企业战略管理目标作为绩效管理的目标，因此企业绩效管理具有一定的战略性特征。二是绩效管理应从系统和持续改进的角度出发，持续关注绩效管理效果，在不断改进的基础上实现管理目标。三是绩效由员工所属主管部门衡量，而不能单一依赖人力资源管理。从绩效管理的内容来看，其中包含了企业组织管理的多个方面，如组织战略、文化以及系统，企业激励政策、决策支持和控制系统，企业财务、人力资源管理等。综上所述，绩效管理的目的是使企业员工行为与工作目标保持一致，根据绩效管理目标进行绩效设计、监控、评价和反馈的过程，通过绩效管理提升个人能力和部门组织水平，实现最终的企业发展目标。

[①] 咸慕敦. 绩效管理 [M]. 湘潭：湘潭大学出版社，2016：8.

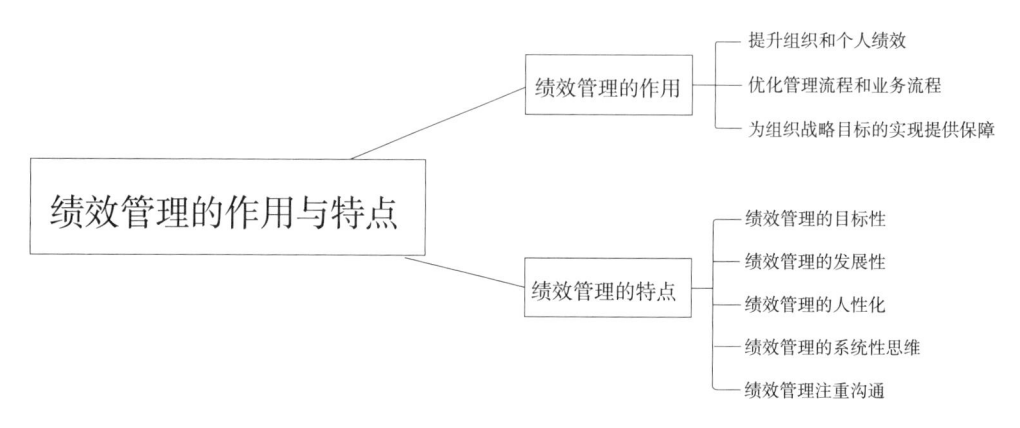

三、绩效管理的作用与特点

绩效管理的作用与特点如图 3-2 所示。

```
                                    ┌── 提升组织和个人绩效
                    ┌─ 绩效管理的作用 ─┼── 优化管理流程和业务流程
                    │               └── 为组织战略目标的实现提供保障
绩效管理的作用与特点 ─┤
                    │               ┌── 绩效管理的目标性
                    │               ├── 绩效管理的发展性
                    └─ 绩效管理的特点 ┼── 绩效管理的人性化
                                    ├── 绩效管理的系统性思维
                                    └── 绩效管理注重沟通
```

图 3-2 绩效管理的作用与特点

（一）绩效管理的作用

在企业发展过程中，正确应用绩效管理可以有效提升企业的竞争力。有效的绩效管理，可以提升企业组织和个人的绩效，以个人绩效来实现组织计划，最终完成企业战略目标。在绩效管理中，企业和员工个人均获得了有效发展和综合进步，适应市场竞争的能力不断增强，实现了双赢局面。在企业管理中，绩效考核可以综合评价员工能力和为企业发展所作出的贡献，作为薪酬和福利待遇的依据，以绩效考核的方式激励优秀员工，督促落后员工积极开展学习活动。这一思想单一地将绩效考核看作绩效管理，理解过于片面。在实际的管理工作中，绩效管理除了激励督促的作用外，还具有提升组织和个人绩效，优化管理流程和业务流程，为组织战略目标的实现提供保障的作用。

（1）提升组织和个人绩效。绩效管理需要经过沟通和反馈过程，管理层根据企业战略发展目标拆解任务，将任务分发到企业员工手中，各部门员工首先要理解组织整体任务，明确个人任务和个人责任。在绩效管理中，企业管理人员与下属之间进行沟通，就工作中存在的问题进行系统化分析，管理人员要做的是为下属员工提供工作指导和资源帮助，下属人员则应端正工作态度并在领导的帮助下改进工作方法，双方共同努力最终达到实现绩效目标的目的。绩效考核的评价环节其实也是对员工工作情况的一个反馈过程，明确个人和组织对达成部门目标所做的贡献，并通过有效激励手段，帮助部门和员工努力提升绩效，找到工作中存在的问题并进行改正。在反馈过程中，考核者与被考核者之间需要进行沟通与交流，沟通的内容主要是综合分析被考核者在工作中的优势和劣势，从个人发展的角度出发，帮助考核者意识到自身的不足，进而帮助其有针对性地开展学习活动。制订详细的绩效计划，并要求被考核者严格实施，最终达到完成组织或部门的考核目标。在目标制定的过程中，新的目标应与前一阶段目标有所差别，从激励提升组织和个人绩效的角度出发，对组织部门和员工提出新的要求，从而使组织和个人绩效获得全面提升。通过绩效管理可以有效区分员工工作能力，留住优秀人才并使内部人员获得全面成长，吸引外部优秀人才，完善人力资源管理体系，为企业战略整体目标的实现提供有效保障。

（2）优化管理流程和业务流程。企业管理中的流程具体指的是各项业务运作，其中包含了业务运作原因、业务运作方法、业务运作管理人员以及业务传递人员等多个因素，流程内容安排对产出结果和人员工作效率有着很大影响。绩效管理应以提升公司整体利益为管理目标，提高企业工作人员的工作效率和业务处理效率，并从业务运作的各个要素角度出发，对企业管理流程和业务流程进行不断优化，最终达到提升组织运行效率的绩效管理目的。

（3）为组织战略目标的实现提供保障。企业的发展思路和战略目标一般比较明确，主体框架由近期发展目标、远期发展目标构成，以年度经营计划、年度经营目标、年度投资计划以及年度投资目标的形式对近期发展目标和远期发展目标进行拆解，按照各部门职责进行目标划分，形成部门年度业绩指标，根据各岗位的核心内容，分别对各岗位的关键业绩指标进行解读和设定。以拆分的形式将企业发展思路和战略目标转化为部门组织任务，准确解读责任到人，以此来为企业整体战略目标的实现提供有效保障。

（二）绩效管理的特点

（1）绩效管理的目标性。绩效管理具有一定的目标性，主要体现为员工行为应与企业战略目标相一致，在系统化的管理机制中，展现企业战略目标，使员工自觉规范行为，帮助员工规划个人发展方向。企业管理人员在明确企业战略目标的同时，对企业员工进行有效管理，为员工提供学习和培训机会，提高企业员工凝聚力，上下一心团结一致，在提高员工技能的同时，提高员工绩效能力和绩效效率，使员工绩效服务于企业战略目标，从而通过企业绩效管理达到实现战略目标的目的。

（2）绩效管理的发展性。绩效管理强调发展，主要理念体现为以绩效管理的方式，引导企业员工通过再学习、参与培训等方式，提高技能，实现与企业的共同成长。企业在促进自身发展的基础上，为员工制定学习目标，为员工提供技能学习方面的指导和帮助，提高员工胜任工作的能力，积极引导学生主动学习先进技术和产品理论知识，构建学习组织模型，在为企业员工创建良好工作氛围的同时，结合激励的绩效管理手段，促进企业绩效管理实现良性发展。

（3）绩效管理的人性化。绩效管理首先应有员工参与，其人性化体现在重视员工发展，在企业员工帮助企业完成组织目标的同时，企业组织帮助员工在确定职业生涯规划的前提下实现个人价值。在这一前提下，员工与企业组织具有相同的发展目标，可以在互惠互利的前提下实现双赢局面。员工在设计绩效目标的过程中，积极参与企业活动，在企业管理者的支持下逐步形成绩效管理体系。

（4）绩效管理的系统性思维。绩效管理是一个目标制定和沟通管理的过程，呈现系统结构特征，管理者需要在掌握多种技巧和管理技能的前提下，解决管理过程中所遇到的困难。从系统和战略角度看待绩效管理工作，逐步形成系统思维。根据企业战略目标确定绩效管理策略，从系统角度出发提高绩效管理效率。

（5）绩效管理注重沟通。绩效管理需要沟通，沟通的目的是在确定组织价值和组织使命的前提下，明确战略目标。通过组织沟通互享信息和资源，员工之间互相学习、相互支持。在制定绩效的过程中需要沟通，企业员工通过沟通分析原因并对提升绩效的方法进行交流。绩效管理应综合培养员工的沟通意识，激发员工的沟通欲望，在提高企业员工和企业管理人员沟通技巧的同时，达到提高企业绩效管理水平的最终目的。

（三）影响绩效管理的主要因素

影响绩效管理的主要因素如图 3-3 所示。

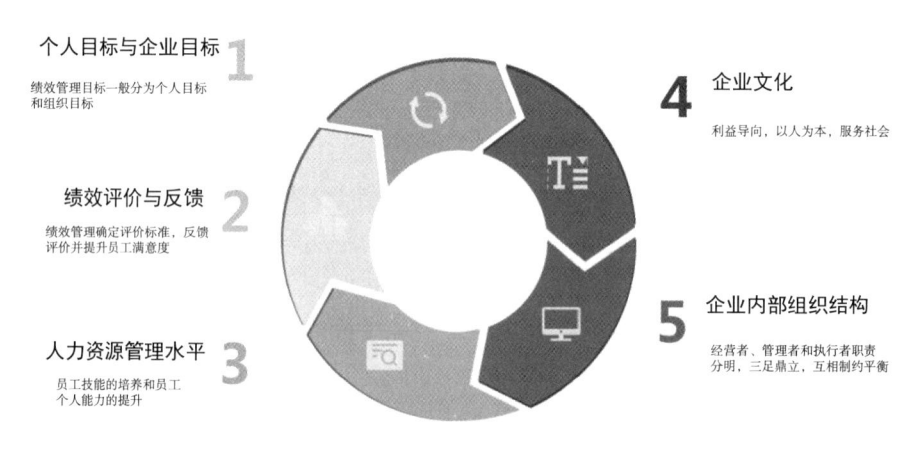

图 3-3　影响绩效管理的主要因素

1.个人目标与企业目标

绩效管理注重沟通，综合培养员工的沟通意识可以在激发员工沟通欲望的同时，积极引导员工针对提升企业绩效的方式和方法进行沟通与交流，分享信息和资源，提升企业的绩效水平。绩效管理目标一般分为个人目标和组织目标，企业员工在认识自身目标的前提下制定工作目标，通过有效沟通以个人工作目标来与组织目标形成匹配度，将个人工作目标视作集体目标的一部分，则可以有效提高企业员工的工作满意度，使之获得组织成就感。目标需要做好分解和解读工作，在此基础上建设考核机制，丰富绩效管理内容。如部门管理人员应清楚自己的目标，针对整体目标对分配工作，下属人员根据自己的工作确定目标，并将个人目标与企业整体目标相联系，提高绩效管理水平。

2.绩效评价与反馈

绩效管理应通过绩效反馈活动来衡量目标完成情况，确定绩效评价标准，通过绩效反馈的形式提升员工对工作的满意度，这就要求企业管理者从有效和客观两个角度开展绩效评价工作。提高企业管理人员的绩效管理能力，以履行自我岗位职责，关注下属绩效能力提升为基础，以沟通的形式与企业员工对工作目标进行分析，完成指导评价工作，收集反馈资料和内容。以激励为目的，建立良好的沟通机制，提高企业管理层和企业员工的沟通效率，保证绩效评价的有效性、绩效反馈的及时性，在绩效管理的过程中，将沟通作为基础方式，排除工作障碍，创建高绩效团队。

3.人力资源管理水平

绩效管理中包含了企业员工的个人提升，个人提升以再学习和参加企业培训的形式来完成，提升员工个人能力和岗位技能水平，可以提高员工预期绩效，使员工与企业实现共同发展。在确定企业战略发展目标的同时，员工个人目标需要与企业战略目标相匹配，在绩效评价中，员工的个人能力难以满足预期工作绩效时，就需通过再学习和培训的方式，提升员工职业技能对员工的职业素养进行全面培养，在这一过程中员工的发展与企业的发展目的一致，由此可见，员工培训和发展与企业绩效的提升是存在一定内在联系的，培养企业员工技能，可以在提升员工环境适应能力的同时，帮助员工获得核心竞争力，促使员工在工作中探寻学习的乐趣，在创新中进步，在进步中获得未来发展。在人力资源管理方面，结合绩效管理思想组织员工开展培训学习活动，提高员工满意度和幸福感，在绩效管理的范围内，帮助员工制订自我发展计划，企业的发展离不开人才的发展，提高企业员工积极性，对实现企业绩效管理目标具有积极意义。

4.企业文化

企业文化从本质角度来看就是群体规范，主要指的是在企业长期发展中逐渐形成的群体意识，企业文化与企业的发展历程有着密切关系。企业员工以员工具体行为来进行体现，不同企业文化的绩效管理类型也有着本质差别，从价值观层面来看，企业文化可以分为以下三种。

一是以利润为导向型的企业绩效管理方法。以利润因素为主衡量员工的绩效水平，如关注员工的产出质量和产出数量，关注结果而忽略过程，以目标结果为导向，体现了员工的绩效水平，忽视员工能力与行为等因素。

二是以人为本开展绩效管理活动。在以人为本的绩效管理中，员工具有参与制订计划的权利，绩效管理要素为员工薪酬、培训机会和晋升机会，在这一环境下，有利于提高员工的工作热情，关注员工情绪以达到提高企业绩效的最终目的。以人为本的绩效管理以促进员工和企业发展为目标，综合各种发展因素，以人的发展为主，以往的业绩考核为辅，促使企业员工在实现自我职业规划的同时保证企业长期战略规划的顺利实施。

三是以服务社会为主开展的绩效管理活动。在服务社会理念的前提下，综合考虑企业利润、员工发展等因素，以此作为绩效管理的基础，注重整体利益，如企业上游产业和下游产业的整体利益，企业对社会环境所作出的贡献等，综合发展企业文化并从定量和定性两个角度出发，以服务社会为目标，通过为社会提供长期服务的形式，体现企业社会价值和社会存在意义。

5.企业内部组织结构

在企业各岗位、各部门绩效指标设计的过程中，首先应建立清晰的企业内部结构，明确划分员工职责，以此来保证在绩效指标的设计过程中，做到客观分解，使绩效指标呈现合理化和流程化的特点。经营者、管理者和执行者职责分明，三足鼎立，互相制约平衡，按照企业战略发展计划为员工分配任务，设计绩效考核标准，保证员工快速适应企业环境，培养企业员工责任感。在组织结构清晰、员工分工明确的前提下，建立绩效管理体系并对员工进行绩效考核，确立关键的绩效考核指标，确保责任到人，才能真正体现出绩效管理在企业管理应用中的作用。

（四）绩效考核的定义与类型

1.绩效考核的定义

从绩效的多样性、多维性以及动态性特征来看，绩效容易受时间、空间、工作任务条件和环境等外在因素影响，因此，绩效考核内容和考核方式也应从多角度、多方位和多层次进行设定。关于绩效考核的定义，不同时期人们对其有着不同的认识和看法。如早期考核只是一个简单按照成员为组织所做出的贡献进行排序的过程，在逐渐发展完善中加入了对员工个人品质、工作资质、工作习惯以及工作态度等内容的考核，按照员工对组织发展的相对价值开展考评活动。深层次的绩效考核开始对员工的任务完成情况和员工潜力进行考核，将绩效考核划分入认识管理系统的一个部分，考核者通过对被考核者的观察和记录，以培养、开发和提升组织成员能力为目的，形成完善的绩效考核制度。从以上观点来看，可以从以下三个方面对绩效考核的定义总结和归纳。

一是绩效考核以企业经营为目标，通过对员工工作进行考核，结合人力资源管理职能，提升员工个人工作能力，保障企业经营目标的实现。

二是绩效考核具备完善的系统和制度性规范，是人力资源管理系统的重要组成部分。

三是绩效考核可以通过对组织中员工的个人品质、工作资质以及工作态度等进行多方面的考核，从事实角度出发给出客观评价。

总而言之，绩效考核一般在综合考虑多种外界因素的前提下，对企业考核主体的工作目标、绩效考核标准及考核方法进行设定，科学合理地以绩效的形式对员工工作任务的完成情况进行有效衡量，反馈考核结果，督促员工开展自我学习、自我提升等活动，使员工在履行工作职责的同时有效促进自我发展。

2. 绩效考核的类型

从考核目的的角度来看，可以将绩效考核分为两类，一是判断型绩效考核，二是发展型绩效考核。

（1）判断型绩效考核。判断型绩效考核的主要目的是验证和坚定员工绩效，考察员工过去所做出的工作成果，并以此为依据将考核结果与员工工资、晋升以及其他福利待遇进行挂钩，对企业员工的工作行为形成控制性作用。

（2）发展型绩效考核。发展型绩效考核的主要目的是提高员工未来工作绩效，从预期的角度出发，关注员工今后工作能力和绩效的提升。以培训和发展机会帮助员工提升工作能力，帮助企业员工排除工作障碍，找到改进工作绩效的方法，并有针对性地提出发展性意见。

（五）绩效管理与绩效考核的比较

1. 从概念角度看区别和联系

从概念角度来看，绩效考核是绩效管理的重要组成部分，绩效考核可以促进绩效管理目标的有效实现。具体来说，绩效管理的整体目标是为企业战略发展目标服务，将企业战略发展目标以年度计划目标的形式进行拆解，结合部门职能形成部门组织目标，在明确组织目标的前提下建立绩效考核标准，以管理部门员工绩效的方式完成组织绩效，通过衡量员工工作行为、工作结果和内在潜力等方式，体现绩效考核的结构化作用。从以上内容可以得出，绩效考核以考核为主，属于绩效管理的一个部分且为绩效管理服务，绩效管理集计划、管理与考核功能为一体的管理模式，两者之间属于包含与被包含的关系，不能简单替代。绩效考核本身具有一定的片面性和孤立性，在不断发展的前提下，系统化管理手段即绩效管理开始出现，绩效管理理念的完善依赖于考核方法的丰富和发展，如关键指标理论、平衡记分卡以及目标管理理论等的完善发展，有效促进了绩效管理多样化发展。绩效考核是绩效管理的核心，而绩效管理的过程对绩效考核的内容和方式具有很大影响。

2. 从实践角度看区别和联系

（1）管理目的的联系与区别。在实践过程中，管理人员常常忽略了绩效考核与绩效管理的内在联系，往往通过绩效考核的方式对企业员工的劳动付出和努力程度进行评价，总结其在组织中所做的贡献份额，并将其作为薪资、待遇和奖励支付的依据，这一情况最常见于传统绩效考核当中，企业将人力资源管理的目的以制度和指标的形式来进行呈现，使绩效管理工作停留在表面，忽视了绩效管理对改善企业人力资源结构的作用。在绩效管理不断发展和进步的过程中，其内容获得了不断丰富，现代企业绩效管理的目的一般由三方面组成，一是战略目的，二是管理目的，三是开发目的。有效的绩效管理系统应在确定企业战略管理目标的前提下建立，通过绩效管理系统从指导、评价、激励以及沟通等层面制定管理措施，提高管理的有效性。最后发挥绩效管理在人力资源管理中的作用，从人力资源开发、帮助内部员工成长以及引进外部人才等角度出发，对绩效管理工作进行有效完善。

（2）基本假设的联系与区别。在绩效考核技术运用的过程中，主体为企业工作人员，客体为企业组织目标、绩效目标以及绩效标准等，绩效考核的前提是主体对客体较为了解和熟悉，客体较为固定且符合企业整体战略发展目标。在绩效管理中并不存在绩效考核基本应用条件的假设，主要表现为企业绩效管理应对企业管理的各个层面进行充分考虑和准备，如文化、战略、组织结构、激励以及决策和控制方式等。企业绩效管理与绩效考核相比更加复杂，内容较多且不具备基本假设前提。

（3）运作思路的联系与区别。绩效管理在人力资源管理中占据了重要地位，是人力资源中的核心内容。绩效考核是绩效管理中的一个环节，从运作角度来看，两者本质上有着明显差别。从两者的关系来看，绩效考核属于绩效管理。在运作方式上，绩效管理是一个过程，而绩效考核则是在某一段时期内的阶段性总结。绩效管理能够从系统的角度出发，帮助企业管理者对企业和员工未来发展进行有效规划，而绩效考核的主要目的是对过往的一段期间进行成果考核。本质不同，两者的侧重点也有所区别，如绩效管理与绩效考核相比具备更加完善的计划监控手段和方法，在管理过程中重视企业员工能力的培养，而不是单纯地以过往阶段性成果作为衡量标准。绩效管理可以综合兼顾企业和企业员工的发展，而绩效考核重视企业绩效提升忽视了企业员工个人发展。

3.绩效考核在绩效管理中的作用

绩效考核在绩效管理过程中可以发挥两个作用，一是绩效评价作用，二是提供信息作用。绩效评价指的是以绩效考核的方式，对员工的工作成绩进行综合考察，结合薪酬奖励制度，表扬优秀员工，淘汰表现较差的员工。提供信息主要是通过绩效考核，了解员工工作信息，在有效分析的基础上对员工潜能进行有效开发，为员工晋升、加薪、培训等方面工作的开展提供信息支持。

第二节 绩效管理的内容介绍

绩效管理是企业管理思想的变革，需要管理者和企业员工的共同支持，企业管理者应在积极倡导和支持的前提下，作为考核主体积极参与，与此同时，做好员工心理工作，使员工介绍绩效管理模式，从而保企业绩效管理的顺利施行。传统绩效管理认为绩效考核就是简单的绩效考核，而绩效管理的具体内容远不止于此，其最终目的是通过绩效评价、绩效反馈等形式，发现企业绩效管理体系中存在的问题，及时调整绩效计划，倾听员工的心声，与企业员工一起进行绩效管理体系建设。本节内容以介绍绩效管理的内容为主，从多角度、多方面，系统化分析绩效管理的内容，通过绩效管理流程和绩效管理责任的综合分析，对企业绩效管理进行正确解析。

一、绩效管理的内容

(一) 绩效目标管理

绩效识别是绩效管理的重要步骤,绩效目标管理本身具有一定的限制性,需要以确定的目标和不同的要求来进行满足,在绩效目标设定的过程中,并不是所有的目标和要求都是绩效管理的重点内容,因此,绩效识别工作的开展就显得尤为重要。以绩效识别的方式,可以快速区分一般工作目标和绩效目标,达到绩效管理的最终目的。

1.绩效识别的概念

绩效识别首先是进行目标选取工作,接着以落实目标为目的,以任务的形式进行目标分解。绩效识别包括绩效考评目标的选取、提炼和责任承担者的指定。绩效识别一般需要经过辨别、确认和分解三个过程。

(1)绩效目标的区别与联系。绩效目标的辨别首先应确定绩效考核组成要素,并以此为基础在工作目标中选出合适的绩效目标。组织目标、个人目标、工作目标和效果目标之间的区别与联系如图3-4所示。

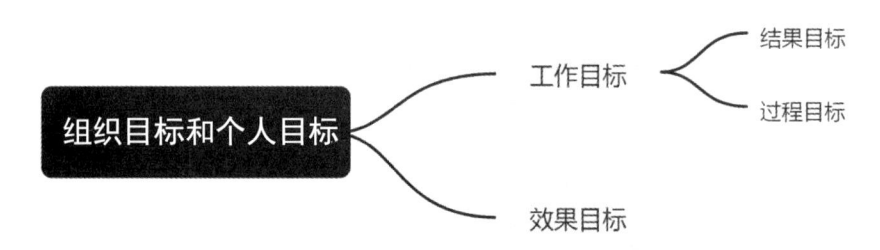

图3-4 组织目标和个人目标的组成关系

在辨别各目标之间的区别时,首先应理解目标这一概念。组织目标和个人目标是在确定企业整体目标的前提下制定的,代表着整体目标的期望成果和实施路径,与此同时,个人目标和组织目标又由工作目标和效果目标两部分组成。工作目标指的是工作的过程和所产生的结果,将工作过程所得到的工作产出称作过程目标,将工作结果称为结果目标。过程目标具有一定的间接性,需要员工在企业中遵循企业规章制度,规范个人行为,结果目标注重结果,如生产数量、质量等实际内容。效果目标则是通过主体工作对企业客户或顾客群体所产生的影响,如公众和客户满意度的提升等。绩效目标的作用一般是衡量工作目标,通过设置具体绩效标准,作为对工作目标的过程和结果完成度的综合评价标准。

从组织目标、个人目标、工作目标到绩效目标,是一个逐渐被细化和细分的过程，各目标之间具有一定的区别和联系，对各目标之间的联系进行具体化分析可以发现，组织目标和个人目标有很多，如在企业工作的过程中，组织和个人首先需要完成本职工作即实现工作目标，在工作过程中需要被重视和认可，其中又包含了情感目标，除此之外还可能有其他的目标。工作目标是企业组织或个人工作后所能达到的结果，以有形的成本、工作效率或公众满意度等内容形成，其中包含了部门之间的配合度，领导力以及员工能力的提升无形内容，在达成工作目标的过程中，完成既定的考核绩效，则能够被称为完成绩效目标。工作目标的形式多种多样，下达主体也不尽相同，如政府下达的年度工作目标，企业的年度计划目标和工作任务，领导交代的目标任务。

（2）确认绩效目标。绩效目标的确认首先需要确定绩效目标，并对其进行确定和认可，绩效目标的确认包含三个要素，一是战略，二是规划，三是要求。战略指的是对组织或部门未来发展状态的一种预测，为保证绩效目标与企业发展战略的一致性，在确定绩效目标之前，应综合考虑部门或岗位的未来发展情况，缩小绩效目标与企业战略发展的差距。规划指的是部门和组织在一段时期内的发展计划，在绩效目标的确认过程中，为保证规划与绩效目标的一致性，在确定绩效目标前，应综合岗位、组织未来发展计划等因素，使绩效目标适应岗位和部门规划性发展。要求指的是绩效目标应满足上级领导或部门的要求，提升公众满意度。综合考虑组织部门对岗位的要求，从提升领导和客户满意度角度出发，保证要求与绩效目标的一致性。

（3）分解绩效目标。分解绩效目标的前提是确认绩效目标，以相关分目标的形式来体现绩效总目标，从理论角度来看，目标可以分为下一级目标，以分目标的形式来组成整体目标，分目标和下一级目标可以反映总体目标的某一具体特征。绩效目标的分解可以使目标更加清晰，增强其执行性，因此在分解绩效目标的过程中，可以从不同的角度出发进行有效分类。

以组织为主体的绩效目标分解，在部分反映主体的整体原则下，分解绩效目标，可以从企业发展战略和部门组织规划的角度出发，增强绩效目标的清晰度，使其具备可执行性。如以一级分目标的形式来分解主体绩效目标，一级分目标下再次分解，形成二级分目标，保证分目标能够反映出整体目标的特点和要求，从组织角度出发，逐步构建和完善目标体系。

以部门为主体的绩效目标分解，在以组织为主体构建出绩效体系后，结合一级目标和二级目标内容，综合各部门的性质和职责，合理进行目标分配。分配方式主要包括两种，一是认真执行组织分配的目标任务，二是在综合岗位职责和发展战略的基础上，构建新的部门目标体系，将目标任务拆解到部门岗位，并将其作为部门绩效管理的基础。

2.绩效识别的方法

（1）职责识别法。职责识别法主要依赖的是岗位职责，如岗位职责内容、岗位职责范围、岗位职责责任等。在岗位职责中，工作内容、方式和标准等因素被确定，使得工作绩效指标得以明确。

（2）重点工作或任务识别法。在一段时期内，组织部门中都会根据战略目标和计划，确定工作的核心内容，在这一过程中重点任务和工作任务被确定，根据重点工作和任务的内容、性质、完成方法、合格标准等要素，可以快速实现识别绩效目标的目的。

（3）工作要求识别法。根据工作要求对绩效目标进行提炼，如综合工作内容、流程、能力以及态度等具体要求，将其作为完成绩效目标的要素，从要求的角度出发快速达到提炼绩效目标的目的。

3.绩效识别的作用

从本质上来看，工作目标的范围比绩效目标的范围更广，绩效识别可以通过绩效目标要素确定所考核的工作目标范围，使工作目标和绩效目标有效区分开来，可以有效提高绩效管理效率。绩效目标的有效识别，对后续绩效管理工作的开展提供了测量基础。在绩效管理环境的不断变化下，绩效目标具备一定的动态性，相邻周期内目标应为企业战略总体目标服务，因此以绩效识别的方式可以有效对不同周期内的绩效目标进行比对，体现出绩效管理的实际意义。

（二）技术工具管理

生产资料一般指的是生产手段，是劳动者在生产活动过程中所需的资源或工具综合，如生产场地、设备工具以及原材料等。生产资料是提高生产力的重要因素，而其中所包含的生产工具则对提高生产力具有决定性作用。生产工具的发展，可以有效提升人的生产效率，在对绩效管理进行深入研究的过程中，应从生产技术和生产工具发展的角度出发，对个人绩效管理进行深入性探究。因此，接下来的内容将从科技发展、互联网发展以及信息大数据发展三个部分来进行详细阐述和说明。

1.科技革命对绩效的影响

科技水平的进步打破了原有技术水平对生产力所设的限制，科技革命的进步对组织绩效和个人绩效均会产生一定影响。科技水平的进步可以改变传统运作方式，提高生产力，促使组织绩效管理重心转移，组织管理方式发生变迁。在科技革命尚未开始之时，交通闭塞，生产力低下，信息传播途径少，速度缓慢，手工生产技术需要手把手教学，生产力难以满足社会发展，在这一时期科技革命对绩效的影响微乎其微，且变化周期呈现缓慢特征。在第一次科学技术革命开始后，组织生产方式发生了很大转变，科学技术水平的提高有效促进了社会生产力的发展，由此科技革命对绩效的影响拉开序幕。

在第一次科学技术革命开始后，机器开始出现且逐步代替了手工劳作，人在一定程度上获得了解放，社会生产力快速提高。绩效管理从原来对人的管理如劳动强度、劳动时间控制等，逐步开始以计件工资或计时工资为主开展绩效管理活动。随着科学技术的发展，机器时代来临，大规模机器化生产代替了大部分的手工劳作，社会性质开始发生转变。

在第二次科技革命中，电力资源开始成为技术发展核心，在机器升级和更新换代的前提下，电力的广泛应用，使得劳动开始呈现专业化特征，人力资源与物质资源开始结合，与此同时股份制公司开始出现，人事管理以人和事为要素，管理模式开始转变，绩效管理在萌芽的基础上获得了进一步发展。

在第三次科学技术革命中，电子计算机开始广泛应用，信息技术、材料技术、生物技术以及新能源技术等开始逐步发展，第三次科学技术革命属于现代科技革命，冲击着社会的各行各业。在这一经济环境大背景下，科技创新引领时代发展潮流，企业需要根据市场环境，从创新的角度出发对企业内部组织进行变革和重造。

2. 互联网发展对绩效的影响

在互联网快速发展的时代，"互联网+"思想对企业的生产经营模式产生了巨大影响。在社会生产力不断增强的前提下，互联网推动经济形态不断发生转变，网络平台的建设使得改革、创新和发展等成为社会经济实体的发展方向。从传统意义来看，"互联网+"指的是互联网和传统行业的简单结合，但是在实际操作环节中，两者简单地相加很难达到理想化的企业发展效果。"互联网+"的本质是使互联网与传统行业进行深度融合，从创新的角度出发，在使企业生态环境获得有效创新的同时，形成新的社会形态。互联网在社会资源配置中可以起到一定的优化和集成作用，将互联网的创新成果应用于社会经济和各领域中，对提高社会生产力和创新力具有一定的积极作用。互联网带动了企业发展，在新的经济模式中，绩效薪酬衡量的指标也发生了相应的变化，如将传统以工作岗位或工作时间衡量绩效指标的形式转化为用户的贡献，在绩效指标衡量的过程中，将员工看作连接用户的节点，直接反映出用户与薪酬之间的关系，以满足客户要求代替财务指标，企业绩效的核心衡量内容发生了实质性变化。

(三)工作环境管理

工作环境是生产资料的关键性要素,对组织的运行和组织绩效有着潜在影响,从某种角度来说,工作环境可以提高人的工作效率,影响人的工作态度,促使组织在生存的基础上获得有效发展。

1.工作环境的概念

工作环境指的是对员工工作绩效具有潜在影响的外部力量综合,影响方式和途径可以分为两种,一种是直接影响,一种是间接影响。可以根据工作环境的性质将其分为物理环境、生产安全环境以及社会环境等。物理环境具体指的是由设备设施以及厂房建筑物等组织成的物质系统,具体来说如员工工作环境的温度、湿度、噪音等情况,根据员工每天的在岗时间计算员工与物理环境的接触时间。安全环境指的是员工在工作过程中所面临的安全问题,安全环境与员工本身的工作性质有着很大的关系,安全环境与社会环境息息相关,在以员工生命健康为前提,积极协调安全环境与社会环境的关系,提高员工素质,在增强企业员工和领导者的安全意识的前提下,对环境进行积极建设和营造,才能在改善不良环境的前提下,提高员工工作安全度,达到理想化的企业绩效管理效果。

2.工作环境与绩效的关系

工作环境对企业员工的工作绩效具有一定影响,主要表现在物理环境方面,如企业工作设施、室内工作环境、室外工作环境,工作设施包括工作所需的必要设备和工具,如机器、办公桌和通讯设备等,不同的工作类型所需的工作设备有着本质性差别。企业的外部环境和内部环境对企业员工的作业环境均有一定影响。企业员工的整体工作环境,如办公室或工厂车间、员工工作所处环境的空间设计等因素均会对员工工作积极性产生影响,进而影响到员工绩效。

(1)工作设备对工作绩效的影响。不同性质的工作需要不同的专业设备,员工工作所需的专业设备质量和设备的使用情况对员工的工作效率具有很大的影响,如以医院常用的医疗设备来进行举例,先进的医疗设备可以帮助医生快速锁定病因,提高医生的工作效率。教育工作者需要教书育人,学校馆藏的丰富度,对教师的专业度和教学效率具有很大的影响。工作设备指的是员工在工作过程中所需的资源,并不简单指工作的机器,其中也包括岗位技能知识的有效获得,只有提高员工的工作能力,为员工提供先进设备和先进资源,才能在统筹兼顾的前提下,使设备和先进资源协助员工生产,提高生产力和员工工作绩效。

(2)生态环境对工作绩效的影响。从企业发展的角度来看,在领导者的管理下,企业环境与员工绩效有着密切关系。企业生态环境是可控的,为企业员工营造良好的生态环境，则可以在无形之中提高员工的工作效率。以办公室环境绿化为例，适当在办公室增加绿色植物，可以提高环境的清新度，提高空气质量和环境质量，减少员工工作的紧张感和烦躁感，达到激发员工灵感综合提高员工创造力和活力的目的。由此可见，生态环境在心理层面和生理层面均对员工的工作绩效产生一定的影响，企业的生态环境建设，应从满足员工心理需要的角度出发，为员工营造舒适的办公环境，实现高员工工作绩效的管理目标。

（3）室内环境对工作绩效的影响。员工工作的室内环境与员工绩效的关系非常密切，一般来讲，舒适的办公环境可以有效提高员工工作效率和部门组织生产力。如提高工作环境中的照明度，并将温度保持在一个舒适区域内，则可以有效提高员工的舒适感，减少员工在工作中的烦躁和不安。舒适的办公环境可以对企业员工的情感、意志和兴趣产生影响，使员工在工作过程中乐于沟通和分享。合理布置办公场所，设计格局空间，在提高办公室内环境的同时，综合考虑组织各部门之间的关联性，为组织机构之间提供沟通机会，在协调作用下设计出符合本企业文化和未来发展办公理念的室内环境方案，满足企业自身战略发展，体现企业形象。

（4）工作过程管理。在工作过程中，劳动者在借助劳动资料的前提下，对劳动对象进行加工，最终形成劳动产品。将劳动物化，劳动者的劳动过程就是制造产品的过程。工作过程需要经过生产物料投放、劳动加工和生产产成品的过程。

工作过程一般指的是劳动者利用劳动资料对劳动对象加工的过程，这一过程可以体现出劳动资料的使用价值和劳动者的生产价值。商品经济将工作过程以生产商品的过程来进行表述，商品的生产则是价值的形成。综上所述，劳动者在确定活动目的的前提下，利用劳动资料来创造使用价值的过程就是工作过程。

工作过程的结构，从企业生产的角度出发，综合构成工作过程的要素，对工作过程进行细化和分类，可以分为以下三种。

一是物流过程。物流过程包含的内容有很多，其中包含了如企业采购、运输、产品仓储以及加工和服务以及以物料转换的形式实现增值目的等过程。

二是信息流过程。所谓信息流主要指的是在企业生产活动中，与生产活动相关的数据记录和收集，在整理后形成数据集合，能够正确反映企业经营情况，在处理和加工后使之朝着一定目标和方向流动的信息内容。

三是资金流过程。工作流程中的资金流过程具体指的是以生产原材料、生产设备以及辅助物料为主的实物资产，资金流过程分为固定资金和流动资金，提高资金的流动性则可以有效促使企业经济效益的形成。

3. 工作过程的分类

从组织或个人在工作过程中发生作用的角度出发，工作过程由以下三部分组成。

一是基本工作过程。基本工作过程主要指的是产品直接加工的过程，是组织的主要生产活动。举个例子来说，食品加工的高温杀菌、蒸煮消毒等过程，纺织过程中的织布、纺纱等过程。

二是辅助工作过程。辅助工作过程主要指的是为基本工作过程而做的保障，如生产设备维修、生产工具维护以及为企业生产提供动力等。

三是生产服务过程。生产服务过程主要指的是为基本生产活动的顺利开展所提供的服务性工作。如为企业车间生产提供原材料采购、供应和运输以及抽检产品样本等工作。

4. 工作过程的原则

工作的目的是在综合利用生产资源的同时，降低生产消耗水平提高产品质量，最终达到取得最佳效益的目的。生产管理是在以工作目的为基础的前提下，对工作过程进行有效管理。工作过程的原则是保证工作过程的顺利进行，保障其连续性、增强其平行性和均衡性及提高产品变化的适用性。

（1）保障工作过程的连续性。工作过程的连续性主要体现在两个方面：一是工作时间方面；二是工作空间方面。前者主要指的是生产工序的衔接过程，减少生产中的停顿和等待现象。前者主要指的是各个生产工序空间布局的合理性，加工对象的流程线路是否合理。

（2）增强工作过程的平行性和均衡性。在实际生产工作中平行性主要指的是交叉作业，增强工作过程中的平行性，即以交叉作业的形式缩短产品生产周期，提高产品生产效率。增强工作过程均衡性，即相同间隔时间内完成的生产工作量大体相同。均衡性一般具有一定的节奏性，从按月、按旬、按日的角度出发，在大量生产过程中进行生产预算，保证生产任务能够按照既定计划均衡完成。

（3）工作过程的适应性。工作过程的适应性一般发生在组织产品更新或所生产的产品品种发生变化时，考验的是企业生产的应变能力，从效率的角度出发衡量适应性，即生产产品的转移和变化过程中企业的生产效率。

5. 工作过程的内容

工作过程有两个要素构成，一是空间因素，二是时间因素，空间因素主要以为满足工作过程的连续性、协调性和节奏性特征，合理组织工作过程，使其在互相配合的前提下，达成协调一致。在工作组织过程中，从生产工艺和产品对象的角度出发进行专业化分工，即提高生产工艺和产品对象的专业化，合理组织工作过程，满足企业多样化生产。时间因素主要指的是工作过程的时间组织，研究内容以物流的距离和速度、工作工序的移动方式为主，探究其生产周期和组织过程的特征。

6. 工作过程的组织

从空间和时间角度出发，合理组织工作过程，即以缩短产品线、加快生产速度等方式，在各个工作过程阶段，充分利用企业资源，使工作过程呈现出高产、低耗以及优质的特性。在工作过程中需要做到使工作各个环节保持连续状态，减少中断、停顿和等待现象的发生。保持各阶段和工作程序的比例性，保持均衡发展。在生产环节，从产品性能、产品结构以及生产规模等角度出发，综合控制统筹规划。保证工作过程的节奏性，即在相同时间间隔内，保证产品产出率，工作过程的节奏应符合最终产能目标。工作过程的组织要灵活，能够在市场需求发生改变时快速作出反应，从产品多样化的角度出发灵活生产。保证工作过程的合规性，为达到理想化的绩效成果，在工作过程中制定相关标准或规则，以工作内容为核心，对工作的流程、条件、时间和成本等一系列因素进行规则化细分，规范生产标准，达到领导者所要求的绩效水平。

二、绩效管理的基本流程

绩效管理是一个管理循环过程，主要包括四个环节，即绩效计划、绩效监控、绩效评价以及绩效反馈，如图3-5所示。

绩效管理的基本流程

图 3-5 绩效管理的基本流程

1. 绩效计划 签订绩效目标协议,设计周期绩效任务
2. 绩效监控 监督被管理者的工作方向和工作行为,形成绩效数据
3. 绩效评价 评价组织部门或个人的绩效完成情况
4. 绩效反馈 反馈绩效管理中存在的问题制订改进计划

(一)绩效计划

绩效计划是管理绩效的第一个环节,也是绩效管理的起点。在设置绩效计划的过程中,企业管理者需要与被管理者一起就企业目标和业务部门特点进行工作职责讨论,设计周期绩效任务,并签订周期目标协议,再确定评估期,考察被管理者的工作任务完成情况。

(二)绩效监控

绩效监控是绩效实施的执行和监督环节,执行者是企业员工,监督者是企业管理者,这一过程强调上级对下级工作的监督和辅导,以监督被管理者的工作方向和工作行为为主。绩效监控属于绩效管理的中间环节,具有耗时较长的特点,其管理效果直接影响着绩效管理的成败。

（三）绩效评价

绩效评价指的是在绩效评估的基础上，根据企业部门或员工的绩效指标，按照一定的绩效衡量标准进行评价，主要评价内容为组织部门或个人的绩效完成情况，数据评价具有全面性、可靠性、客观性等特征，企业管理者应选取客观公正的评估手段，对企业下属评估部门和员工的绩效情况进行综合反映。

（四）绩效反馈

绩效反馈是绩效管理的重要功能，绩效评估的目的并不完全是激发员工工作积极性，单一要求员工在组织内部进行业绩对比，而是通过绩效评估，及时发展企业绩效管理中存在的问题，找到影响企业生产和经营发展的根本性原因。因此，绩效反馈这一环节的主要目的是反馈绩效管理中存在的问题，并有针对性地制订改进计划。

三、绩效管理的管理责任分析

（一）企业各业务部门的管理责任

1. 人力资源管理部门所承担的责任

绩效属于人力资源管理的重要组成部分，在企业发展过程中，人力资源管理部门就是最典型的绩效管理部门，从狭义角度来说，人力资源管理是绩效管理的组织者，从宏观角度来说，绩效管理推动了企业人力资源管理的发展。人力资源管理部门要有针对性地对企业绩效管理计划进行设计和制订，在整个管理过程中担任监管的角色，在参与绩效管理的同时对企业绩效管理进行评价。从以上内容可以看出，人力资源管理部门在绩效管理过程中主要承担以下几点责任。

（1）以实现企业目标为根本目的，制定绩效管理制度，在实施过程中担任监督角色，引导建立绩效管理系统。

（2）在企业用人方面，按照岗位要求和情况，与管理部门进行配合，进行人员的招聘和调动，管理员工入职和离职，在员工调整和变动的同时满足各部门的用人需求。体现人性化管理思想，结合动态管理理念为员工提供个人发展机会，以提升员工薪酬或待遇的方式对员工进行奖励。

（3）关注企业和部门员工的提升，结合绩效管理所反馈的信息及内容，及时发展企业内部人才，为其提供学习和发展机会。如针对企业重要岗位培养企业人才，企业储备干部的培养和选拔等，结合企业发展目标，在绩效管理工作中及时与员工进行沟通，分批次分梯次做好人才接替工作。

（4）负责企业劳动关系调整，接管企业员工工作档案，建立劳动合同档案，管理员工动态，适时发布培训计划，并结合各部门的实际情况参与并辅助实施。根据绩效管理结果，评价员工工作能力，在正确应用绩效考评信息的基础上，组织开展技术考试。

（5）对企业员工的业绩进行考评，收集考评数据，及时从人力资源管理的角度出发进行数据统计，为企业实际管理者和决策者提供用人方面的意见和建议。

2. 其他业务部门的管理责任

业务部门的管理责任首先是根据员工绩效进行正确辅导，在业务部门内贯彻落实绩效管理制度，在正确把握绩效管理内涵的同时，提高员工对绩效管理的理解和认识。业务管理部门方面做好目标的分配工作，保证员工能够明确自身岗位职责，在岗位工作中接受工作目标，结合绩效管理标准，形成绩效管理制度，增强员工对工作岗位目标的接受度，进而减少绩效管理活动的压力。除此之外，业务管理部门还应对考评目标进行正确把控，结合员工的工作属性，促进员工上下级进行积极合作，体现团队的合作精神，在提高员工绩效的同时调动员工工作积极性，增强员工对工作的整体满意度。

（二）部门人员的管理责任

1. 部门主管人员的管理责任

部门主管人员包括部门中具有决定权的经理或主管，在实际绩效管理中起着连接和纽带作用，需要同时对企业绩效管理体系和员工绩效提高负责。不同的部门经理或主管都占据了绩效管理中的主导者地位，在绩效管理中，应做好自己的本职工作，从角色职责角度出发，承担各自应尽的部门职责和义务，在发挥管理人员作用的过程中，推动企业绩效管理建设。部门主管应对企业战略目标或所分配的部门目标进行正确拆解，明确部门任务，并根据员工能力和技能水平合理下发，对员工工作进行组织和管理，必要时为员工提供必要的工作指导和帮助。部门主管人员还应根据企业整体绩效管理政策，通过宣传、辅导和解释等途径，提高员工对绩效管理政策、指标和流程的认识和理解，提升员工对企业绩效管理的认可度，提升员工工作积极性。根据员工的工作能力为员工正确划分工作任务，为员工提供可发展的工作空间，如为员工提供阐述观点提出意见的机会，为员工提供发挥自身知识和技能的机会，提高员工对企业的认同感，与此同时，促使员工产生被需要感，通过有效的信息传递，促使员工能够在接受任务的前提下认真执行。部门主管应承担解决绩效矛盾的责任，如及时与员工进行沟通与交流，发现绩效中存在的问题，在获得员工信任的同时提升员工工作积极性，为员工提供选择机会，使员工与企业一起获得成长。

2.部门员工的管理责任

在绩效管理中，员工占据的是被管理者的角色，企业在设计绩效管理系统的过程中，应尊重科学及合理原则，满足企业员工工作的内在需求，通过绩效考评、管理等方式，促进员工成长。在新时期的绩效管理工作中，改变员工单一的被动管理地位，强调员工对绩效管理的参与性，适当给予员工反馈权利，以此来对绩效管理系统进行有效完善。员工担任被管理者的角色，但是在企业绩效管理过程中，也具备一定的管理责任。在工作过程中，员工应该能够对工作行为的有效性进行正确判断，在工作开始之前明确工作性质、工作完成时间和工作所需技能，便于在后续工作开展的过程中，能够快速完成管理者规定的绩效，愉快接受管理者所设置的考评活动。在绩效管理中，员工应主动与管理者进行沟通，在沟通过程中从个人目标、企业目标等多个角度阐述个人观点，获得管理人员认可，增强主管人员的信任感。在企业绩效管理中，为使企业绩效管理具备科学化、规范化等特征，员工有责任和义务根据自身工作情况，通过面谈机会与管理者进行沟通和交流，公正解释自身对绩效指标的理解，通过面谈增进管理者对目标任务分配、绩效指标制订实际实施情况的了解，以此来使企业整体绩效管理水平获得有效提升。绩效管理可以帮助员工获得成长和发展，如在绩效管理过程中，员工可跟随企业发展获得个人发展，提升个人知识水平和技能掌握能力，制定职业生涯发展规划，获得管理者认可。员工的个人成长和发展可以使员工获得工作满意度，增强被信任感，最终实现个人价值。

第三节　现代企业绩效管理的发展趋势

在企业管理理念不断发展和变革的大背景下，绩效管理理念也在不断进步，绩效管理的核心是通过管理和控制的手段改善组织和个体绩效，最终达到实现组织战略目标的目的。现代企业绩效管理的发展和变革，是在对绩效信息收集、分析和应用的过程中进行的，从制度变革角度来说经历了非制度化到制度化的转变，从绩效考核角度来说经历了传统绩效考核到现代化系统化绩效管理，从激励角度来说从单纯激励转化成为重视企业员工核心技能的提升，从结果导向转向发展导向，现代企业绩效管理从最初重视企业发展逐步转化为以人为本重视企业和员工的双重发展。本节从两部分来对现代企业管理的发展趋势进行综合分析，一是从管理理念角度出发对现代企业绩效管理的发展趋势进行分析；二是从管理技术的角度出发对现代企业绩效管理的发展趋势进行分析。

一、现代企业绩效管理理念的发展趋势

在经济时代，绩效管理的重心由人的管理和企业管理逐步转向战略管理，绩效管理更加成熟和系统化，所包含的要素更加丰富，现代企业绩效管理以人的发展、企业的发展及战略系统规划为主。本小节从绩效考核的战略性管理理念的转变趋势、绩效考核与心理学相结合的发展趋势以及绩效管理的系统化思想的发展趋势等角度出发，对现代企业绩效管理的发展趋势进行综合性探究。

（一）绩效考核的战略性管理理念的转变趋势

在经济快速发展的大背景下，企业战略管理理念开始产生，与此同时，生产经营层面的业务战略和人力管理方面的人力资源战略，对企业战略发展提供了有效支撑，这标志着企业管理过程历经了生产管理、经营管理和战略管理三个阶段。在企业经营战略管理中，大多数人认为绩效管理应与战略管理理念进行有效结合，综合人力资源战略管理理念，共同构成战略性绩效管理理念。从本质上来看，绩效管理对企业的人力资源管理和生产经营管理具有很大的影响。例如，人力绩效影响着人力资源结构，生产绩效影响着企业组织的生产力，从企业战略发展的角度来看，由传统单一的绩效考核理念转变为战略性的绩效考核管理理念，则更加符合当前的企业发展趋势，有利于企业战略目标的实现。根据纵向整合原则，业务战略应与企业人力资源战略相结合，从结合模型角度来看，人力资源为企业业务战略所服务，即在发展企业人力资源管理战略的同时，促进业务战略性发展，最终实现绩效考核战略化的管理目标。罗伯特·卡普兰和戴维诺顿等学者则认为，组织绩效管理应从财务、客户、内部流程以及学习与成长等方面来进行考量，以此来解决传统绩效考核中单一财务指标所带来的滞后性、片面性等问题，在关注企业长远发展指标和客户发展指标的同时，找到绩效评价中的财务指标和非财务指标，从结果、驱动等多方面角度进行分析，结合企业短期目标、长期目标等特点，寻找绩效考核的平衡点。从战略的角度出发构建企业体系，并从管理层改革、战略化行动、战略任务拆分以及战略组织协同等角度出发，增强企业战略发展的可持续性，结合绩效考核改革，赋予其战略管理概念，促进企业整体性发展。在新时期的企业发展中，企业战略化发展应在充分利用现有人力资源的前提下，结合信息资源优化内部制造流程，创造价值提高自身核心竞争力，绩效考核的战略性管理化趋势，要求企业管理人员从企业战略角度出发，拆分企业

战略任务，在丰富绩效考核内容的同时使绩效考核呈现战略化趋势，这在一定程度上优化了企业的人力资源结构，促进了企业的生产经营发展，使企业绩效考核在更加贴近企业战略目标的同时为企业战略目标服务，对优化企业内部组织结构，提升企业核心竞争力和增强企业生存能力具有积极影响。

（二）绩效考核与心理学相结合的发展趋势

心理学以研究个体生命为主，结合外在因素和内在因素探究个体心理发展特点和规律，在实际应用中一般用来探究教育与发展规律，研究人的普遍性特征和个体化差异。将心理学理论加入绩效管理理论中，可以从个体差异化、人的普遍特征以及心理发展规律等角度出发，结合心理学思想，透视绩效管理中存在的问题。从当前绩效考核的发展趋势来看，结合心理学思想呈现以下几点特征。

1.目标导向转向过程管理

在传统绩效评价中以目标的设置与分解为主，评价方式和内容比较单一，而在绩效考核与心理学相结合的发展趋势下，绩效管理开始从最初的设置和分解开始转化，以绩效计划、评价激励等形式丰富绩效管理内容，在管理过程中进行监控和激励，结合沟通、反馈以及辅助引导等形式，重点突出了管理者在绩效考核中的作用，绩效考核也由最初单一的目标导向逐步向过程管理方向转移。

2.结果导向转向发展导向

传统绩效管理以工作任务或结果的完成度作为绩效考核目标，在管理过程中将绩效目标与薪酬挂钩，且重视两者之间的关系。在绩效考核与心理学相结合的绩效管理发展中，绩效管理除关注工作任务、目标完成度等情况外，员工绩效考核和薪资评级重视员工个人表现等因素，如员工的行为和表现、员工对工作的投入度以及员工个人在岗位学习过程中的成长和发展等，整体呈现出以结果导向转向发展导向的趋势，即关注人的发展，以人的发展反向作用于绩效的提升，绩效考核内容表现得更加人性化。

3.单项评价转向系统评价

传统绩效考核评价以人力资源部门或部门管理人员直接给出评价的方式为主，评价主体和内容比较单一。在以人为本的绩效管理理念的发展下，应综合考虑员工的生态系统性特征，从心理学角度来说，按照宏观、外观、中观和微观来构建评价系统，即以上级管理人员、下属被管理人员、同级同事、员工本人、客户以及供应商等多个角度来评价企业员工的工作行为，从单项评价转向系统化评价，结合多角度多因素构建评价体系，在丰富评价内容的同时，体现企业以人为本的绩效管理思想。

4. 主动化绩效管理环境的营造

从心理学角度出发，在绩效管理过程中重视员工心理和价值观发展，如营造主动化绩效管理环境，综合考虑员工工作心理因素，设定绩效考核计划，激发员工的工作自主性，使其在工作过程中保持乐观心态。主动化绩效管理环境的营造主要体现在，使员工乐于接受绩效计划，提高绩效计划执行度，积极配合绩效考核，在绩效反馈的过程中弥补自身不足，乐于学习实现可持续发展。主动化绩效管理环境的营造需要管理人员在充分了解员工工作心理的前提下，结合激励政策和企业发展目标，使绩效考核内容符合员工心理预期，体现绩效考核价值，提高企业员工的参与积极性，从而保证企业战略管理目标的有效实现。

(三) 绩效管理的系统化思想的发展趋势

绩效管理理论基础主要由系统理论和相对应的管理理论组成，系统化思想将绩效管理本身看作一个大的系统，将内部结构看作一个小的子系统，如企业内部结构中的人力资源管理、财务管理及部门组织管理等，根据系统的集合性、层次性和相关性等特征，将各部门的相关职能集合在一起，利用其互相影响的特性，在统筹规划的前提下形成制约和平衡目标。

从系统的本质来看，集合是其最基本特征，企业绩效管理整体系统由多个子系统组成，由此可见在绩效管理中可以将子系统作为系统的整体构成要素，把影响绩效管理系统的要素集合起来，就是将子系统集合成为整体绩效管理系统的过程。如在企业管理中，以开发、生产、销售以及管理等子系统组成的企业整体系统，以企业人力资源系统为例，招聘、开发、绩效管理、薪酬管理和人力资源规划等要素所构成的子系统的集合。系统有层次划分，子系统及其下属子系统均具有不同的地位。以企业绩效系统为例，包含了以组织绩效、部门绩效和员工绩效三个层次。系统是构成子系统的前提，子系统受到系统内各要素的影响。例如，企业绩效控制系统是企业整体管理系统的子系统，受企业战略、企业文化以及企业人力资源等子系统的制约，在绩效控制中受绩效战略目标、绩效评价等要素的影响。子系统中某一要素的变化会影响到各要素之间的关系，对子系统和整体系统均具有不同程度的影响。在系统化的思想中，企业员工、组织和部门等整体绩效之间形成了相互制约、相互影响的关系，因此同时绩效管理与同级人力资源管理子系统相互制约、相互影响。在深入分析系统管理思想理论的过程中可以从集合性、层次性和系统化的角度出发，深刻理解绩效管理与企业整体管理之间的关系，在综合分析企业战略目标的前提下，明确企业绩效管理在实现企业战略目标中的作用，层次化拆分，系统化重组，保证企业绩效管理工作的落实。

二、现代企业绩效管理技术的发展趋势

在人类经济社会快速发展的过程中，经济时代的来临使得企业管理方式发生了转变，绩效管理可以有效提升组织和个人生产力促进企业发展，受到了企业管理者的广泛关注。在企业管理发展的过程中，绩效管理的含义和内容也逐渐丰富起来，企业个人和组织生产力的提升只构成了绩效管理的一个层面，企业人才的发展和战略的发展才是绩效管理的最终目标。企业管理理念的转变使得企业绩效管理技术也随之发生变化，绩效管理技术广泛应用于企业管理过程中，且在研究的过程中进行了升级。现代企业绩效管理技术的发展趋势如图3-6所示。

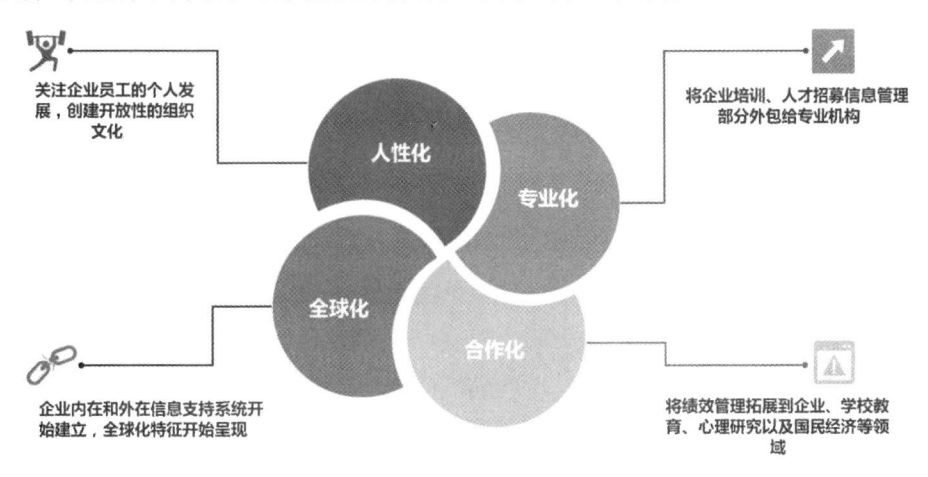

图 3-6　现代企业绩效管理技术的发展趋势

（一）绩效管理系统的人性化

从人性化角度来说，现代企业绩效管理逐步开始重视人本文化对组织的影响，如在关注企业生产经营效率、产品和服务质量的同时，通过绩效管理从技术水平提高职业生涯规划等角度出发，关注企业员工的个人发展。创建开放性的组织文化，营造良好的学习分为促使企业员工个体心智模式发生良好改变。绩效管理技术在人本文化的模式下，开始呈现出持续创造的学习性特征。

（二）绩效管理系统的专业化

绩效管理服务开始向专业化转变，主要原因是小型企业一般人员较少，采用简单扁平化管理的方式较多，将企业绩效管理部分中具有非战略性职能的企业培训、人才招募及信息管理部分外包给专业机构，在这一前提下开始出现专业化的绩效技术服务工作。

（三）绩效管理系统的合作化

绩效管理研究技术的合作化主要体现在绩效管理技术的成熟阶段，在这一阶段绩效管理研究内容较为广泛，实践领域也得到了有效拓展。如将绩效管理拓展到企业、学校教育、心理研究以及国民经济等领域。在高校以及企事业单位机构、经济学家以及心理学者的联合研究下，有效丰富了绩效管理技术研究理论和绩效实践技术研究成果。

（四）绩效管理系统的全球化

在互联网技术的快速发展下，企业内在和外在信息支持系统开始建立，绩效管理技术系统开始呈现全球化特征。组织网络的有效运营可以将组织各职能部门和相关机构进行紧密连接，在发挥组织各项职能的同时，提高绩效管理效率。

第四章 绩效导向下的现代企业财务管理创新方向与实践

企业财务管理与绩效管理之间具有协同关系，因此本章内容在绩效导向下，以财务管理体系构建设计为主，在理论基础上重点对现代企业财务管理的创新应用进行综合化分析，以融资创新应用、投资创新应用、财务共享服务模式创新应用为主，管理体系构建结合创新应用设计构想，对内容进行整体化分析。管理者可以从实践应用角度出发，通过有效学习提高实际管理能力。

第一节 企业财务管理与绩效管理的协同关系

企业财务管理与绩效管理之间存在协同关系，主要体现在企业财务管理活动可以加入绩效管理因素。企业绩效管理应以财务管理的形式来具体实施和执行，具体指的是企业财务管理参与绩效目标的制定，而绩效管理反作用于企业财务管理，并对企业财务管理的空白环节进行有效补充，由此可见，两者之间存在相辅相成的协同关系。因此，本节内容从企业财务管理与绩效管理的关系出发，梳理企业财务管理与绩效管理的协同内容，综合探究两者在企业管理中的实践应用方法，使企业财务管理与绩效管理在企业管理中发挥最大效用。

一、企业财务管理与绩效管理的协同关系分析

绩效管理是企业团队管理和个人管理中的常用手段，对提高企业经济效益、帮助企业选拔人才具有重要作用。通过前面的章节我们知道，绩效管理是企业为达到预期业绩或经营效益，有针对性地对企业组织、部门或个人进行工作业绩评价，设置科学合理的奖惩机制，使员工为企业发展所做的贡献呈现数量化和可度量化特征，以考核的形式来检验员工工作成果。绩效管理以企业整体发展目标为

主，通过目标分解的形式，确定企业组织、部门或个人的职责，结合跟踪检查、考评反馈等形式，对员工行为进行奖惩。企业的本质是营利性组织，实现企业效益最大化是企业发展的最终目标。为实现企业发展的总体目标，企业应在投入项目资源的同时，对整体目标进行分解，结合销售量、价格、财务、成本费用以及时效等因素，以责任到人的形式对指标内容进行分解。

在社会经济不断发展的前提下，财务管理逐步形成了一整套的方法和管理体系。市场经济变化导致企业经营模式发生了调整和转变，企业绩效管理理论和实际应用也不断进步和发展。[①] 在以往的财务管理中，部分企业的财务管理重心以单一财务指标为主，财务报表内容良好，但是却忽视了市场经济发展条件下，市场对企业提出的更高要求，如改善服务质量，将服务质量放在企业发展的第一位，提升客户满意度，创建品牌等，在面临市场竞争时常常处于被动境地。因此，将财务管理与绩效管理同时抓起来，创建协同机制，对企业的发展具有重要作用。企业绩效管理一般是对企业组织、部门或员工的工作结果进行综合考核，以实现企业利润最大化为目标。企业可以结合科学的财务设计、企业合理的目标设定、完整超前的财务规划以及有效的筹资投资决策等，对企业财务和绩效考核进行精准控制，在综合评估的前提下创建新的管理模式，依据财务管理计划制定财务指标，依据绩效管理计划提升企业服务质量，对企业的管理机制进行有效完善。

二、企业财务管理与绩效管理的协同内容

在实际应用过程中，企业财务管理与绩效管理的协同主要指的是，企业财务部门参与了相关绩效指标的制定[②]，企业财务管理与绩效管理的具体协同内容包括六个部分，如图 4-1 所示。

---

① 任立改. 战略导向、绿色管理与企业财务绩效 [J]. 财会通讯，2021(6)：61-65.
② 孟晓. 基于标杆管理的企业财务绩效指标探讨 [J]. 产业与科技论坛，2022，21(6)：201-202.

第四章　绩效导向下的现代企业财务管理创新方向与实践

1. 建立财务绩效指标
结合企业的发展战略和实际情况，建立企业财务绩效目标

2. 制定财务规划
以科学合理为落脚点，重新整合企业内外资源，优化资源配置，降低企业生产经营成本

3. 明确筹资方式
企业资金筹集、融通等财务活动获得的成效

4. 做出投资决策
建立投资目标，明确投资规模和投资方向，优化投资结构

5. 实施财务控制
现金控制、成本控制、风险控制

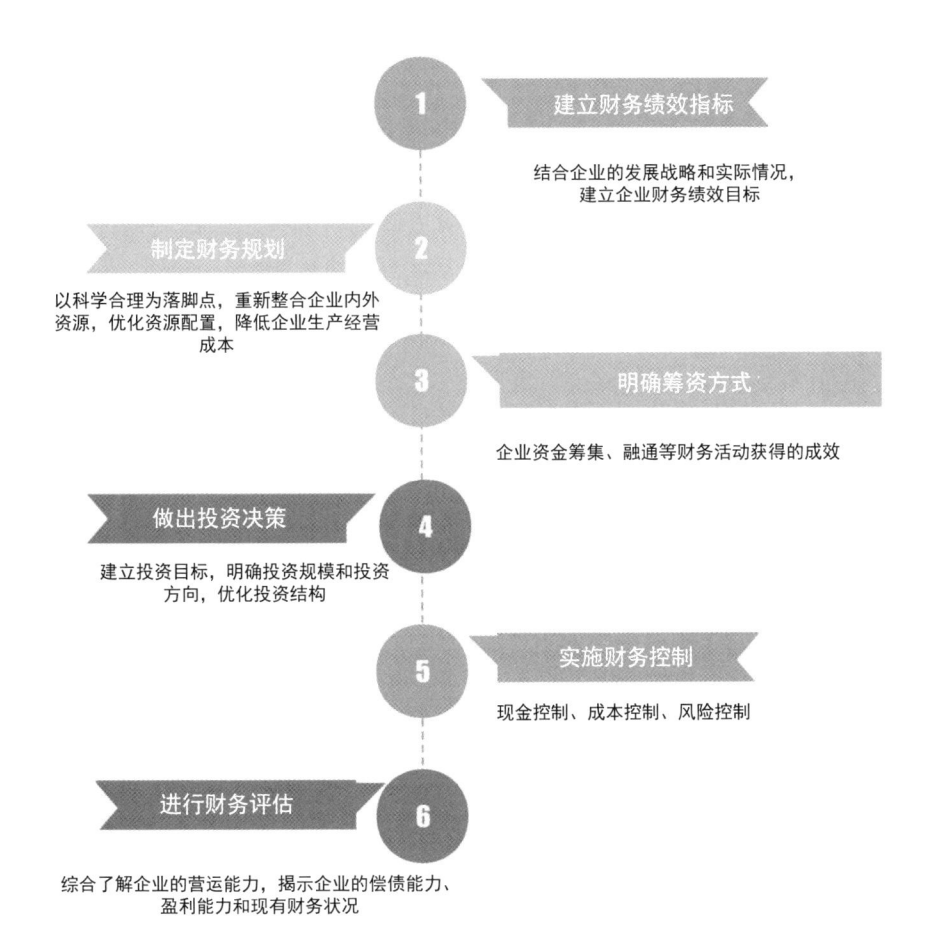

6. 进行财务评估
综合了解企业的营运能力，揭示企业的偿债能力、盈利能力和现有财务状况

图 4-1　企业财务管理与绩效管理的协同内容

（一）建立财务绩效指标

开展财务绩效管理活动前，应根据企业的实际情况做好目标管理活动，目标管理以建立企业财务绩效目标为主，结合企业的发展战略和实际情况，转换成具体的财务绩效指标，使企业组织、部门或相关人员，能够以可测量的绩效标准来规范自身行为，为企业创造更大价值。

（二）制定财务规划

财务规划的制定应以科学合理为落脚点，结合企业在生产经营过程中所客观存在的财务活动和财务关系，综合运用企业资产创造企业价值。财务规划可以将企业的内外资源重新整合，优化资源配置，降低企业生产经营成本，促使企业创造更大价值。

(三)明确筹资方式

财务管理中的筹资活动结合绩效管理的内容,具体指的是企业资金筹集、融通等财务活动获得成效。将筹资的财务活动与绩效挂钩,可以在全面了解和掌握企业多种筹资渠道及筹资方式的同时,对筹资方法进行分类,结合企业现有的资金情况,监督财务管理人员以最合适的筹资方式和筹资渠道获得企业发展所需的资金,降低筹资成本,在优化企业资本结构的同时促使企业顺利开展生产、经营等活动。

(四)做出投资决策

企业投资是为了帮助企业实际投资者,以企业限制资金获取投资利益的一种方式。投资决策应具备一定的科学性,企业应掌握投资的方法和手段,通过有效投资程序,在确定投资必要性的前提下,建立投资目标,明确投资规模和投资方向,有效优化投资结构,进而对投资成本与投资收益之间的关系进行综合分析,科学判断并选择投资方案。整理投资方案成本和利润之间的关系,便于企业实际控制者做出正确的投资决策。将财务管理中的投资活动与绩效管理之间建立系统机制,可以有效提高企业绩效,在有效监督的前提下促使企业管理者做出科学的投资决策。企业投资是一项重要的财务活动,投资决策决定了企业的预期投资收益,对企业的发展和生存具有重要影响。将投资活动与绩效管理结合在一起,可以促使企业投资者在了解企业投资所存在的风险后,以绩效为衡量点,使投资风险与收益保持平衡,从而促使企业获得长远发展。

(五)实施财务控制

财务管理的基本职能是财务控制,有效的财务控制可以帮助企业消除潜在隐患,在防范企业财务风险的同时监督企业进行规范运作,提升企业的生产经营效率,优化企业内部结构。良好的财务控制可以有效提高企业绩效,由此可见,财务控制是提高企业绩效的一个重要环节。财务控制包括以下三方面的内容。

1. 现金控制

现金控制是企业财务管理中的重要内容,通过制定严格的现金管理制度,在管好现金的同时活用现金,可以有效提升企业财务绩效,减少企业资金周转延缓、企业生产经营活动无法正常开展等现象。

2. 成本控制

成本控制一般指的是在企业管理中心制定成本总水平指标值,以此作为企业成本控制的一种手段,降低产品成本,并增设成本控制中心,施行监督成本控制管理手段，有效控制经济活动，实现企业生产经营目的。严格把控成本预算和成本控制，可以提高企业经营绩效，进而提高企业整体绩效，增加企业整体收益。

3. 风险控制

从本质角度来看，企业的发展目标一般为追求企业利润最大化和价值最大化，利润与价值最大化的实现过程中伴随着一定的风险，因此合理控制风险，可以为企业经营和发展保驾护航，由此可见，实施风险控制，可以有效提高企业的财务绩效管理水平，两者之间相辅相成，相互依存。

（六）进行财务评估

在绩效管理过程中，为提高企业员工的工作积极性，使员工为企业所做的贡献呈可量化状态，可以进行绩效评估，以绩效评估的形式来实现。对企业财务活动的绩效进行准确评估，可以有效改善操作流程；结合精准的企业财务报告资料，从绩效角度出发对会计资料内容进行有效整理，则可以系统性地得出科学的财务指标；通过比较、分析以及评价，对财务绩效进行定性评估，综合了解企业的营运能力，可以在此基础上揭示企业的偿债能力、盈利能力和现有财务状况。在综合企业财务状况的基础上，制定战略发展规划。

三、财务管理与绩效管理的协同管理应用

（一）财务部门参与相关绩效指标的制定

企业在对下属组织、部门或员工个人进行管理的过程中，应从企业利润的角度出发，制定绩效目标。如以数据来制定绩效目标，绩效目标一般由企业产值、收益增加值、利润、劳动成本以及生产费用等要素组成。财务部门应结合财务方法对指标内容进行汇集和核算，为企业绩效管理提供有力支持。通过财务核算的形式开展企业组织、部门或个人的绩效管理活动，财务部门要参与到相关绩效指标的制定当中去，在明确绩效指标界定标准的情况下，综合分析部门和个人指标的落实方法。整理能够通过会计核算进行汇集和计算的绩效指标，并计算出相关的绩效管理数据，参与企业预算和年度计划制订等活动，在了解绩效指标的前提下，将绩效指标融合到企业预算和年度计划中去，在体现企业绩效管理意义的同时，在绩效管理过程中充分应用财务管理手段，体现两者之间的协同管理意义。一般来说，企业财务部门可以通过有效计算来规划制定产值、成本、费用、利润以及增加值，通过多种要素形成财务资料，在定制企业下属组织、部门或个人绩效的过程中，可以参考历史财务资料，将绩效管理目标与企业财务要素进行

有效结合，对影响利润的多个因素进行全方位计算，结合财务管理的形式避免绩效指标偏离企业目标现象的发生，保障企业健康发展实现预期目标。因此，在企业下属组织、部门或个人的绩效管理过程中，应确定绩效管理目标，绩效管理目标可以以企业发展战略、企业利润以及企业价值增长为主进行设定，结合数据内容进行综合分析，如企业的生产产值、企业利润增长率、劳动生产率以及生产成本及费用等。财务部门进行汇集和核算，并将结果反馈至绩效管理部门。以财务部门的财务核算方式来开展部门或个人的绩效管理活动，应明确绩效指标的确定方式，将指标划分到部门或员工个人身上的方法，总结实际划分中容易出现的问题，综合分析能够以财务会计核算方式进行汇集和计算的绩效管理指标，并以此为基础使财务部门能够积极参与到绩效指标制定当中来。除此之外，企业财务部门还需以财务核算的方式，参与企业预算和企业中长期发展计划的制订，在了解企业相关战略、明确绩效管理指标的过程中，可以在绩效管理中融入企业未来预算和计划发展因素，保障企业管理与实际战略管理之间的联系。财务部门在规划制定的过程中，在企业产值、生产成本、费用、利润以及增加值等方面具有管理优势，可依据企业历史财务资料对企业发展情况进行判断，及时发现企业发展过程中存在的问题，结合绩效管理构建财务绩效管理体系。

（二）财务预算与绩效目标分解有效结合

企业预算的目的是帮助企业实现预期利润，在有效计算和综合利用各项资源的前提下，从商品销售量、价格、成本以及资金等方面，制定部门或生产销售环节所应实现的预期目标，即将企业的利润目标作为整体目标进行分解，整体目标以分目标的形式呈现，并下发到各个时期的不同部门和不同个人身上，部门或个人承担责任，为企业预期利润目标的实现提供有效保障。例如，确定企业目标利润，由目标利润得出销售毛利润，计算产品预期销售价格、销售量和成本控制，完成预期目标所需的资源（人、财、物），结合绩效目标分解的形式，将预算目标落实到企业下属组织、部门以及个人身上，通过一级一级分解，提高实现预期目标的可操作性，保障其落地实施。由此可见，企业预算是通过规划企业未来一段时期内的各项资源，通过生产运营和销售环节获得预期利润，将财务预算与绩效目标分解进行有效结合，即在财务预算的基础上，制定部门和环节的预期目标，以分时期、分部门和分人员的形式，分解企业整体利润目标，实现指标到人，责任到人，进而保障企业预期利润的有效实现。企业预算指标与企业实际需求指标有着很大不同，预算指标是以一定时间区间内为基础所做的目标设定，企业实际需求指标则是从企业实际发展情况的角度出发，制定的指标内容。结合绩效管理中的目标分解思想对预算管理指标进行分解，可以发现绩效管理中还包含了很多非价值指标，这些指标不能以货币来进行计量，且具有无法定量的特性，如企业的供货及时性、员工工作积极性等。总而言之，财务管理与绩效管理需以企业整体目标为基础进行目标分解，将财务管理与绩效管理进行有机结合，统一管理工作，优化内部结构，保障企业目标的有效实现。

（三）财务配合绩效需求并开展管理活动

企业管理包含着多方面的内容，财务管理与绩效管理都是企业完整管理体系的组成部分，两者相互依存，相互作用，且只有在相互配合的前提下才能使企业管理发挥出最大的效用。企业管理的目的是实现企业目标，通过会计核算、绩效管理等方法，促使企业实现全面发展。企业财务的核算方法是固定的，且国家财政对财务管理的计量、记录和报告方法等做了详细规定，但并未影响财务管理与绩效管理相协同。绩效管理侧重于将计量指标分配，如将计量指标具体分配到组织、部门或具体人员身上。财务管理的要求是对企业进行统一核算，在分类的基础上形成计量报告，如企业生产管理过程中所发生的费用，主要包括固定资产折旧、企业人员薪资发放、修理费、差旅费等，财务核算要分类核算并按照要求进行统计。绩效管理要在分部门或分个人的前提下开展核算活动，按照计量指标进行分类统计，核算过程增加了财务部门的工作量，因此，财务配合绩效需求开展管理活动，企业财务管理可以积极发挥出其会计核算的特长，帮助企业经营者全面了解企业发展信息，进而配合企业绩效管理部门的工作，在参与过程中积极发挥出财务在企业管理中的作用。

第二节　现代企业融资管理创新应用

财务管理具有很强的综合性，在现代企业管理应用中财务管理将价值链作为主线，分支部分由企业融资、企业投资、资金营运和企业利益分配等财务活动构成，主要目的是对财务活动及其关系进行管理和探究。在国家市场经济日益繁荣的大背景下，企业竞争日益激烈，加强企业财务管理，做好企业财务管理工作，合理应用财务管理的理论和技能开展企业融资管理财务活动，对提高企业核心竞争力，在保障企业现代化生产的同时实现企业战略发展目标。本节内容从现代企业融资和投资活动的角度出发，综合探索现代企业财务共享模式，结合财务人员核心能力建设，对财务管理在现代企业管理中的创新应用进行综合性探索。本节内容分为两部分，一是财务管理的企业价值链活动的具体介绍，二是企业融资管理的创新应用分析，以价值链活动的具体介绍为基础，对企业融资管理的创新应用进行深入学习与分析。

一、财务管理在企业价值链活动中的整体分析

哈佛商学院教师迈克尔·波特认为，企业是研发、生产、营销以及交换过程等活动的集合，企业活动创造了价值且在不断发展的过程中形成了价值链条。[①] 在对企业创造价值活动进行分解的过程中可以发现，价值活动本身具备相互联系、相互影响的关系，观察价值活动本身及其相互关系，探究分析其价值创造优势，构成了价值链方法的主要内容。

企业通过投资和融资活动获取资源，而企业的资源是有限的，能否通过企业有限资源以投资的形式开展理财活动，实现企业价值增值，是判定企业财务管理活动是否成功的一个重要因素。企业理财的核心要素是正确处理债务与资本之间的关系，在积极融资的同时实现企业投资价值最大化，以实现企业投资价值最大化为目标构建企业财务系统。股利分配属于企业的利益分配活动，需要在综合资本市场反应的前提下，综合考虑企业资本需求，并根据企业现有经营风险、资产流动、负债偿还能力、价值评估以及债务控股等情况进行分析，通过财务管理活动处理好企业各组织之间的财务关系。现金流量、营运资本、资本增长及产权等是影响企业价值的基本动因，各部分之间的关系如图4-2所示。

[①] 陈旭明，朱捡发.平衡记分卡在企业财务绩效价值链管理的探索性分析[J]. 东方企业文化，2019（增刊2）：26-27.

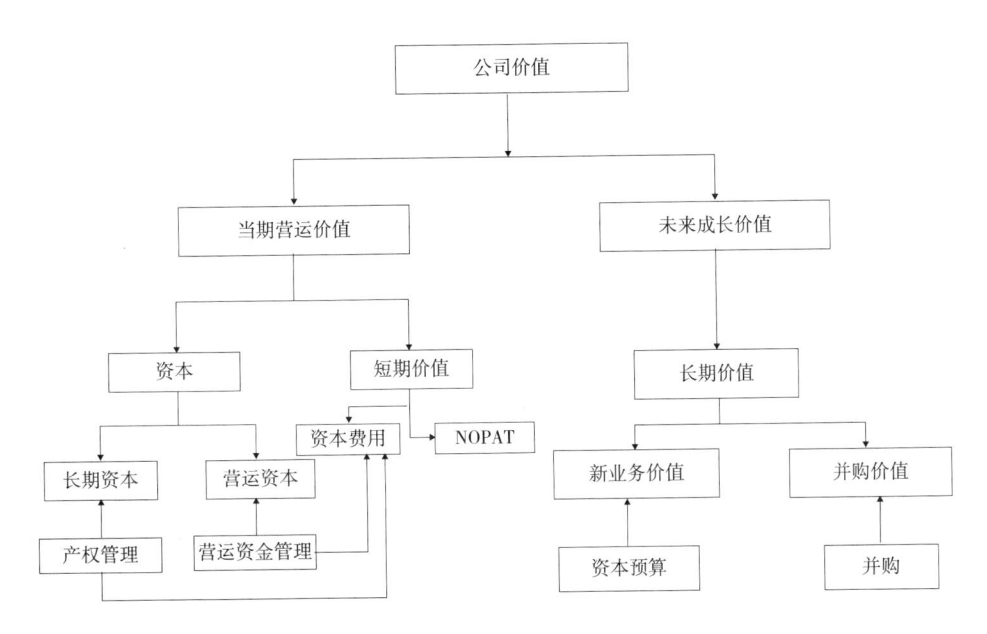

图 4-2 企业财务价值树

（一）现金流量管理

现金流量管理是现代企业财务管理的重要组成部分，集中管理企业现金流量资金，在资金管理的前提下缩短现金循环周期，提高现金利用率并做好现金预算工作，可以在管理企业现金流的前提下均衡有效现金流，保证企业经营活动产生现金流的正向流入。企业要综合考虑现金流与投资营运资金和长期融资额之间的关系，保证三方的协调性，从而达到提高营运资金利用效率的财务管理目的。

1. 集中管理企业现金流量资金

企业现金流量资金的集中管理，以现金流入和流出金额、时间和地点等为主要因素，在遵循内部控制和现金集中管理原则的同时，从互相监督和牵制的角度出发，建立和完善现金管理制度，以此来保障企业现金流量资金的安全性。企业规模较大如集团企业，则可以采用结算中心、信托公司以及区域财务中心等手段来对企业的现金流量资源进行集中管理，主要管理内容为集团的分支机构将子公司的盈余现金存入总部，保障集团总部的大额支付和资金运作活动，集中管理现金流量资金，保障企业资金流的正常运转，为企业投资赚取资金增值做好准备。

2. 缩短现金循环周期

缩短现金循环周期，指的是采用减短款项收回时间、延期支付远距离付款等手段，产生现金流的时间差，从缩短回款时间和延长付款时间的角度出发，使企业的现金流保持最大值。如在企业生产和经营的过程中，从产品或服务到现金变现，中间经历了邮寄、处理以及存款等环节，公司的可用资金被占用，现金循环周期较长。在这一情况下，从开源节流的思想出发，缩短企业款项邮寄和进账时间，减少资金占用阶段，从而达到快速回收企业资金的目的。采用推迟现金流出时间的形式提高资金可利用率。如在保障企业信用的前提下延期支付，设立零余额账户推迟现金流出时间。以缩短存货及应收款项时间，延长应付款项的时间来达到缩短现金循环周期的目的。

3.做好企业现金预算工作

现金预算指的是企业对自身现金需求进行预测的过程，如从长期现金预算和短期现金预算的角度出发进行分类，在做出现金预算后根据企业现有情况计划筹资。按照筹资计划对应筹资方式和筹资时间，在这一过程中充分了解企业现金盈余和短缺情况，有针对性地制定现金对策，从企业现金资源出发对企业发展战略或计划进行事前控制，充分体现企业的财务管理目的。

（二）营运资本管理

企业营运资本管理的最终目的是以最少量的资本来获取最大的价值，即在资本营运的过程中产生现金及现金等价物的资产价值创造。快速获取现金收入，并将其投入到企业生产经营中去。在保障企业正常运营的同时，达到缩短现金运转周期和保障充足资金到账减少现金管理风险的目的。在财务管理过程中，以加强应收款项、加强存货管理以及合理利用商业信用融资等手段，来保障企业营运资金管理效果的最大化，以少量资本驱动最大销售额。

1.企业应收账款管理

加强企业营运资本管理，首先要从企业应收账款管理的角度出发，从信用标准、违约风险以及收账政策的角度出发，制定信用制度。如在企业活力能力较强，应适当放宽信用条件，减少企业成本。在违约风险较大时，收紧引用条件，减少企业坏账率，缩短平均收款期限。除此之外，企业还应在建立客户档案的前提下，对客户的还款能力进行综合评级，如根据客户资产负债表中的流动项目、损益表和现金流量等因素进行分析，进行风险评级，必要时要求对应收债权设定担保，并以法律的仲裁、诉讼等手段维护自身合法权益。

2.企业存货管理

企业存货管理主要指的是对企业的相关存储物资进行管理，一般来说企业存货管理涉及了物资的消耗和出售，提高存货的循环效率，可以降低企业存货对企业资本的占用率，在保障企业生产与销售的前提下，增加营运资金。

3.企业商业信用融资

企业商业信用融资主要指的是利用企业的商业信用进行的筹资活动，在借贷双方资源的前提下即可快速形成自发性的信用融资关系。企业信用融资的优势是，融资成本相对较低，且与银行短期贷款相比具有限制性条件少的优点，融资时间短利于企业资金盘活。劣势是在享受低融资成本的同时，特殊时候需要许诺现金优惠，增加了企业投资的机会成本。

（三）资本增长管理

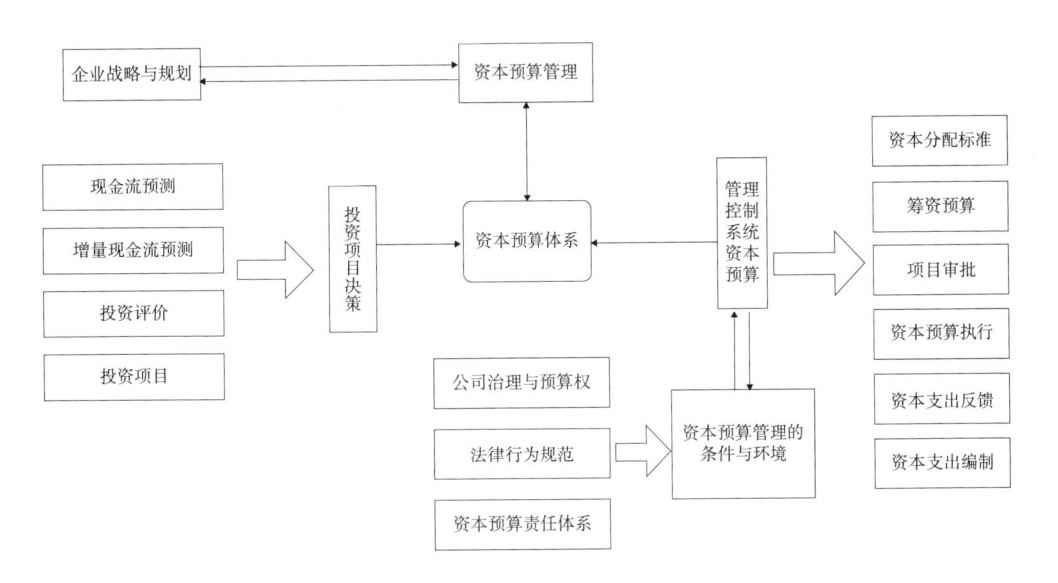

图 4-3　企业资本预算体系

1.财务管理资本预算体系

资本预算体系主要指的是在综合考虑信息和决策成本的前提下，对企业权限进行配置，确定资本输出决策，如图 4-3 所示。在这一过程中遵循企业价值最大化理念，通过预算控制资本输出时间和结构，落实资本输出计划，从而进行企业的规划筹资活动。在构建预算体系的过程中，关注资本输出情况，并通过反馈和调整阶段，开展事后评审和审计活动，以此来确保预算体系的完整性，达到提高企业输出有效性的财务管理目标。

2. 项目投资决策活动

项目投资决策应对资金的时间价值进行综合考虑，将企业发展战略和未来发展方向作为资产配置的主要参考因素，并根据行业标准和企业收益率选择贴现率，在提升资金利用率的同时，减少机会成本增加投资收入。企业财务管理可以综合分析贴现和非贴现等投资方法对企业项目的影响，在综合考虑各投资项目关系的同时进行等级排列，估算资金流量，减少营销管理和财务管理之间的冲突关系。在这一过程中应在忽略沉没成本的前提下，不综合考虑机会成本，结合风险、通货膨胀等因素，分析项目决策投资活动对营运资本的影响。

3. 企业并购活动

企业并购包括收购和合并两种方式，其内在和外在表现形式均为资本运作的增长。在企业发展过程中出于利润、竞争等动机，企业并购活动可以提高进入行业门槛，建立行业壁垒，在减少或消除不完全竞争和价格歧视的同时使企业获得超额利润。

（四）产权管理

从治理结构层面出发将企业筹资看作产权问题，在产权管理的过程中，企业出资又是财务结构问题。企业财务结构和产权的变化与企业筹资的渠道和方式有关，比较常见的两种筹资方式为债权筹资和权益筹资。举个例子来说，债权筹资等同于负债筹资，主要融资方式包括银行借款、发行公司债券和信托基金等。负债筹资的优势是筹资时间相对较短，可以快速解决公司短期营运资金短缺的问题。劣势是在债务到期后，债权人有权向企业收回本金。负债筹资以满足企业短期筹资需求为主，企业的产权和管理权并不会发生实质性的变化。企业为进行筹资获得现金流，将公司产权以股票的形式进行发行，以发行股权的形式进行筹资，即以公开或非公开的形式发行企业股票，持有企业股票的投资者享有公司的净利润，具有以股权形式分配企业利润的权利，到期不用偿还本金且不能要求企业支付利益。股权筹集到的资金可以进行企业投资活动或直接当作企业营运资本，资金用途基本不受限制。企业发行股票需要一定的条件，以此来保障投资者利益。

二、现代企业融资管理创新应用

随着社会发展和经济进步，企业开始由最初的简单手工作坊发展成为集生产销售和服务为一体的庞大体系，企业发展需要资金，因此融资在企业财务管理中占据着重要位置。企业融资首先要明确企业价值链内容，分析各部分关系，从而有目的有计划地开展融资这一财务管理活动。从上一部分内容可以看出，企业价值链内容包含多个分支和结构。融资是为了促进企业生产和发展，因此在综合学习价值链内容的前提下，掌握财务管理的重要活动内容，并以此为基础对现代企业融资管理创新应用方法进行探究性学习。企业融资管理的创新应用主要分为融资渠道创新、融资产品创新以及融资方式创新，其关系如图4-4所示。

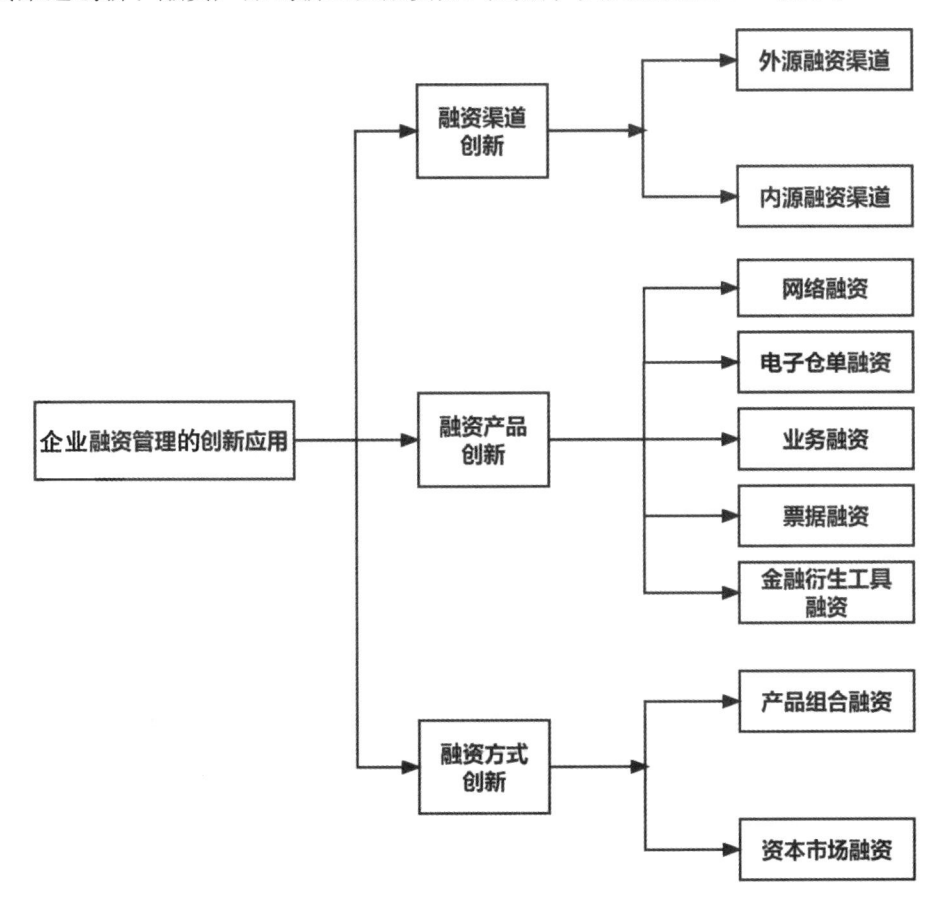

图4-4 企业融资管理的创新应用

（一）融资渠道创新

企业创立和发展都需要通过融资渠道来获得资金注入，从当前企业融资的一般渠道来看，大部分都由外源融资和内源融资两部分组成。其中外源融资又分为直接融资和间接融资，内源融资则主要指通过企业内部渠道完成融资过程。企业的传统融资渠道一般通过商业信用、金融机构借贷以及民间借贷和企业内部筹资完成。商业信用主要指的是企业通过自身信用，延缓上下游应收应付账款的期限，从而达到短期融资的目的。传统意义上的金融机构由银行和其他金融衍生机构构成，如国有银行、商业银行、保险、财务公司以及信托基金等。民间借贷主要指的是企业在面临资金短缺，或短期资金用量较大且其他融资所需时间较长的情况下向民间企业进行借款的一种方式。企业内部筹资以发行股票、发行债券、留存收益或员工信托集资等方式构成。在市场经济的大环境下市场变化较快，为更好地抓住企业投资机会，传统融资渠道在时间和资金数量上难以满足企业发展的需求，因此在新时期企业的发展过程中，应积极从财务管理的角度出发，结合企业内部价值链，挖掘潜在融资渠道，综合提高企业的融资能力。

1. 外部企业联保小组的建立

外部企业联保小组属于外部担保模式，是在企业内部担保具有一定局限性的前提下所引入的。参与外部企业联保，贷款主体需要在资源的基础上达成一致，对小组内部成员向银行的贷款进行联合担保。采用多人多户的信用联保方式，在享受联保便利的同时小组成员共同对联保贷款承担连带责任。参与外部企业联保小组的优势是，在联保成员不断增加的前提下，联保公司的资本和资金规模不断扩大，可以在一定程度上降低参与联保成员企业的融资成本，减少其企业融资压力。企业外部联保小组一般由三部分组成：一是当地优秀民营企业；二是银行提供的优惠利率或配套定向资金；三是政府对联保公司提供的补充金。为了增强企业联保组织的抗风险性，在政府政策的支持下，由银行、小组成员和联保小组共同构成联保贷款组织。在三方关系中，银行履行贷款职责，联保小组成员既是借款者也是担保者。联保贷款可以增强企业的抗风险能力，获得银行和政府政策支持，是企业融资的一种新型途径。联保贷款的关系可以通过图4-5来进行表示。

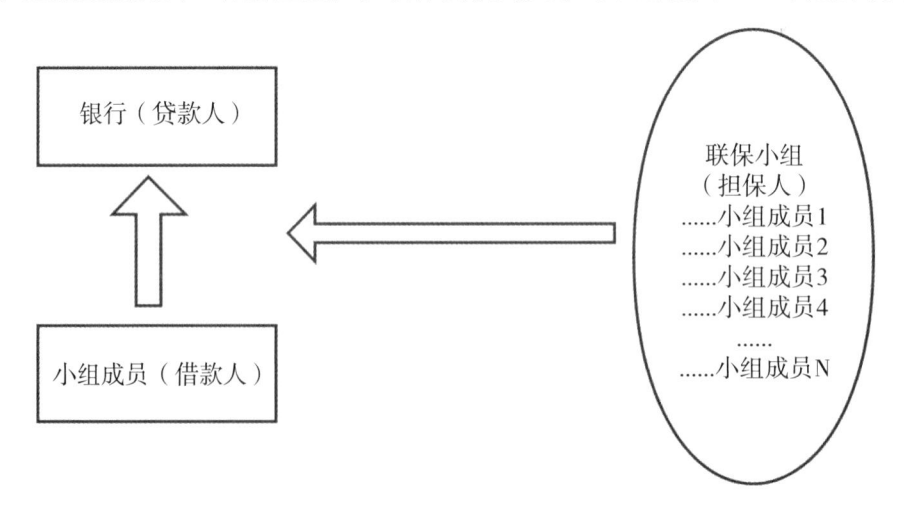

图4-5 联保贷款关系图

2. 拓展供应链融资

供应链融资是一种比较常见的外部融资渠道，可以有效激发企业的融资潜力。主要操作过程以延期支付和提前预收两种方式来完成，具体指的是供应商和客户在对接公司业务中形成的应收、应付、预付及预收款项等，企业以机遇价格优惠的形式，在供应链层面开展融资活动。一般企业供应链由四部分组成，分别为供应商、生产商、分销商和客户，供应链分割以核心上游企业和核心下游企业为主，相对应的核心上游企业和核心下游企业更加具有融资需求。在与上游供应商合作的过程中，会涉及订单接收、原材料的购买、生产、销售、发货和回款等内容，在整个生产流程中，从订单接收到回款中间经过了多个环节，资金需求大占用时间长，因此融资需求更加迫切。下游分销商在订购产品的过程中，需要结清货款，到接收货物并最终销售出去完成整个业务流程。在这段时间内，下游分销商会垫付大量资金，常常需要以融资的形式来保持资金的流动性。在这一前提下，核心企业与分销商可以结合银行政策支持开展三方合作的融资活动，如核心企业为分销商承诺回购担保，分销商则可以将货物作为抵押物，以此来获取预付款的融资。从当前供应链融资发展情况来看，手续和过程比较烦琐，核心上游企业在开展供应链融资的过程中比较谨慎，当下游企业与核心企业建立战略关系时，供应链融资可以有效提高资金的利用率，形成良好的经济循环圈。

3. 贸易过桥融资

贸易过桥融资一般发生在企业融资比较紧张的情况下，以有资金实力的第三方企业参与的形式，完成业务链条。如第三方企业帮助下游分销商预付上游企业的货款，当下游企业回款后有能力偿还资金借款时，将款项支付给第三方企业。通过资金过桥的融资方式，可以有效帮助企业盘活资金，在做大业务的同时，提高企业的利润水平。一般来说，中小企业本身资金不够，社会信用与大企业相比相对较差，常常会面临融资难的问题，因此对于本身实力和融资能力不够的中小企业来说，贸易过桥法是一种切实可行的融资方式，但是在融资过程中也要注意把控融资风险，如把控与第三方企业的资金流、票据流和货物流，减少第三方企业的违约风险，保障企业的正常运行。在以贸易过桥的形式进行融资时，应签订相关协议，在保证自身利益的同时开展融资活动。在实际操作过程中可以发现，过桥融资以第三方企业介入的形式为上游企业支付预付款，资金成本与银行等金融机构的贷款相比要高，企业应根据自身的情况对财务资金进行综合分析，选择合适的资金融资方法。

4. 新型担保模式分析

在实际融资过程中，中小企业经常以抵押担保的形式向金融机构借款来完成融资活动，当企业规模较小时，抵押资产较少且信用评级不高，很难达到金融机构的抵押担保标准，仅仅以固定资产抵押担保难以获得理想的信贷支持，在这一形势下，企业开始打破传统抵押担保的融资形式，积极与金融机构进行合作，衍生出了新的担保模式。例如，比较常见的融资形式有存货融资、订单融资以及仓单融资等。除此之外，还可以以无形资产进行抵押担保，如股权、著作权以及专利权等，在企业面临巨大资金缺口时，企业法人和主要股东还可以选择以个人财产进行抵押担保。

以无形资产抵押担保进行融资属于新的融资渠道，从目前实际情况来看，无形资产融资成功的案例并不多，无形资产由其特性决定，在资产价值评估过程中存在一定的困难，在实际操作过程中，手续烦琐缺乏明确评估指标。从这一点来看，相关部门还应继续对无形资产抵押的评价标准和政策进行完善，帮助企业从多方面多角度开展融资活动。

5. 内部联保和融资联动

在市场经济的不断发展下，企业在不断更新换代和升级，扩充业务占领市场，企业为增加自身实力，内部以多元化的形式逐步形成了集团公司，如吸收跨境资产成立联合企业。企业担保能力和资信等级不及企业集团，当企业的单一所属公司出现融资困难时，则可以引入集团作为担保。在实际融资过程中，国内公司和境外公司可以互相担保，集团内部联保可以有效帮助单一企业或下属公司进行融资活动，以境外企业担保的形式，有效丰富企业的融资方法和融资形式。如在实际融资过程中，采用内存外贷或内保外贷等方法。前者指的是境外企业在境内银行存入保证金或提供共存单，以此作为抵押担保，向境外企业提供外币的贸易融资形式。后者指的是企业在境内银行存入现金或取得银行授信，以此作为保函或备用信用凭证，帮助境外企业向境外银行贷款。这两种融资方式可以有效解决集团内部资金短缺问题，拓展融资渠道，使企业可以根据自身情况选择适合自身的融资方式，在降低成本资金的同时提高企业的融资效率。

6. 境外融资

当企业涉及外贸业务时，可以利用外贸业务资金流通的特殊性，综合利用国内市场和国外市场的资金。从当前我国金融市场的发展形势来看，与国外相比受宏观调控政策的影响较大，市场并未完全开放，但是在实际资金融通的过程中，国际业务的快速发展使得商品流通逐步渗透到了国内的金融市场。在这一前提下，涉及外贸业务的企业融资，应综合利用商品交易这一特殊载体，将其看作资金流通的重要环节，吸引国外低成本资金，从而达到降低企业贸易成本，提升企业盈利点的融资目的。从本质角度来看，外贸企业与银行之间存在进出口贸易结算关系，短期融资和信用融资可以快速发展外贸业务，通过国外代理、信用资信等条件来延长付款期限。在外币转换过程中，锁定人民币与外币之间的汇率。外资企业可以将自身产品以销售和承接的形式委托给国内企业，通过对国内和国外资本市场的汇率和利率进行比较，对未来一段时间内对现金流和融资成本进行规划，结合银行或其他金融机构所能提供的融资方案，综合对比并挑选出适合自身发展的融资方式，最终达到增加企业利润的实际目的。

（二）融资产品的创新

1. 网络融资

在社会的发展和不断进步中，网络这一新的代名词开始与经济相结合，衍生出新的融资方法。一般中小企业融资困难，很难凭借自身的资信评级获得银行方面的认可，部分以网络为主的公司甚至只是拥有一种新的网络营销模式。新生事物的发展需要过程，在大环境不利的前提下企业融资开始另辟蹊径。网络贷款打破了银行传统信贷模式，如将网络的电子商务信用评级作为放贷标准。从当前网络融资的发展情况来看，多个电子商务企业退出的 App 平台，均通过与银行合作的方式，实现了以第三方网络融资的形式，为融资困难的中小企业提供了融资服务，这种融资服务审核快，要求低，放款迅速，可以有效帮助企业抓住市场机遇，快速融资，获得收益。对网络业务较多的企业而言，网络贷款可以有效解决企业融资问题，但是从当前发展情况来看，网络融资贷款操作存在一定困难。如电子商务信用评级制度不够明确和完善，在网络贷款的过程中部分企业为提升信用度，虚假操作贷款，存在一定的风险。在这一实际情况下，以金融机构为主导的网络融资贷款并未完全放开，主要表现为网络贷款范围较窄，融资额度有限。在市场经济的发展和法律的不断完善下，网络贷款是未来融资的一种趋势，企业营销方向向互联网方向靠拢，网络贷款在未来具有很大的发展潜力。

2. 电子仓单融资

电子仓单融资流程如图 4-6 所示。

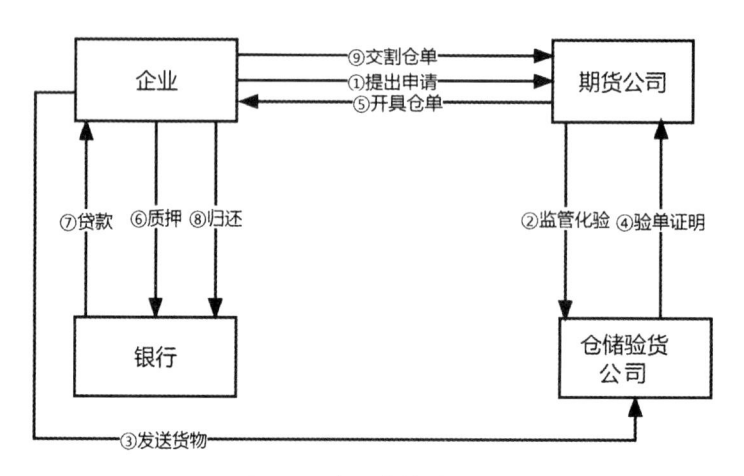

图 4-6　电子仓单融资图

电子仓单本身具有一定的金融属性，在融资过程中将仓单作为期货实物的凭证，具体来说，仓单是一种货物权利凭证，可以在一定程度上对商品进行定量使其呈现标准化特征，在标准量化以后即可进行抵押和融资。企业建立期货电子仓单，在定量标准化的前提下抵押给银行以此来获得银行授信，以期货的形式获得融资机会，降低企业的融资成本。电子仓单融资是金融市场发展的创新，可以有效帮助中小企业进行融资活动，解决银行资信不足的企业融资难问题，促使企业、银行期货公司以及仓储公司多方获利实现共赢。对于符合期货操作业务条件的企业来说，选择电子仓单融资的形式，可以从银行方面获得短期融资。

3. 业务融资

业务融资属于企业内部融资，主要包括 1+N 融资、未来货权融资、货权质押融资、存货质押融资、应收账款融资、国际票证融资、海外代付融资、全球保付融资等。

（1）1+N 融资。1+N 融资主要指的是企业以上下游核心企业为核心，增加自身实力和信用的一种融资方法。具体操作是将核心企业的应收账款、货物或预收账款等作为抵押品，从而快速达到融资目的的一种手段。1+N 融资从生产、行业、销售以及关系四个层面进行了融资分类。从生产融资方面来看，企业在融资过程中自身信用评级不够，因此需要通过核心企业的信用作为担保依据向银行进行借款性融资，一般企业经营状况和信用良好都可以贷款成功。从行业融资方面来看，具体指的是以行业协会整体作为融资平台，行业协会与优势企业可以互相合作，统一授信，从银行方面取得贷款。销售融资一般指的是由大型企业获得银行授信额度，大型企业挑选优秀合作企业下放授信额度的一种方式。关系融资主要指的是企业的地理优势和人脉圈优势，根据企业特点建立商圈联盟，优质企业通过商圈联盟获得委托银行市场管理的担保，在获得银行授信的情况下快速获得融资的一种形式。

（2）未来货权融资。未来货权融资首先要形成未来货权的融资链，主要由银行、购货商和供货商三方面组成。银行方面为购货商提供融资，购货商以相关商品的提货权进行抵押，在购货商融资完成后向供货商支付货款，供货商根据银行方面的反馈进行发货操作的一种流程。未来货权融资主要包括三种模式，一是仓储监管模式，二是保兑仓模式，三是未来货权开证模式。仓储监管模式中由银行指定监管单位，将相关商品作为抵押物。保兑仓模式是供货商根据银行要求发货给借款人，对货物承担连带和清偿责任的一种方式。开证模式主要指的是银行根据进口商的开证申请，要求进口商缴纳部分开证保证金，并开立信用证的一种融资方式。

（3）货权质押融资。货权质押融资一般包括两部分，一是动产质押融资，二是仓单质押融资。动产质押融资主要由核定货值货物质押融资和非核定货值无质押融资构成，本质上有着明显区别。核定货值货物质押融资中，是将企业货物作为银行质押物，开展融资授信活动，银行方面可以委托仓储机构对确定最低获取价值货物进行监管，超出部分可由企业自行处置。而在非核定货值货物质押融资中，放贷业务需银行方面确认并发出指令。

（4）存货质押融资。存货质押顾名思义是以企业货物作为质押的融资方式，从常规角度来看，根据企业的经营情况可以将存货分为静态存货和动态存货，静态存货的特征是企业在某一段时间内保持库存静止，不以出售的形式来获取利益，货物数量保持在固定状态。动态存货指的是在企业生产经营变动的前提下，企业货物数量一直保持在一个基本量上。根据货物的不同形态，企业从银行方面获得的融资又分为静态质押存货融资和动态质押存货融资。前者在融资的过程中需要在第三方监管的前提下将货物权质押给银行，从银行方面获得融资。后者则需要企业在取得银行放款后，使融资额度与相应存货保持在水平状态，当存货减少时，企业需要以还款或补充的形式进行操作，当存货超过融资额度时，企业可以正向销售。

（5）应收账款融资。应收账款融资指的是企业将应收账款作为抵押，转让给金融机构从而进行资金融资，保证企业的现金流量，实现资金周转的一种融资形式。应收账款融资涉及核心企业、下游企业和银行三方，通过签订三方协议的方式，核心企业在最初将货物销售给下游企业，两者之间形成债权关系，核心企业将应收账款的权利转让给银行，银行为核心企业发放贷款，由下游企业承担归还银行贷款的责任，三者之间形成闭合回路，达到使核心企业和下游企业资金流动起来的融资目的。

（6）国际票证融资。国际票证融资主要指的是企业将受让相关出口权益作为担保质押给银行，在这一过程中将国外出口、国内外采购以及销售等环节联合起来。具体操作过程中，银行首先以出口货物交单凭证作为担保，从银行方面取得授信，接下来利用银行授信采购货物，或者将出口远期国际信用证在银行方面做预付业务，借此转移信用证到期后的收款风险，在这一过程中还可以将在银行方面取得的资金用作国内货物采购。利用国际票证融资的方式，可以有效盘活销售和采购业务，形成业务链条，为企业生产和发展争取更多的资源。

（7）海外代付融资。海外代付融资主要包括进口代付和出口代付两种形式，前者也可以称作进口再融资，主要是银行方面为进口商进口付汇活动提供的短期融资服务。后者也可以称作出口再融资活动，在这一过程中，银行方面可以利用境外代理行资金，为企业出口收汇提供短期融资服务。

（8）全球保付融资。全球保付融资主要指的是以银行信用为担保，为境内企业提供的以进口保付、保函或备用信用证等的融资产品。在具体操作过程中，企业方面需要向银行提供进出口提货单据以及相关凭证，银行根据提货单据和相关凭证为境外企业开具对应货值保函或备用信用证，银行在这一过程中起到了一定的监督作用，即监控企业将货物交付给下游客户，在货物交付完成后，下游客户根据规定或约定将对应款项打至银行账户，归还相应货款。企业以全球保付的形式进行融资，可以在取得银行融资额度的前提下，从境外企业进出口货物，缓解企业资金压力，帮助企业抓住进出口机遇。

4. 票据融资

票据是由债权人和债务人双方进行约定的，内容由期限、金额付款条件等组成。票据具有一定的格式，具有支付、结算、汇兑和信用功能，也可以作为短期融资来进行使用。票据具有融资工具属性，通过流转促使不同单位的资金以流动的方式互相融通。随着金融市场的完善与发展，票据融资已成为企业融资的常规手段，从宏观角度来看，票据融资有利于中央银行对市场经济的宏观调控，促进商业银行发展并保证企业的资产质量，这在一定程度上可以有效推动社会经济的发展，对构建国内健康金融市场具有积极意义。从微观角度来看，票据融资可以帮助企业在短期内获得资金融通，且与其他融资方式相比具有很大的优势。一方面可以提升企业信用，使企业之间实现资金融通；另一方面可以减少企业规模对企业融资的限制，帮助企业降低融资成本，转化银行与企业之间的矛盾关系，实现互惠共赢。当经济市场执行货币紧缩政策时，票据融资可以帮助很多企业解决融资困难这一难题。在实际应用中常见的票据融资有票据质押、票据贴现以及票据池等。票据质押指的是企业与银行方面进行交易，企业将票据抵押给银行，银行根据票据质押凭证，为企业发放贷款，并收取相应利息。票据贴现融资中企业将商业票据以转让的形式转给银行，银行按照相关规定在根据票面金额扣除贴现利息后，将资金下发给企业，票据贴现属于银行授信业务，可以帮助企业快速进行资金周转促进商品交易。票据池主要指的是银行为客户提供的商业汇票服务，主要包括鉴别、查询以及保管等，除此之外对商业汇票的提取、贴现和质押开票提供融资保证。

5. 金融衍生工具融资

金融衍生工具一般应用于企业筹资、投资、结算以及理财等活动，合理的应用可以有效降低企业财务成本，提高企业收益率。金融衍生工具可以在对筹资成本进行重新定价的过程中锁定筹资成本，如企业通过签订远期利率协议在固定某一时间段的筹资利率，或锁定某一期间的浮动利率，降低企业筹资成本。企业在筹资过程中还应综合考虑外汇市场的币种问题，如有限选择利率较低的币种，通过外汇转换、还款等形式，换得实际所需的币种，以此来降低企业融资成本。金融衍生工具的融资方法，有效拓宽了企业的融资渠道，可以在优化企业资金结构的同时帮助企业防范资金风险。

（三）融资方式的创新

1. 产品组合融资

在融资产品到期后，企业一般会选择直接将贷款归还给银行或其他金融机构，在这一时期企业也可以选择产品组合贷款，选择合适的配套融资产品来延长融资期限并有效降低企业融资成本。例如，当企业票据流通较多时，可以以票据质押的形式，选择银行贷款、开具国内国际信用证等方式，根据企业实际发展情况综合融资成本、资金流动情况等因素，进行产品组合贷。当企业以国际信用证结算为主时，可以通过质押国际信用证的方式进行融资活动，通过质押国际信用证获得金融机构的开票证明或保函，根据相应额度进行具体性的融资计划。产品组合融资是一种新型融资方式，可以帮助企业延长融资期限降低融资成本，但是在实际应用中存在着一定的风险。

2. 资本市场融资

资本市场融资主要指的是主板、中小板、新三板、科创板及创业板，从实际应用来看，企业可以根据自身情况选择上市板块，在资本市场中开展融资活动。不同融资板块的上市准入要求不同，以新三板为例，企业需具备两年经营，且有持续的经营记录，除此之外，保证公司有着健全的治理结构、规范的运作条件等。新三板的准入门槛较低，因此适合融资困难的中小企业开展融资活动。新三板可以帮助融资困难的中小企业拓展融资渠道，有效提升其信誉度和知名度，在新三板上市的过程中，健全公司治理结构的同时有利于企业对自身管理和财务制度进行有效规范，通过这一融资手段获得资本市场的资金支持。除此之外，随着企业融资需求的逐渐增加，社会众筹平台的融资方式开始出现，企业筹资的可选择性增多，有效解决了企业的融资压力，但众筹平台的融资依旧存在融资失败的风险，需要企业在实际应用过程中选择合适的渠道和方法，降低融资风险。

第三节　现代企业投资管理创新应用

企业投资面临着风险，在以下内容中可以看出，企业风险主要包括经营风险和财务风险两部分。在企业投资管理过程中，如何在综合企业风险的前提下，合理使用企业资金开展投资活动，确保公司呈现盈利状态，综合平衡各方面的关系，就需要企业管理者在投资过程中，结合企业财务管理知识对当前的管理内容和管理要求进行创新，做出防范风险提升企业投资收益的投资决策。企业投资与普通金融投资有着很大差别，金融投资属于简单财产投资，而企业投资属于投资经营资产。在现代企业财务管理中，投资属于公司财务管理的重要组成部分，在现代企业投资管理中，利用财务管理理论确定投资决策，可以在综合财务管理内容的前提下，预防投资风险，从财务管理角度出发，综合学习财务理论中的净现值投资法和财务管理在投资应用中的创新财务管理模式，对现代企业投资管理进行综合分析。

一、财务管理与企业风险管理

风险本意指的是在未来发生的不确定结果，主要指的是损失及对损失程度的不确定。在企业财务管理中，风险被赋予了新的定义和内容。

（一）经营风险

经营风险受到企业内部生产体系、外部市场体系和政策体系的共同影响，企业经营风险可能会对企业利益造成直接或间接的损失。在企业风险管理过程中，利用财务管理手段来减少企业经营风险主要包括以下内容。

第一，可以通过现金流管理控制企业经营风险。

第二，通过财务分析保障企业的长期发展，减少公司急于求成或增速过快所造成的企业经营风险。

第三，通过财务管理手段防范企业合同风险。

第四，通过资信管理来防范企业经营风险。

在市场环境变化日趋激烈的前提下，企业必须增强对经营风险的认知，注重并控制风险，在促进企业长期发展的前提下，避免被市场所淘汰的命运。

（二）企业财务风险

在企业管理过程中，投资者的预计收益并不确定，当企业丧失偿债能力时，企业财务风险随之而来。财务风险是由公司的经营和财务管理活动决定的，只能通过有效的手段来控制和降低，而无法达到完全消除的状态。因此，企业应从财务管理中所包含的财务活动出发，利用财务管理手段，遵循最经济和最合理的原则，在识别和计量分析财务风险的前提下，制定防范措施，有效控制企业财务风险，减少企业经济利益损失。企业财务风险的类型如图4-7所示。

筹资风险
- 企业在筹资过程中需要付出利息和发行费用的代价
- 企业权益融资
- 企业负债融资

投资风险
- 企业投资一般包括直接投资和间接投资
- 以企业资产为资本开展的投资活动
- 在金融工具及衍生工具的帮助下开展的投资活动

营运资金风险
- 营运资金指的是流动资产减去流动负债的资金余额
- 应付账款、短期借款
- 企业应付职工薪酬

收益分配风险
- 保全企业资本，企业积累
- 合理分配收益，保障投资者利益
- 平衡分配利益与企业盈余之间的关系
- 制定符合企业现状和发展战略的收益分配政策

图4-7 企业财务风险的类型

1.筹资风险

企业在筹资过程中需要付出利息和发行费用的代价。企业权益融资需要分配企业利润，成本相对较高，且企业控制权相对被稀释。企业负债融资需要到期偿还本金，企业控制权不变。在不同情况下，企业需要选用不同融资方法来开展融资活动。当企业负债较多，资金存在大量被占用的情况，资金使用时间和使用期限与企业投资战略计划相冲突，企业偿债风险开始出现。在这时企业需要通过财务管理中的财务重整、债务重组等方式，来解决企业偿债问题，企业有可能因破产被清算。在资本结构一定的条件下，企业从息税前利润中支付的债务利息是相对固定的。根据财务杠杆利益理念，当企业所承担的债务利息降低时，企业利润增加，这一部分资金收入则可作为企业投资者的额外收入。与此同时，当企业所承担的债务利息升高时，企业所有者遭受利益损失，由此可见，收益存在不确定性即风险性。

2. 投资风险

企业投资一般包括直接投资和间接投资，前者是以企业资产为资本开展的投资活动，后者是在金融工具及衍生工具的帮助下开展的投资活动。投资不一定能保证达到预期收益，当预期收益与实际效果偏差较大时，投资风险开始产生。投资风险受多方面因素的影响，如市场外部经济环境变化、企业内部经营问题以及国家政策等。经济环境的变化会导致企业内部生产经营发生变化，企业资金和金融市场的不稳定性会使企业在融资过程中产生压力，产生杠杆投资风险，企业投资风险系数增加。因此，企业在投资过程中，可以通过经营杠杆公式来计算息税前利润的变动和经营杠杆之间的关系，在项目投资前对经营风险进行预测和评估。

3. 营运资金风险

营运资金指的是流动资产减去流动负债的资金余额，流动负债具体包括应付账款、短期借款、企业应付职工薪酬等，在企业生产和发展中企业营运资金主要指的是现金应收账款、存货等。在企业财务现金管理的环节中，容易出现被挪用、诈骗以及被盗取等情况的发生，当企业现金管理环节出现意外时，企业资金容易出现短缺情况，部分企业出现营业资金链断掉向银行借款，有的甚至放弃企业自身部分利益，断尾自救。如放弃现金折扣，低价亏损打包出售公司盈利存货、项目等，在无法偿还银行借款时，信用等级被降级，所面临的社会环境逐渐恶劣，直至被迫重组或被其他企业收购。由此可见，企业营运资金管理过程中建立健全现金管理制度，设立授权和分管制度，实现岗位互相牵制和分离，在企业内部对员工的职业素养进行综合性培养，在健全公司管理制度和加强公司员工管理的前提下，改进企业内部营运资金的管理措施，做到及时查漏补缺。为防止企业营运资金出现风险，企业可通过建模计算资金最佳持有量，做好企业现金储备工作。企业在营运资金管理过程中，应优化资本结构，在企业内部优先采用稳健性的管理策略，保证企业的正常生产经营，严格管理现金和借贷资金期限，上下协调减少企业资金短缺风险。严格制定资金预算制度，制定收账政策，以催收货款、建立坏账准备金的方式,减少企业资金占用,并使企业资金能够灵活周转。

4.收益分配风险

在收益分配风险管理中,企业应从保全企业资本、企业积累等角度出发,合理分配收益,保障企业生产经营活动的正常进行。合理分配收益,可以有效保障投资者的利益,提高投资者的投资积极性,提高企业的声誉和价值,因此,企业在收益分配过程中,要在兼顾投资人利益的前提下,对收益风险进行防范和控制。在企业收益分配过程中,首先应制定符合企业现状和发展战略的收益分配政策,平衡分配利益与企业盈余之间的关系,促进企业未来发展。在这一过程中帮助公司树立良好的业界形象,以此来增加投资者信心,便于企业今后生产经营活动的开展和资金的筹集。企业中的财务管理首先应管理好资金,保障企业的正常运营,促使企业在自我发展的同时实现利益价值增长和社会价值增长。在企业的财务活动中,起到预防和控制风险的目的,以财务管理的形式促使企业实现可持续发展。

二、财务管理在现代企业投资中的创新应用

(一)财务管理理论在投资决策中的应用

1.净现值法的应用过程

结合财务管理理论内容,以净现值法为例进行企业创新投资分析。如企业投资过程首先是识别,即寻找投资机会,在此基础上产生投资计划。接下来是评估企业投资项目,主要包括项目风险评估、项目相关现金流和折现率评估等。评估过程完成后,选择投资方法最后进行项目审核和执行。结合财务管理思想,在评估和选择执行以及审核阶段,利用财务管理方法和手段,则可以有效降低项目的风险,通过预算控制手段,综合企业财务各部分关系,对投资的可行性进行综合性分析。如在企业投资过程中采用净现值法进行投资决策活动,从当前企业投资实际情况来看,净现值法是财务管理中投资最常见方法。净现值法是一种资本预算方法,主要指的是用项目投资的初始投入现金流与企业未来坚信流出的折现值之间做差,得出两者之间的差距即净现值。净现值是正的,则证明项目投资可行,当净现值为负时,企业投资则应该放弃。净现值法可以通过财务会计核算,减少不确定因素对企业投资结果的影响,以现金流量为主要衡量标准,在抓住企业投资本质的同时简化企业投资问题。净现值法可以有效体现货币的时间价值,便于企业通过未来预期现金流的折现来综合考虑项目的风险因素,提高项目的可行性。在实际审核和执行阶段,企业管理者可以通过净现值法用现金流量和时间

这两个要素来对项目进行监控，观察其是否符合预期标准，当实际收益标准少于预期收益标准时，则可以快速选择结束投资活动，减少企业的不必要损失。

2.净现值法在应用中容易出现的问题

到目前为止，净现值法被企业管理者看作最好的投资决策工具，但是在实际应用过程中仍然会出现许多问题。分阶段从识别、评估、审核到执行，仍需监控和完善。首先在识别阶段，财务管理方法本身适用于企业的财务活动管理，对潜在的商业机会和商业投资价值并不敏感，需要投资者依靠自身敏锐的嗅觉和所掌握的投资知识来开展决策活动，也就是说财务管理中的净现值法无法对投资决策的识别阶段提供实质性帮助。在投资评估阶段，项目未来现金流入量和折现率的计算需要以财务部门为主导、多个部门辅助协同完成，财务计算具有一定的严谨性，评估和判断过程包含了大量不确定性因素，财务方法看似严谨，但对项目投资活动很难达到百分之百适用。

3.优化净现值法的策略

优化净现值法的策略如图4-8所示。

图4-8 优化净现值法的策略

从净现值法在实际应用中存在的问题入手，由易到难地解决实际投资中存在的问题。首先对投资类型进行分类，可以根据项目性质分为四种类型。

一是必要投资。必要投资指的是在政府政策支持下，符合安全和环境建设方面的投资。在投资过程中,企业可以快速估计投资的现金流出现值和公司倒闭的支付成本。必要投资类型的估算内容比较简单,在相关规章制度的支持下,支出范围比较明确,可以快速完成计算活动。

二是替代性投资。替代性投资的主要目的是节约资金成本,在这一过程中基本不会产生额外的现金流入。投资现金收益以现金节约的形式来展现,以参考现有财务资料为主,确定预期成本的削减内容和削减额度。

三是扩张性投资。扩张性投资要求企业估计预期内容,如扩张阶段企业产生的销售收入、利润或流入资金等。以财务管理部门为主导,市场部和销售部进行协助,在综合开展市场调研的前提下,对当前的市场容量和企业产品市场占有率进行综合评估。结合企业实际销售能力和企业资源,对额外的销售收入和利润以及资金流入进行实际评估。

四是多元化投资。多元化投资的评估是非常困难的,主要体现在多元化投资计划预期性较强,现金流难以预测。企业要进入下一阶段发展,生产经营内容和企业管理结构发生一定变化,这就需要以细致的调研工作,来分析总结企业投资项目的潜在风险。在这一过程中,企业管理人员的实际管理能力存在较大偏差,缺乏管理经验和决策能力,很容易导致投资项目的失败。

从折现率角度来看,宏观经济环境和具体投资项目对其均具有一定的影响。专业机构会对宏观环境下贴现率、通货膨胀等因素进行预测,但是预测数据与实际数据之间相差较大。从实际情况来看,专业机构对短期指标的把握能力更强,预测方向和预测数据更加准确,预测数据贴近实际数据,这就要求企业实际管理者和决策者,应根据宏观经济政策、贴现率和通货膨胀等因素,及时做出投资调整,体现企业投资的价值。

(二)财务管理在企业投资中的实际创新应用

1. 企业投资的总体原则

在企业投资过程中,应通过财务管理内容对企业财务活动进行综合性分析,探究影响投资决策的因素,并根据企业的具体特征和战略计划,结合投资特征和财务管理中的投资理论,建立符合企业未来发展的投资管理机制,对企业投资进行有效监控和控制,结合财务管理内容提高企业投资能力,对企业的核心发展能力进行有效强化。在建立投资管理模式的过程中,要根据企业投资管理的总体目标,对企业当前的投资管理模式进行重新审视,从实现企业整体效益最大化、促进企业产业均衡发展、提升企业人力资源水平以及提升企业自主创新水平等角度出发,在投资过程中对企业投资管理模式进行不断优化。

2.企业投资的主要思路

在企业投资过程中，整体操作思路分为以下三个部分。

（1）从目标导向的角度出发，结合市场环境政策，综合企业内部经营数据，以发展创新为主，稳定持续为辅，确定企业发展目标，结合企业发展目标确定投资方向。

（2）充分利用企业资源，从财务管理的角度出发进行资金建设，促使企业发展能够获得足够的资金支持，保证企业发展的稳定性。

（3）重点加强企业自身建设，从内部角度出发，注重对企业自身发展进行有效评估，在此基础上建立投资机制，按照整体投资目标和投资方向，落实投资计划，建立并完善目标落实机制，促使其推动企业发展。从战略角度出发，综合提高企业战略投资能力，在企业快速发展过程中为其提供资金支持。

3.投资管理模式的类型

企业投资管理模式，应从企业定位和生产服务内容出发，综合产业结构、企业规模等因素，选择合适的投资管理模式。在投资管理模式选择的过程中，以财务管控和战略管控相结合的形式，坚持专业、服务和协同原则，实现整体化调控，以企业战略发展计划为基础，对投资管理模式进行选择。投资管理模式应从企业实际角度出发，根据企业发展战略提出促进企业稳定发展的投资策略。在战略规划中，明确企业的重点内容，强化企业内部管理体系，并有效结合企业人力资源和财务资源，形成科学化的管理机制。投资过程中强化企业发展战略，按照企业组织架构明确发展形势，促进企业科学化发展。在前面章节中，对财务管理体制进行了分类，主要由分权型企业管理体制、集权型企业管理体制以及分权与集权相结合三种管理体制组成。投资管理模式在此基础上也分为三种，从企业投资管理的角度出发，对企业财务管理特征进行了详细描述。

（1）分权型投资管理模式。分权型投资管理模式主要指的是在财务决策方面，子公司或分公司拥有自主决策权，企业集团在这一过程中主要起到引导作用，如帮助子公司或分公司确定投资方向，在涉及企业发展、股权结构调整等战略核心问题时，才会较多干预。在分权型的投资管理模式下，分公司一般拥有独立自主的经营权利，如在生产和内部财务活动中具备自主权。在这一形势下企业集团总部与其下属公司具有相同的地位，拥有自主投资权。分权型财务投资主要呈现以下特征。

一是分公司自主权利较高，能够对企业财务人员进行统一管理。

二是企业集团以间接的方式干预下属子公司，不会干预日常经营活动，拥有自主投资权，下属子公司需要定期向企业集团进行财务和经营成果的汇报。

三是会计核算过程中，下属子公司能够进行独立核算，计算盈亏并依法纳税。在年底进行企业集团和下属公司的财务合并，并编入财务年报。

四是企业集团和下属子公司均具有完善的内部审核系统。

（2）集权型投资管理模式。集权型投资管理模式呈现出高度集中化特点，财务管理核心在企业集团总部，下属子公司所涉及的业务和投资决策均需企业集团进行指导和命令，下属子公司均以执行工作计划和工作细节为主，在这一过程中子公司处于被管理地位，子公司丧失自主决策和自主投资权。分权财务投资主要呈现以下特征。

一是企业集团总部直接进行财务管理，下属子公司丧失决策权和自主投资权。

二是企业集团总部完全掌控薪酬、人员管理和人员调度。总公司的投资计划需经企业集团总部的审核批准。

三是下属子公司不具备承担盈亏和纳税事务的责任，账目由总公司统一管理，不承担投资决策所带来的投资风险。

四是企业集团对子公司实行绝对的内部控制，统一化管理并进行内部总体审计。

（3）相对集权型投资管理模式。根据财务管理模式将投资管理模式划分为集权型和分权型，在实际应用过程中，两种模式均具有一定的极端性，很难在适应企业发展的前提下进行综合性应用。因此，在均衡利弊、减少投资管理模式的极端前提下，应综合集团企业和下属子公司的具体情况，制定合理的投资管理机制。在这一背景下，衍生出了相对集权型的投资管理模式。如在实际应用中，将投资模式分为两种，一种以分权投资管理为主，另一种以集权投资管理为主。分权为主的前提下，下属子公司具有独立投资能力，但要接受集团企业的整体性监督，具有相对投资自由而非绝对自由。集权投资管理为主的前提下，下属子公司在企业集团整体监控的前提下，具备一定的投资权利。根据实际情况来选择不同的投资管理模式，在促使下属子公司抓住外部市场环境投资机遇的同时，接受企业集团的监督和控制，两者相互协调促使企业实现利益最大化的发展目标。

4.投资管理的具体分类和原则

（1）投资管理的分类。投资可按照不同的分类标准进行分类，种类较多且具有相对应的特征。

①按照投资对象分类：流动资产投资、固定资产投资、无形资产投资以及长期对外投资。

②按照投资回收时间分类：长期投资、短期投资。

③按照投资方向分类：对外投资、对内投资。

④按照投资性质分类：战略性投资、战术投资、初创投资、后续投资、确定性投资、风险投资以及相关性投资和非相关性投资等。

（2）投资管理的具体原则。不同投资本身具有不同性质，因此在投资过程中需要根据投资本身的特征和性质进行具体把握。一项投资可以具备多项投资性质，如长期投资从方向角度分析可以是对外投资也可以是对内投资，从性质角度分类可以是战略性投资也可以是战术性投资，它既可以是确定性投资也可以是风险性投资等。因此，在现代企业投资过程中，必须考虑投资管理的具体原则，在综合投资本身特征的前提下做到灵活性应用。

①明确投资经济行为。在企业投资过程中，应将投资看作一项经济行为，以经济法规为依据遵守经济政策，在此基础上作出正确的投资决策。从当前企业中经常出现的投资失误决策来看，本质原因是管理者或企业经营决策者忽略了经济规律，过分依赖"政治""人际关系"等因素，在投资决策的过程中过于草率，受多种因素影响，导致投资决策违背了经济规律。因此，在企业投资活动中，应明确自身投资经济行为，根据经济发展规律和市场环境作出正确的投资决策。

②实际调查研究。在企业投资过程中，首先应明确投资是一个过程，在开始投资之前，应在深入调查研究的基础上撰写分析报告，将其作为投资决策的辅助性参考依据。尤其是在对外投资过程中，企业经常以自身现金、无形资产或企业实物等方式开展投资活动，或者以股票、证券等有效证券参与其他企业的投资，在这一过程中应对对方企业的资信、资金实力等多个方面进行综合调查和研究，在签订投资合同的过程中，严格按照相关法律走完投资流程，避免投资合同产生纠纷。

③科学与民主的投资管理。在企业投资管理过程中，根据不同类型的投资确定投资管理程序，从科学化与民主化的角度出发，合理做出投资决策。如部分投资决策需要经营者和管理者作出决定，部分投资需董事会批准，部分投资需上报上级相关部门。

④成本控制风险和收益。投资的主要目的是增加企业价值，企业价值创造首先要有效益创造，因此，在企业投资过程中，应控制企业生产经营成本，以此来实现企业利益最大化的投资目的。在投资过程中收益与风险是同时存在的，企业投资过程应在降低企业风险或规避风险的前提下，以此来保证企业投资的有效性。

5.投资预算与科学投资管理

（1）投资预算。投资预算是财务管理的重要组成部分，具有系统化和复杂化特征。完善信息内容，并在管理过程中及时以技术或经济指标为标准，开展投资预算活动。反复计算推演，在面对市场变化时，能够快速作出反应，并根据市场的实际变化情况，如外部市场环境变化、产业政策变化以及信贷政策变化等，编制企业投资预算，综合市场外部、企业内部等因素，实现企业经营目标。

（2）科学投资管理。在实际投资过程中风险与收益共存，在传统战略投资过程中，企业管理人员的投资能力和战略管理能力对企业投资具有重要影响。在理想状态下企业投资中风险与收益之间呈正比例关系，即风险越大预期投资收益越高，风险越低则风险投资收益越大，因此，现代企业投资管理应从强化管理和务实经营的角度出发，进行科学化的投资管理。企业管理者的期望收益越高，所面临的风险越大，但是在实际投资过程中，并不是投资风险越大就一定能够获得高收益，收益与投资项目的内容形式和国家法律政策支持等方面都具有较大关系，因此，在投资管理过程中应明确并不是所有的投资与收益都是成正比例关系的。在市场经济中，企业要在生存的基础上谋求自我发展，则需要利用投资资金获取更多的收益，在投资决策的过程中规避风险，慎重做出投资决策。投资活动的收益和成本受项目本身影响，并不随投资者的主观意愿而变化，在这一过程中，投资者的投资眼光和投资能力就显得十分重要。结合财务管理知识，计算投资收益期望值和标准差对投资风险进行预测，两者差值越小，投资风险越小，投资活动比较稳定，两者差值越大代表投资风险越大，投资活动稳定性相对较差。投资决策并不是投资管理活动的结束，在做出投资决策后，还应做好后续投资方案内容，编制投资预算，落实投资决策，使决策以方案的形式具体化，具备可行性。企业优质投资项目应具备良好的市场竞争力，符合市场变化且能够在控制风险的前提下获得收益。除此之外，在投资管理过程中应根据企业内部财务管理制度，对企业项目的实际情况开展财务管理和会计核算活动，为科学投资做好基础保障工作。企业竞争实际上是市场占有率和产品质量的竞争，产品要适应市场环境变化，对路销售，以优质的质量和低廉的价格提高企业产品市场占有率，与此同时加强企业成本控制，从而获得企业收益。

第四节　现代企业财务共享服务模式创新应用

财务共享服务是一种现代化的财务管理模式，企业通过财务共享模式进行有效的战略布局，可以达到实现企业财务管理转型和创新财务管理模式的目的。在这一前提下，对企业内部业务流程进行优化和简化，达成标准化统一的形式。企业财务共享服务模式的创建具有诸多优势，如财务核算集中化、业务流程标准化、技术手段信息化以及服务质量专业化等。综合提高企业的整体运行质量和运行效益。本小节内容以财务共享服务在国内外的应用为研究基础，对财务共享服务模式在企业中的创新应用进行分析。

一、财务共享服务模式与企业发展探讨

企业财务共享平台建设是传统会计的一次变革，可以有效帮助企业解决财务管理方面存在的问题，优化财务管理结构。

（一）财务共享与企业财务管理

1. 会计核算方法的改变

财务共享平台可以快速进行数据手机、数据处理等工作，如利用计算机技术，进行会计编码，绘制会计表格，在这一过程中根据企业的财务制度和监管流程，统一财务处理方法，结合 ERP、财务协作等系统，使企业的采购、生产以及销售所涉及的财务活动流程化。会计核算方法的改变可以简化传统企业的财务审批流程，便于企业集团总部收缴财务权限，实现统一管理，集中进行会计基础事务的处理，集中会计处理方法。

2. 财务管理组织的转变

企业财务管理组织的转变主要体现在，财务共享服务平台的建设可以提高企业财务活动和财务基础事务的处理效率，减少传统会计核算中大量的重复过程，精简财务人员数量，对财务部门的管理结构进行优化。除此之外，集团企业还可以通过财务共享平台，集中子公司业务，以此来减少子公司的财务部门设置，在此基础上转变企业结构。

建设财务共享平台后，企业原有的企业财务管理部门被分化，财务活动的会计处理方式和财务管理模式也发生了相对应的转变，财务共享平台取代传统财务部门管理，整理会计信息并对企业管理进行监督。财务部门的工作从传统会计核算向管理方向转变，企业财务人员在财务信息处理的基础上，进行科学分析和数据总结，为企业发展提供财务建议。在这一前提下，企业的财务管理人员在财务核算的基础上对财务内容进行分析，从财务角度对企业发展提出意见和建议，人才发展更加全面化和多样化，职能的转变有效降低了企业的用人成本，体现了人力资源合理利用的企业管理理念。财务共享平台可以实现集中实力企业会计业务，可以有效减少企业财务管理人员在处理会计业务过程中所花费的时间，将财务管理部门的主要目标由会计核算转变为提升企业价值，通过做好企业预算、财务分析、内部管控、资产投资等财务工作，在提升企业财务业务处理水平的同时，以财务管理为核心实现企业的可持续发展。

3. 财务管理模式的转变

从当前企业财务管理模式来看，一般分为三种，即分散型财务管理模式、集中型财务管理模式和财务共享平台。依据前面章节所介绍的企业管理模式类型，对财务管理模式进行深入分析和理解，可以发现两者之间具有相同之处。如分散型企业财务管理模式，子公司具有相应的决策权。在财务管理中主要表现为，企业子公司独立进行会计核算，设立会计账簿并定期向上级单位呈递财务报表。集中型财务管理模式中企业子公司的财务管理权利受企业集团的限制，财务以集中管理模式为主。主要表现在子公司与集团公司共同设立会计账目，企业与下属子公司的利益保持一致，财务方面由企业集团进行统一管理。财务共享平台则是集中处理企业会计核算业务，形成财务记录与报告，报告格式和结构相对统一，其侧重点是关注企业的长远发展。

在市场经济环境的带动下，企业在不断发展和壮大，呈现规模扩大、子公司越来越多的特征，在这一背景下分散式的财务管理不利于提高企业财务处理的效率，企业集团对子公司管理控制的缺失，增加了企业的经营风险。企业集团和子公司间存在信息偏差，企业实际管理者很难根据企业信息做出正确判断，进行财务投资、融资等活动，保障企业的正常运营。简单进行财务集中管理，属于形式上的集中，对财务业务处理关注度不够，导致企业很难在优化财务管理结构的前提下进行内部整体的深化发展，财务集中管理缺乏长远目光，因此构建集中化的财务共享服务平台，可以有效改变企业财务管理模式，在促进企业规模发展的同时促使企业获得更多的盈利可能性。

（二）财务共享与企业管理创新

企业管理者需要通过会计信息来进行管理决策活动，财务共享服务平台的构建在一定程度上改变了企业会计核算方式，且从多样化和多元化的角度出发，为企业财务管理提供了多种服务，由此可见财务共享服务与企业管理创新具有密切关系。

1. 企业经营战略目标的实现

在中国成功加入世界贸易组织后，全球经济一体化趋势对国内企业发展产生了巨大影响，市场经济的发展和国家政策的支持使得企业的发展规模越来越大，与此同时企业业务范围和业务领域也在逐渐扩大，出现了一系列的问题，如企业在全球各地的业务单位较为分散，导致业务处理标准不同，对财务管理人员的要求也存在一定差异。企业经营战略目标由外部环境变化和企业内部发展需求所决定，而以财务共享服务平台的模式来进行财务管理活动，则可以将分散的各业务单元的会计处理活动集中起来，精简会计人员提高会计活动的处理效率，在实现降低企业人力资源管理成本优化企业内部管理结构的同时，增强企业总部对各分业务单元的集中管理，在实行精准控制的过程中，扩大企业业务范围促使企业向全球范围发展新业务。综上所述，财务共享平台可以为企业提供更加高效和标准的管理服务，帮助企业降低用人成本和管理成本，促使企业在控制风险的同时达到预期经营目标。

2. 企业财务共享平台的发展

财务共享平台的建立可以有效提高企业的会计专业水平，如会计核算减少出错率以及提高工作效率，通过财务分析为企业经营决策提供服务，体现财务管理的增值服务价值。在建立财务共享平台前，企业财务管理模式多以分散管理为主，将财务管理集中化并根据财务管理流程，对集中管理内容和流程进行优化和精简，可以在保证企业财务可靠性和稳定性的同时，促进企业集团内部发展。除此之外，财务共享平台还以盈利为核心，促使财务共享平台逐步转变成为独立运营的利润中心，对企业管理的内容和方式进行了创新。

二、财务共享服务模式在企业中的创新应用

（一）建立财务共享服务模式的前期准备

从我国企业运用财务共享服务平台的现状来看，在前期准备过程中，应进行准确的自我定位，在此基础上将准备、实施和实施后的持续改进作为重要核心要

素，在充分思考的前提下，有准备有计划地利用财务共享服务平台对企业财务部门的管理结构进行整体优化。

财务共享服务中心的建立原则包括以下内容：

第一，正确定位需求。在正式决定施行财务共享服务中心之前，企业管理层应对这一财务管理模式具有一个正确的认识和了解，在明确企业发展情况的前提下，有针对性地应用这一模式来解决企业财务和管理层面中的部分问题。

第二，整合日常业务流程。整合日常业务相关流程，使问题集中化。如应付账款、应收账款、会计核算、费用报销等，从基础财务管理的角度出发，利用财务共享模式解决复杂重复的会计核算内容，根据企业实际发展情况，有选择地将高价值流程纳入财务共享范畴，综合分析利弊，在降低企业成本的同时实现企业价值最大化。

第三，加强服务质量管理。从内部客户服务理论来看，财务共享服务中心是为企业业务单元及其其他部门提供专业化服务，因此财务共享中心应以提升服务质量为主，以加强与客户沟通的形式，提升服务质量管理。

第四，重视风险管理。对企业来说，良好的风险管理可以有效降低管理层决策失误的概率，帮助企业避免不必要的损失。因此，企业在利用财务共享平台进行财务管理时，应从财务信息、内部控制、决策等方面。在降低风险的同时，执行企业战略，建立财务共享服务中心，促使企业实现长远发展。

在明确上述原则的前提下，我国企业才可根据自身情况来对下一步的发展战略进行规划，并做好接下来的财务共享服务中心的构建工作。

从财务共享服务中心在我国企业中的实际应用情况来看，前期应从先期评估、确定共享业务范围内容和人员准备三个角度出发，做好建立财务共享服务中心的前期准备。

1.先期评估

财务共享服务中心的建设具有一定的不确定性因素，能否达到预期目标和收益是一个未知数，但是在建设前期会花费企业大量的人力、物力和财力，因此做好先期评估工作，完善评估分析对降低企业财产价值损失，提高财务共享服务中心建设的成功率具有重要意义。从这一点来看，先期评估是建立财务共享服务中心的基础。

先期评估可以有效增强企业对财务共享服务中心建设的认识，从未来发展方向和服务范围两个角度出发，减少构建财务共享服务中心的不确定性，结合初始成本、回报率、回收期等核心要素，制订清晰的企业财务共享服务计划。因此我国企业应在了解自身发展阶段的基础上结合企业特点，认真探讨如何实施财务共享，在开展财务共享工作前应做好的准备工作等。管理层人员根据企业发展情况和下属单位的财务需求进行分析和综合考虑，划定财务共享所能解决的问题范围，做好预期规划。

2. 确定共享业务

确定共享业务主要指的是企业在实施财务共享服务中心建设前期，选择合理和恰当的财务共享业务。管理层需要根据企业的内部架构和财务处理流程，多方考虑慎重选择。从当前我国大多数的集团企业财务管理模式来看，企业管理过程中经常会存在管理控制、财务管理以及决策支持职能重叠的现象，对企业内部控制和财务管理效率均具有一定的不利影响。企业在选择财务共享业务的过程中，应从以下几个方面进行综合考虑。

（1）将业务进行分类，整理归纳同质业务。

（2）各业务单元的普遍性业务分类、整理与集中。

（3）业务的专业化标准。

（4）综合考虑公司管理层需求，为管理决策提供支撑。

总的来说，企业在进行财务共享服务建设的过程中，应综合以上四个标准来进行考虑和选择，除此之外，企业还可根据自身情况，制订特殊和个性化的财务共享服务计划。

3. 人员准备

财务共享服务在企业实施的过程中，首先应获得企业员工的支持，在实际应用过程中，部门企业业务领导或财务管理人员，对财务共享服务模式在企业的实际应用意义不够了解，导致思想出现偏差。如企业业务领导人员认为自身决定权被削弱，企业财务管理人员认为自身职位性质被改变需要一个新的适应过程，思想的偏差导致企业员工内心对财务共享服务出现抵制情绪，因此在财务共享建设的前期，应做好人员准备工作，促使企业员工能够理解财务共享在企业中的实际应用情况，从企业财务管理人员的角度来说，并未削弱其管理权利，反而为其提供了财务数据支持。对一般财务管理人员来说，财务共享模式的应用有望转变传统会计核算方式，减轻其财务核算负担，促使其向全能型人才方向转变。

此外，财务共享模式建设还需企业建立招聘渠道，在明确所需人才标准的前提下，做好人力资源规划，降低招聘成本并优化人才结构。对招聘到财务共享服务中心工作的企业员工，还应给予相应的再学习和再培训的机会，促使其在适应新的工作和环境的同时，能够填补企业的人才缺口，为企业财务共享服务中心建设贡献力量。组建管理团队，在这一过程中应尽量以外部招聘和内部人员选用的形式，组建财务共享服务团队，如在通过外部招聘的形式，挑选具有丰富运营财务共享服务中心经验的人员来进行运营管理，选拔内部管理人员，引导其制定自身职业发展规划，学习运营管理方式，并在团队建设中发挥宣传企业文化的作用，以内部和外部相结合的形式，进行前期人员准备。

（二）财务共享模式建立的要素和实施过程

在财务共享模式的具体构建中，企业应选择适合自身的模式，通过有效设计和整合业务流程，最终结合信息技术建设 IT 系统，减少企业财务共享模式建设的风险。财务共享服务中心一般包含以下三个要素，企业可根据自身情况进行合理化选择。

1. 财务共享服务中心的模式选择

企业在选择财务共享服务中心模式的过程中，首先应综合自身发展战略和实际情况选择所需模式，在构建过程中对财务共享服务中心的标准样式进行思考，在综合分析的前提下进行个性化选择。共享服务的基本模式主要分为四类，即基本模式、市场模式、高级市场模式和独立经营模式。

（1）基本模式。在基本模式中，财务共享服务中心将企业日常事务进行合并，将企业财务管理的目标重点放在扩大企业经济规模上。财务共享服务中心通过服务收费来弥补建设过程中所花费的成本，这时的财务共享服务目标主要是降低企业成本，规范企业管理。

（2）市场模式。在市场模式中，财务共享服务中心在为企业提供基础会计核算、会计报表生成等服务的基础上，增设了专业咨询、建议服务等项目，市场模式将控制职能与服务分离，企业应用财务共享模式的主要目标是在减少企业开支的前提下综合提升企业服务质量。

（3）高级市场模式。在高级市场模式中，客户作为主体对财务共享服务中心的服务内容、服务类型和服务方式进行选择，根据市场来进行定价，在财务共享服务中心发展良好的前提下，可向外界其他企业提供服务，这一阶段的主要目标为客户提供选择性，提高服务效率。

（4）独立经营模式。在独立经营模式中，财务共享服务中心是一个独立经营的实体，能为多个组织机构进行服务且具有稳定的利润收入，这时的目标转化为单纯通过为企业提供财务共享服务的方式赚取利润。

从共享服务的四种模式来看，我国企业在选择财务共享模式的过程中，首先应对自身企业的特征和管理结构进行综合分析，从降低成本、追求高质量绩效、管控和单纯财务服务的不同要素出发，选择适合自己的模式。综合考虑财务服务中心在企业应用中的性质，定义其行政级别。综合思考区分财务共享服务中心是一个单独的实体还是与职能部门挂钩，财务共享服务中心是否能够作为独立实体对企业管理层负责问题。企业在对财务共享服务中进行结构设计的过程中，可能会出现很多的问题，在解决问题的过程中又会面临着不同的选择，企业应以自身组织结构为基础，创新财务共享中心的设计模式，以最优的设计方案来为企业定制个性化的财务服务，满足企业的发展需要，并在不断调整和修改的过程中对企业财务共享中心继续建设进行有效完善。

2.财务共享服务流程的最优设计思想

企业在实施财务共享中心服务建设的过程中，应重视业务流程设计因素，以此来体现财务共享服务的合理性，提升其运作效果。在实际设计过程中，企业首先应对财务共享服务中心中所包含的所有服务内容的流程进行有效梳理，将企业业务流程的自动化、企业规模经济、外部客户联系程度以及企业战略思想等作为流程设计的要素，并在此基础上进行综合分析。以企业的应收账款为例，基本财务流程为数据传递、审批入账、销售订单处理和月结收款业务。对照财务流程，结合财务共享服务中心的服务内容，有针对性地提供财务服务。

在对具体业务流程进行重新设计的过程中，应保证财务共享中心建成后能够满足企业的财务需要，即从合理工作、服务质量水平等要素出发，在满足基本财务要求的基础上体现建设财务共享服务对企业发展的意义，通过对企业财务共享服务中心的不断优化，为企业节约时间成本和用人成本。在实际建设过程中，企业可根据自身情况来选择财务共享服务中心建设的方法，如第一种设计方法为在建立财务共享服务中心后，根据实际服务情况对其进行优化。第二种流程设计思想为，以重新设计业务流程的形式来优化财务共享服务中心的服务，以流程优化的形式来推动财务共享服务中心建设，从而实现双赢局面，通过这一方法可以在短时间内明显看到流程优化所带来的降低成本、提高服务质量等的效果，有效减少了后期所投入的人力和财力成本。

3.构建并完善IT系统

财务共享服务中心的建设对IT系统有着很强的依赖性，其数据收集、总结和分析的过程都需要IT系统的参与，强大的IT系统可以保证财务共享服务中心的成功运行，因此在财务共享服务中的组织结构设计中，应以建立IT平台为前提构建业务支持系统，结合内部管理构建完整的财务共享服务系统。一般来说，IT平台的建立需要借助ERP系统，通过将财务共享服务站核心的财务制度固化的形式，统一数据库并统一设定程序和内容，以此来使财务共享服务中心为企业总体战略服务，促进企业战略的贯彻和落实。建立影像系统，监控企业单据的流转和传递，并有效提升财务共享服务中心的效率。IT系统的构建与企业业务流程的构建，两者之间具有相辅相成的关系，业务流程的实现需要IT系统的技术支持，而IT系统的变化则会对业务流程提出新的要求，因此企业应根据自身的实际情况，完善IT技术设计，并将其作为构建财务共享服务中心的关键因素，体现其重要性。

（三）财务共享模式的管理

在财务共享服务中心构建完成后，整个中心开始正式运行，在这一阶段，企业初步以财务共享服务的模式代替传统财务会计管理和核算，难免会出现一些例外和特殊问题，这就需要在对业务流程进行修改的基础上对企业财务共享服务中心进行调整，以此来满足企业发展的需求。除此之外，在对财务共享模式进行有效管理的过程中，还应适当以培训和业绩追踪的形式，构建完整的管理体系，从运营管理、内部控制管理、企业文化管理以及相关风险管理角度出发，对财务共享服务中心进行优化和改进。

1. 运营管理

在对企业财务共享服务模式进行改进的过程中，首先应重视运营管理，在构建财务共享模式的基础上，提升其服务质量。从运营管理的角度出发，将企业运营内容分为绩效管理、内部控制管理以及企业文化管理。

（1）绩效管理。绩效管理主要指的是应用财务共享服务模式改变传统绩效考核方式，减少绩效考核中的不当因素，结合财务共享服务建设新的绩效管理模式。企业在应用财务共享服务模式的过程中，以财务共享的形式对开展绩效管理活动，在建立绩效管理体系的同时，有效提高企业的绩效管理水平。在财务共享服务的参与下，企业绩效要以生产形式、内容、流程等为要素，从财务角度对企业绩效管理进行重新衡量，从因果角度进行分析，找到影响当前企业绩效的原因。举个例子来说，结合企业财务共享服务中心的平衡记分卡的形式，来对绩效评估方法进行创新，首先明确绩效目标，在此基础上制定考核内容，通过比较分析，分析当前企业绩效管理中存在的缺陷，从细节管理的角度出发，不断提高企业的绩效管理水平，体现财务共享服务在企业中的应用价值。

（2）内部控制管理。企业财务共享服务中心的内部控制管理，可以有效提升中心工作效率，进而在优化企业财务管理结构的基础上，提升企业整体竞争力。完善管理制度，在建设财务共享服务中心的过程中，将工作流程以及工作标准作为内部控制要素，在此基础上通过编制费用报销手册、签订合约等手段，在内部控制的基础上实现规范化管理。为了达到规范业务处理流程和环节操作的目标，应重视员工管理，以此来有效提高企业流水作业的效益。现代企业管理者应重视员工培训，以此来提高员工的岗位技能和实际作业能力，除此之外，结合工作环境、企业设备、后勤补给等因素，为员工创造良好的工作氛围，提高员工的工作积极性，进而保证员工的工作质量。在内部控制的过程中建立并完善监督机制，以监督和定期检查的形式，保证监督机制的正常运行，促使企业在财务共享服务中心的施行过程中，及时发现并有效解决问题，体现内部控制的重要作用，保障财务共享服务中心的顺利运作。

（3）企业文化管理。现代企业发展中文化代表着企业的软实力，对企业发展具有非常重要的影响，在企业财务共享服务中心建设中，加强文化管理可以通过在财务共享服务中心内部建立学习型组织来实现，以学习管理来帮助员工建立积极的工作心态，使其拥有良好的工作态度。在企业文化管理过程中，重视员工时间管理因素、团队协作因素、员工压力管理因素、沟通技巧因素以及商务礼仪等，有针对性地为员工提供培训服务，在改善员工日常行为的同时，提高员工在业务、客户沟通等方面的能力。

2. 风险管理

企业在建立财务共享服务中心后，实际的运营过程中可能会面临业务、技术、沟通以及变革管理等方面的风险，根据企业财务共享服务中心建设情况，结合风险管理理论，正确运用恰当方法对企业财务共享服务中心所面临的风险进行控制和规避，对企业未来发展具有重要作用。风险管理包括的主要内容如图4-9所示。

图 4-9　风险管理

（1）业务风险。从财务共享服务中心的实际应用来看，财务共享服务中心与各分公司的实际业务之间并没有直接联系，为了更好地为企业提供有价值的财务分析，与此同时监控企业分公司业务，企业在应用财务共享服务中心的过程中，存在一定的业务风险。因此，财务中心的分析人员应在与分公司业务部门负责人建立良好沟通的基础上，以代码的形式建立统一对接标准，系统化规范管理监控流程，为企业实际管理者的决策活动提供辅助作用。除此之外，企业在建立财务共享服务中心的过程中，还应对共享业务进行综合判断，通过控制企业财务共享服务中心的构建速度提升其构建质量，并在运营实施的过程中实现模式的转变和完善。业务选择方面可以以试点的方式进行，选择企业某分公司管理的业务作为试点对象，观察应用效果并在效果理想状态的前提下进行企业体系化推广。

（2）技术风险。技术风险主要指的是企业在建设财务共享服务中心的过程中，对信息技术比较依赖，在这一前提下，企业需要以不断投入资金的形式来换取高新技术，企业成本不断增加。除此之外，信息技术可能会出现存储、兼容以及安全性等风险，风险直接转移到企业财务共享服务中心的建设中去，增大了中心运行风险。从实际应用角度来看，我国企业大多应用ERP系统开展财务管理活动，在信息技术手段的帮助下，综合建设财务共享服务中心管理系统，以互联网为基础向财务需求者提供高质量的信息服务。除此之外，信息财务共享服务平台结合IT技术，可以实现企业子公司各部门数据的快速录入，信息系统自动进行数据分析，以分析报告或表格的形式给出相关评价并帮助管理者进行财务决策。

（3）沟通风险。沟通风险主要指的是财务共享服务中心的建设初期，企业员工和部分管理层对财务共享服务中心的抵触情绪，企业原有制度和文化发生了一定变化，企业员工的工作态度和工作情绪均会受到一定的影响。在企业财务共享服务中心的运营和建设中，沟通不到位会对后续财务共享服务中心的建设产生一定的影响，由于沟通的不到位，使得企业财务共享服务中心建设存在一定风险。在传统企业中，大部分的管理人员和企业财务人员将财务管理简单地看作会计核算，财务共享服务中心实现了会计核算的基础职能，企业财务部门和领导人员，很容易就会对这一变革产生不安，因此，企业在建设财务共享服务中心的过程中，首先应转变企业管理人员和员工的观念，通过有效沟通减少人员流失的风险。企业管理层人员应与企业员工进行沟通，认真做好财务人员的准备和培养工作，以此来为企业财务共享服务中心的建设提供有效保障。除此之外，在企业财务共享服务中心的实际运营中，还会出现中心与服务对象之间的沟通风险，财务共享服务中心应与客户签订协议，结合内部客户服务理论，为其提供相应服务。建立沟通机制，提高纠纷处理效率，提升客户满意度。

（4）自我评估风险。自我评估风险主要指的是企业在初始投资过程中，容易出现的盈亏平衡风险。财务共享服务中心的实施和应用，需要变革企业管理形式，企业需要在自我评估风险的基础上，进行长期规划，在完善企业各项职能的同时总结实践经验。

综上所述，企业在实行财务共享服务中心的过程中，应在实践的过程中进行不断探索，确定切实可行的财务共享服务模式和运作方式，在加强运营管理和风险控制的前提下，促使企业财务共享服务中心能够发挥应有的效用，并在发挥作用的同时获得可持续发展。

第五章 战略绩效在现代企业财务管理体系的具体应用

在企业管理中部门绩效管理应为企业战略目标服务，由此产生了战略绩效这一概念。战略绩效可以防止企业绩效管理中部门绩效突出但企业战略目标却无法达成情况的发生，统一战略与绩效管理目标，形成战略性的绩效管理体系。在信息化时代，企业财务管理应以会计准则为基础，强调关键性的财务指标，结合企业战略目标制定完整的绩效管理体系。以此来凸显企业的核心竞争力，使企业绩效管理体系呈现一定的战略性，从而对员工素质提升与企业整体发展进行指导，以绩效管理的形式达成企业发展目标。

第一节 企业战略绩效管理模型

一、战略绩效的概念

战略绩效是基于普通绩效提出的，在企业发展过程中结合企业成长理论，要求企业以绩效考核的方式实现企业战略目标，并总结实现目标的手段，将企业战略目标与绩效挂钩并进行有效整合。战略绩效实际指的是将企业战略管理与绩效管理相结合，实现企业的多元化经营。根据企业发展战略制定绩效目标，以绩效管理来控制企业的内部结构，通过有效地设计和控制，促使企业战略的顺利实施。战略绩效是一种常见的有效绩效管理工具，常被用于执行企业的战略和实现战略的落地过程中，具有明确组织目标、强化战略管理的作用。在实际应用过程中可以发现，战略绩效考核有四个关键成效：一是交互作用；二是组织重组；三是阐释社会主义核心价值观；四是构成边界系统规定员工行为边界。战略绩效的制定和实施成功的主要因素为执行过程和角色定位，企业采用适当的绩效战略措施,并在实际操作过程中设置合适的战略绩效指标,则可以帮助其实现自身价值并获得可持续发展。在实际应用中,战略绩效和绩效管理之间的关系需要企业管理人员进行有效区分,应在认识到绩效措施是实施战略绩效的工具和手段的同时,综合考虑绩效措施在企业战略发展中所能发挥的重要作用。

构建企业组织战略需要绩效考核作为支撑,因此战略绩效与企业管理人员所做决策之间有一定的直接关系,建立战略绩效考核系统,则可以积极引用绩效与战略之间的关系,充分发挥战略绩效考核系统对企业战略规划所发挥的积极作用,这是企业未来发展的趋势,也是企业实现可持续发展的必经路径。随着战略管理理论的不断发展,企业内部管理开始在此基础上探索战略发展与绩效管理体系之间的关系,为促使企业实现可持续发展,探索战略绩效指标体系。一般认为绩效评价指标体系由四个层面构成,即企业的财务状况、盈利能力、未来发展潜力以及核心竞争力,综合各指标内容创建多维度指标体系,实现企业管理理念的创新。以平衡记分卡为基础创建多维度指标,将经济增加值、现金增加值和平衡记分卡作为关键性评价指标,构建综合绩效评价体系。战略绩效目标应与企业整体发展目标一致,能够在一定程度上契合企业短期或长期利益发展需求。从当前企业管理理念来看,绩效管理已被大多数管理者所接受,但是在实际绩效管理过程中,依旧存在很多问题。如对企业战略的理解不到位,导致战略与绩效脱节,战略绩效管理失去实际意义。战略考核体系单一以经验或财务指标为主,忽略了战略与考核之间的关系,缺乏论证与推导等基础过程。

二、现代企业财务与绩效管理特性

企业财务绩效管理以企业发展目标和战略目标为基础进行目标分解,在价值理论中由于部分计量指标相同,企业绩效管理与企业预算管理有着重叠部分,将预算、绩效等管理方法进行有效结合,可以从企业目标的角度出发对企业的管理工作进行统一。企业员工对企业的生存和发展具有决定性作用,有效的财务管理和绩效管理可以提升团队和个人的能力,结合绩效薪酬思想,在创建良好工作环境,促进员工成长的同时,为企业选拔人才,提高企业经济效益。对于企业财务部门来说,财务管理工作需要在依靠优秀财务管理人员提供优质服务的前提下,具备考核和激励功能,设计企业财务指标体系,结合绩效管理的方法,为员工提供考核、薪酬激励以及培训再学习等机会,由此可见,财务管理与绩效管理之间的关系是相辅相成的,构建企业财务管理体系,需要辅以绩效管理的方式,对企业财务管理体系进行有效完善。企业财务部门不仅应监督各部门的经济责任完成情况,还应以财务管理和财务分析的形式,发现部门运营中存在的问题,在反馈的基础上促使各部门改进自身工作。因此，在现代企业财务与绩效管理中，财务管理和绩效管理都为企业整体战略目标服务，兼具对企业资金、员工以及阶段性发展的监督控制作用，现代企业财务与绩效管理内容呈现复杂化特征，企业在实际应用的过程中，对财务管理与绩效管理理论与方法，应依据自身发展情况进行合理取舍和综合运用。

三、战略绩效管理模型

（一）常见的战略绩效管理模型

在经济全球化的大背景下，企业所面临的市场经济环境开始变得更加复杂，在复杂的环境中开展市场化竞争活动，可以有效满足企业规模的扩充，经济业务的拓展。在此基础上，管理模式应与国际接轨，以此来提高企业的绩效水平。这就要求企业管理者了解常见的战略绩效管理模式，并在学习理论内容的基础上，将理论应用到实践管理活动中去。在系统化的理论研究和实践探究过程中，战略绩效管理以目标分解、流程及价值链为关键要素，逐渐形成了三种系统模型。

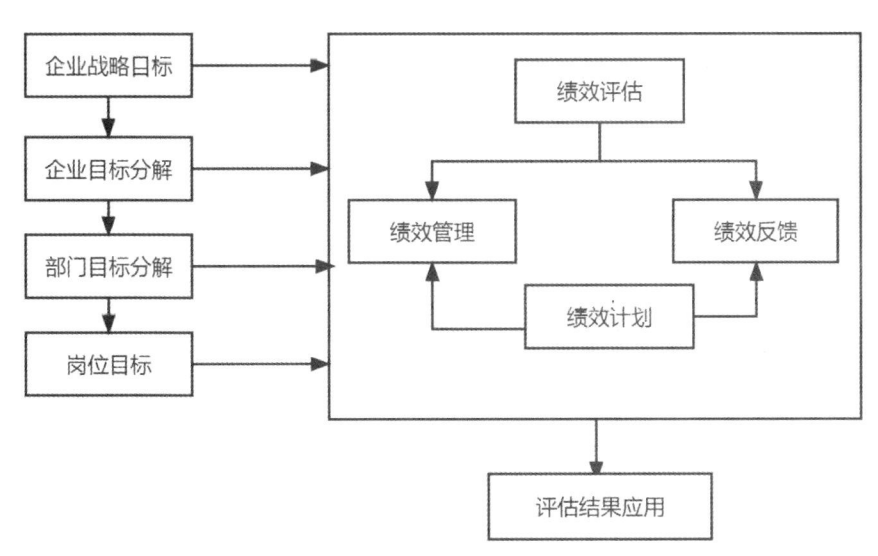

1. 以目标分解为基础的战略绩效管理模型

以目标分解为基础主要指的是在战略引导下对目标进行逐级分解，这一战略管理模型首先应根据企业战略目标确定整体经营目标，依据整体经营目标结合企业下属各单位的工作内容，分解成为单位级别的目标，结合绩效计划，构建出逐级控制的目标管理体系。以目标分解为基础的战略绩效管理模型如图 5-1 所示。

图 5-1 以目标分解为基础的战略绩效管理模型

根据以目标分解为基础的战略管理模型的主要内容，可以将绩效管理的关键过程具体分为三个步骤。

（1）绩效计划的制订。绩效计划的制订需要以企业整体发展战略为基础，对目标进行逐层分解，企业目标的整体化分解形成部门目标，部门目标形成岗位目标，分解整体目标具体到部门岗位，以此来保证岗位目标与企业整体战略目标的一致性，避免"战略性稀释"情况的发生。在目标管理的基础上制订绩效计划，将绩效计划与企业管理结合起来，形成完整的管理系统。

（2）绩效实施与管理。在制订绩效计划的前提下，实施绩效管理的过程实际是以对绩效计划进行监控的形式，总结绩效实施与管理中存在的问题，并在总结的基础上予以指导和解决。

（3）绩效评估与反馈。绩效评估与反馈主要指的是在绩效期间结束时，对员工的绩效情况进行有效评估，并根据评估结果进行有效应用。

2. 以流程为基础的战略绩效管理模型

以流程为基础的绩效管理模型，首先应通过战略分析的形式确定企业的核心业务流程，在此基础上研究确定核心控制点，以此作为企业部门岗位职责的关键活动指标，并将其作为绩效管理的基本要素，制定考核标准，完善绩效管理体系。以流程为基础的绩效管理模型，从企业愿景和战略目标的角度出发，确定核心业务并以此为依据编制核心业务流程，接下来分析关键活动点，整合相关活动并编制部门职责表，由企业单位部门领导进行职责分解，将责任下发落实到各个岗位。在以流程为基础落实企业员工岗位职责后，制订各层次业务的标准，企业各部门管理人员进行绩效管理与评估反馈，最后观察评估结果和绩效管理模型的实际应用效果。

3. 以价值链为基础的战略绩效管理模型

以价值链为基础的战略绩效管理模型在平衡记分卡的理论基础上得以施行，平衡记分卡将财务类指标、客户类指标、内部营运指标以及学习成长指标串联起来，形成了层层递进的关系，在强调协调性的同时也注重其在企业战略中的平衡发展。在平衡记分卡的基础上，从战略发展的角度出发结合基础绩效管理模型进行指标分解，结合企业现有的经营环境和管理水平提出合理化建议，促使企业在应用绩效管理模型的过程中，结合平衡记分卡的内容，综合提高企业的绩效管理水平，在实现企业战略目标的同时对企业内部结构进行优化。

(二)战略绩效管理模型的适用性分析

1. 目标分解的战略绩效管理适用性

将目标分解看作战略绩效管理的基础,这一管理模型相对简单,具有易学、方便的优势。企业上下级人员共同制定目标,在这一过程中通过逐级制定目标的形式,在上下贯通的基础上体现目标之间的联系,尽可能地将企业经营任务分解出去,结合绩效管理以责任到人的形式,使企业全体员工切实参与到企业的战略实施过程中来。在这一过程中,企业管理人员应对目标分解的质量负责,以上下级充分沟通的形式减少目标分解不到位情况的发生。理想化的以目标分解为基础的战略绩效管理的优势十分明显,但是在实际应用过程中也存在一些问题。

(1)过于关注结果,忽略过程监控。

(2)企业战略以短期目标为主,容易导致企业管理者对短期目标过于关注,出现忽略企业长远发展的情况。

(3)将目标分解的目的单一指定为绩效结果,员工的成长和持续发展因素被忽略,难以促使企业人才成长,企业难以保持长期的可持续发展。

(4)企业战略目标通过分解的形式落实到企业各岗位的个人,但是目标之间的整体关联性问题并未得到有效重视,在这一情况下,企业战略绩效管理容易在内部产生本位主义现象,很难有效体现出目标之间的相互协作关系。

2. 流程分解的战略绩效管理适用性

有效的流程分解可以加强企业内部的联系,调整企业资源结构,在此基础上提升企业的核心竞争力。在传统企业管理中一般以职能为中心,在新的绩效管理思想下,以流程为中心为企业构建新型的管理形态,可以有效优化企业经营方式和管理方式,在提高企业运行质量的同时增加企业的经济效益。将企业的整体发展战略作为流程设计的基础,开展组织机构设计、职能分解和岗位设置等活动,设置绩效管理模式,对员工的岗位职责完成情况进行有效监控。从实际应用情况来看,以流程为基础的战略绩效管理一般适用于三种企业类型,一是内部问题较多的企业,这类企业以流程分解为基础,可以对企业内部结构进行再次分析和调整,便于企业重新规划自身发展方向,对企业的内部管理结构进行优化。二是当前业绩较好,在内部和外部存在危机的企业,可以通过对自身企业发展优势和潜在问题进行综合分析,探究企业发展方向,并对企业未来发展所面对的机遇和挑战进行有效分析,从资金方面、人力资源方面以及生产经营方面做好准备。三是事业发展较好且处在最高峰的企业,企业可以通过流程分析来构建竞争优势,超越竞争对手,以此来快速占据市场,达到理想化的战略目标。

3.以价值链为基础的战略绩效管理适用性

以价值链为基础的战略绩效管理主要指的是在平衡记分卡的有效应用下,企业从客户、财务、内部运作、员工学习等方面进行的创新管理活动,在企业战略绩效管理中,兼顾企业短期目标与长期目标之间的平衡关系,保持财务与非财务之间的平衡,保证各指标之间的平衡。平衡记分卡可以从企业不同层次和不同特色的角度出发,综合体现企业战略,具有较强的系统性。平衡记分卡的诸多优点导致其在实际使用过程中存在一定的难度,比较适用于明确发展战略,且企业高层管理人员之间具有较强沟通意愿的企业,除此之外,企业战略内容还应兼具指标创新能力和分解能力。平衡记分卡的工作量较大,需要企业管理人员充分理解企业发展的战略思想,且分解到部门的过程要花费管理人员大量的时间和精力。

第二节 企业战略绩效考核体系的构建

一、企业不同生命周期的财务战略选择

将企业看作社会组织,从系统角度来看企业的发展一般要经历四个阶段,即初创期、发展期、成熟期和衰退期,整个过程统称为企业生命周期。在不同的生命周期中,企业的经营特点和财务特征有着较大差别,因此在制定财务战略的过程中,应充分考虑由企业生命周期变化所带来的不确定性因素,选择相对应的财务战略。

(一)初创期企业财务特征和战略选择

1.初创期财务特征

企业初创期属于生命周期中的初建期,财务管理一般呈现以下几个特征。

(1)资金供需矛盾突出。在企业的初创阶段,需要以研发产品和开拓市场的形式来提升自身的市场占有率,企业需要大量的资金投入。企业资金需求度较高但初创企业的筹资受商业信用和内源融资能力的限制,资金供需矛盾突出,资金困境时常出现。

(2)经营风险突出。初创阶段中企业刚刚进入某一行业,存在进入障碍且面临着较大竞争压力,容易出现以经营风险为主的技术风险、产品风险和市场

风险。

（3）企业发展潜力巨大。初创期的企业一般获利水平、资本占有量和资本成本相对较低，因而具有较大的向上发展空间，具备增值潜力，企业增加值呈正向特征。

2. 初创期财务战略选择

对初创期企业的财务特征进行分析可以得出，初创企业增加值呈正向特征，现金量和融资量不足。企业财务战略应以积极融资和加强投资为主，采用保守的股利政策。

（1）积极的融资策略。企业积极的融资策略主要由两部分构成，一是加强企业资金风险管理，二是积极拓展融资渠道和融资方式，在降低企业风险的同时积极开展融资活动，以此来缓解企业所面临的资金压力。在筹资过程中，应严格控制新增资本成本，将企业增加值的表现特征作为标准，保证企业在增资后依旧保持价值增值优势。

（2）科学的投资策略。科学的投资策略即为减少企业创业风险，从科学的角度出发，结合企业技术发展、经济发展、综合效益等多种情况，以系统化分析的形式确定企业投资的可行性。从实际角度来看，初创企业一般都会面临现金流供应不足、市场缺乏稳定性等问题，企业方面应结合多方因素，制定发展规划目标，为企业稳定发展提供保障。

（3）保守的股利政策。保守的股利政策即减少股利分配，适当以部分利润来增加企业资金留存沉淀，满足企业发展的资金需求，缓解企业的融资压力。

（二）发展期企业财务特征和战略选择

1. 发展期企业财务特征

企业在经历初创期后，经营实力和融资能力不断增强，逐步迈入发展期阶段，企业发展期的财务特征主要有以下几点。

（1）现金净流量的持续增长。在企业发展阶段，初创期在产品和技术创新中所投入的资金开始带来回报，主要表现为新技术不断成熟，与此同时新产品逐步获得了一定的市场占有率，可以有效促使企业现金净流量获得持续增长。

（2）企业筹资和融资能力的提高。企业现金流量快速增长，企业内源融资能力逐步提高，商业信用的不断加强使得企业具备了多样化的融资条件，企业资金困境获得有效缓解。

（3）财务风险与经营风险。在企业产品生产逐步趋向稳定目标市场确定的前提下，有效降低了企业风险。除此之外，企业业务增多使得债务资金规模扩大，财务风险开始上升，在多重因素的影响下，需要对企业的风险等级进行重新评估。

2.发展期企业战略选择

从成长期的财务特征来看，企业经济增加值不断增加且有资金剩余，在这一前提下企业可以从稳健角度出发制定财务战略，以此来保障企业经济增加值保持持续增长。

（1）融资战略呈现保守特征。在企业发展期阶段，企业管理制度建设逐步完善，产品技术和市场占有率已初步成熟，竞争者的出现使得企业失去部分市场和资源，在这一前提下企业市场风险开始逐步加大。综合对企业经营风险和财务风险进行考虑，在这一时期企业应优先采用保守的融资策略开展融资活动，遵循优先内源融资和股权融资的原则，尽可能地综合提高企业资金运作率，以此来达到优化企业资源配置提高企业资源利用率的战略管理目的。

（2）加强投资管理建立一体化投资战略。在发展期阶段，企业应把握竞争优势所带来的可持续发展机会，加强投资管理，积极利用企业现金流开展投资活动。建设企业价值链，从原材料供应、生产制造和市场销售等多个角度出发进行联合，以扩大企业生产力和销售力的方式，保持企业的可持续竞争优势，逐步建立一体化的投资战略。

（3）送股配股的股利分配政策。发展期的企业从初创期的亏损逐步略见盈利，盈利水平不断提高，为了满足企业发展和投资需要，应以较低股利支付率的形式制定分配政策，如采用送股或配股的形式开展股利分配活动。

（三）成熟期企业财务特征和战略选择

1.成熟期的企业财务特征

（1）稳定的经营现金流。在成熟期阶段，企业的产品生产技术和管理能力逐渐趋向成熟，产品生产和市场占有份额呈现稳定性特征，产品和市场的稳定可以为企业带来稳定的现金流。从市场方面来看，市场占有率开始逐步饱和，随之而来的是企业生产能力出现剩余，投资收益增长率出现下降，企业创新增值价值能力逐步降低。

（2）经营风险显著降低。成熟期的企业销售额高和利润空间稳定，此外产品销售市场相对固定，企业的经营风险呈现逐步降低特征，企业剩余生产能力进一步提高。

2. 成熟期的企业战略选择

成熟期的企业可获得稳定收益即大量营业现金流入，与初创期企业相比企业创造价值能力开始逐步下降，企业财务战略应呈现防御型特征。

（1）保守的融资策略。保守的融资策略即在融资过程中，以优化企业存量资金结构为主，在寻找最优资本结构的同时，降低企业融资资本成本，减少企业盲目增资情况的发生。

（2）多元化的投资战略。通过多元化的投资方式，转移企业剩余生产能力和现金流，以投资其他领域的方式拓展企业竞争优势，促使企业获得新的成长机会。

（3）积极的股利政策。成熟阶段的企业应找到合理的投资项目，以减少企业留存收益的方式，提高企业的整体投资利润率，企业可从高股利支付率或加大股利支付率的角度出发对企业财务战略进行调整，刺激投资者的投资欲望，提升其收益预期。

（四）衰退期企业财务特征和战略选择

1. 衰退期企业财务特征

在企业衰退期的企业，一般具有以下两个特征。

（1）企业盈余能力下降且现金流逐步减少。当企业的生命周期迈入衰退期时，市场对企业产品的需求开始减少，随着市场萎缩产品逐渐出现供大于求的情况，这一情况在企业的衰退过程中会越来越明显，随之而来的是企业的获利水平下降，直至失去新价值创造的能力，这时的企业经济增加值处于负数状态，企业呈倒退型特征。

（2）财务风险不断增加。衰退期的企业市场占有率逐渐下降，产品呈现退出市场的特征，企业无法通过产品销售维持原有的现金流，企业的现金流能力和获利水平呈现下降趋势。企业信誉受到质疑和挑战，债权人根据企业发展状况重新对投资风险进行衡量，可能会出现要求企业提前偿债的情况，在这一前提下企业财务风险不断加剧。

2. 衰退期企业财务战略选择

从衰退期的企业财务特征来看，企业经济增加值处于负数且现金不足，这一时期的企业在财务战略选择方面应从综合角度出发以稳求胜，在预防企业出现财务危机的同时，求得生存并找寻新的发展出路。

（1）保守型筹资策略。为对企业财务风险进行有效防范，衰退期的企业应尽力减少企业的债务资金，财务保守型筹资策略，一方面减少企业现有现金流出，另一方面通过节约成本、集中资源等方式，大力发展企业现有主导业务，在防范财务风险的同时减缓企业退出市场的时间。

（2）防御型投资策略。衰退期的企业无法创造新的价值，因此企业现金流增加存在巨大困难，在这一阶段，企业应严格把控投资活动，通过分解企业投资活动的形式，减持部分不良资产，以重组的方式获得资金为企业剩余部分发展提供支持，果断调整投资活动，以防御姿态部署投资战略。

从以上内容可以看出，在不同的生命周期阶段，企业的财务特征不同所选择的财务战略也有较大差别。从企业创造新价值的能力和企业未来现金流流向趋势来进行判断，以科学的方法制定和实施财务战略，可以保障企业在复杂的市场和理财环境中全身而退。

二、企业战略绩效考核体系设计思路与指标分析

（一）设计思路与设计原则

在企业战略绩效考核体系构建的过程中，企业应基于自身所处的生命周期，在不同的财务战略指导下结合体系化和精细化的管理思想，将企业战略绩效作为核心，并借助平衡记分卡、目标管理等工具，设计滚动考核计划，以此来构建出切实可行的绩效管理指标体系，在优化企业内部管理结构的同时，提升企业经营水平，促使其实现可持续发展。

1. 设计思路

构建企业战略绩效考核体系应从保证企业战略落地的角度出发，以纵向的形式将绩效管理分为三个层次，即企业、部门和岗位。企业制定自身发展战略要结合平衡记分卡[①]的形式，综合运用关键绩效指标的管理方法，以部门职责为依据进行考核权重的计算，与此同时结合员工个人表现情况，制订滚动计划考核内容，根据部门任务的完成情况，通过有效反馈反思绩效管理成效。与此同时，根据部门职责和战略部署确定岗位的考核标准，在明确岗位职责的基础上对员工进行考核，以从上到下的方式切实保证企业战略的落地实施。以全公司覆盖、逐级考核、科学评价、强化激励以及持续改进为主要环节，建立完整先进的绩效指标管理体系。

---

① 詹霓.企业社会责任、盈余管理与财务绩效的研究综述[J].河北企业，2021(3)：103-105.

2.设计原则

企业战略绩效考核体系在设计过程中,应从企业财务战略和企业绩效管理两个角度出发,遵守一定的原则,以此来保证企业战略绩效管理指标体系具有一定的科学性和可行性,促使企业实现可持续发展。设计原则一般包含五个方面,即战略导向原则、指标分类和全员覆盖原则、可行性与实用性原则、绩效管理正向激励原则以及绩效考核一致性原则。

(二)企业战略绩效考核体系指标要素

1.企业战略绩效考核体系指标选取方向

企业战略绩效考核体系的构建,应成为企业目标与员工之间的纽带,通过部门绩效考核以及岗位绩效考核的形式,促使员工在明确岗位职责和绩效考核指标的前提下,执行部门工作计划,依据考核标准开展工作并进行有效创新,在提升员工能力的同时引导员工进行价值创造。因此,企业战略绩效考核体系指标的选取可以将企业战略目标进行分解,具体到员工职责和岗位职责,细化目标和职责内容,保障战略绩效目标的落地。以绩效目标的形式将考核内容具象化,并通过制订滚动考核计划的形式提高企业绩效的考核频率,对企业的运行情况进行实时监控。根据企业的特性,在企业下属部门内以权重的形式对绩效指标进行量化,以此来对部门内的绩效指标进行分层,经过标准量化对其进行具象描述,最终构建出多维指标体系,达到优化企业绩效过程的管理目的。

2.企业战略绩效考核体系指标

从当前企业现有的绩效考核模式来看,大部分企业都将KPI[①]看作企业绩效指标的唯一指标,当代企业绩效指标的构成要素有KPI指标、价值观指标、GS滚动指标以及防火墙设定,自上而下地对指标进行分解,在保障体系垂直一致性的同时,按照四类指标之间的比重,对其进行分类,最终建立相关协作关系,纵向进行责任分解,横向进行战略保障,在优化企业绩效管理内容的前提下,实现企业战略发展目标。

(1)KPI指标。KPI是基于结果的考核,KPI一般分为两种类型,一是业务类KPI,二是业绩类KPI,两者之间有着本质区别。前者属于对企业整体目标的战略解码,后者则是对企业下属部门岗位的工作分析。

(2)价值观指标。价值观指标是基于素质的考核,价值观指标是从企业性质和企业文化的层面进行设定的,如根据企业性质和文化内容进行指标的制定,价

---

① KPI考核,Key Performance Indicator 的缩写,指的是关键绩效指标考核法。

值观指标因企业性质和文化的不同而有所差异，因此年度指标一般以年度考核的方式进行，可以有效渲染企业氛围，达到提升企业凝聚力的管理目的。

（3）GS 滚动指标[①]。GS 是基于过程的考核，动态变化的指标，可以采用 GS 滚动指标来进行具体设定。如年度工作计划、领导督办计划，在年度期限内会发生一定变化，除去日常工作中的固定结果指标，以 GS 滚动指标的方法，对容易受外部因素影响的动态指标进行有效设定。如通过这一方法，可以帮助企业实际管理者对动态计划的占比进行调整，在计算绩效的同时选择合适的绩效管理方法。

（4）防火墙设定。防火墙设定主要起到对绩效考核的扣分评估作用，如企业客户投诉，企业生产事故以及质量事故等，设置防火墙避免此类事件的发生，即在有效监管的前提下，最大限度地保障企业利益。

三、企业战略绩效考核体系的具体构建

（一）企业战略绩效考核体系的构建原则

绩效具有与企业目标相关、可观测和可评价的特征，绩效管理的对象是企业员工，绩效管理工作通过收集、分析、评价和传递员工在工作岗位中的表现的形式，结合工作结果对员工的工作情况作出结论，信息收集应全面和准确，信息评价应客观和公正。战略绩效考核即对员工在战略目标实施过程中，个人或员工所在团队的行为表现进行分析与评价。在市场经济环境下，产品需求的多样性使得传统经营模式难以适应发展的要求，绩效管理模式遭到冲击。从企业当前战略目标角度来看，需要在协调发展的基础上，消除局限性，走出发展困境，传统绩效考核一般适应于激励企业短期行为，缺乏战略性思想和战略性考虑，产品质量、顾客满意度和柔性等多方面信息无法有效展现。为从局部最优转变为全局最优，企业管理人员应不断改进管理方案，结合战略发展目标预测企业绩效未来发展状况，综合实践成本、货币时间价值等因素，遵循新时期的战略考核原则，保障企业战略绩效的实现。

1. 明确发展目标

企业战略绩效考核体系应建立在明确的发展目标之上，即根据企业现有情况预测未来发展情况，设定发展目标，结合发展目标制订发展计划，通过有效的实施活动完成企业战略目标。

---

① GS 滚动指标，goal setting 的缩写，主要指的是工作目标的设定。

2.过程与目标相结合

从企业战略绩效考核的实际意义来看,即以绩效考核的方式帮助企业实现自身战略意图,以完成绩效目标的方式获得未来绩效,这就需要在考核的过程中将过程与目标进行有效结合,挖掘企业内在潜力,分析企业战略绩效管理的关键过程,传达战略绩效理念,达成战略绩效目标共识对关键过程进行有效管理。

3.有效管理与领导

战略绩效考核的顺利实施,需要企业管理者有效的管理与领导,管理者管理水平的高低对企业战略绩效的实施有着重要影响。此外企业领导者应对企业战略变革实施负责,探究组织价值的实现方法,在全身心投入的前提下改进自身管理理念与领导方式。

4.充分有效的沟通

企业战略绩效考核体系的构建应以良好沟通为桥梁,设计沟通计划,并在绩效管理过程中持续进行沟通,实现管理人员和组织部门员工的双向交流。借助媒介拓宽交流渠道,如研讨会、职工代表大会、简报和互联网沟通桥梁搭建等。

5.选取有效指标

战略绩效考核的指标应具备具体和明确的特征,对考核内容进行具体划分,在这一前提下明确考核指标,界定指标范围,解读指标内容,减少考核主体出现误解的情况,保障绩效考核的顺利进行。企业战略绩效考核体系指标应具备一定的差异性,即从不同岗位和员工具体工作内容的角度出发,在考核内容设计方面应略有差异。战略绩效考核指标可根据企业战略的变化而进行变动,且受内外环境的共同影响,战略绩效指标应尽可能地具备可量化特性,便于企业部门组织绩效考核计划的制订。

(二)企业战略绩效考核体系架构

基于企业战略绩效考核原则,在企业战略绩效体系的构建过程中,明确考核体系的性质。绩效考核体系是由一系列的管理过程组成的,在这一基础上以战略衡量和信息沟通的形式,形成完整闭合系统。企业战略绩效考核体系架构包括八个部分。

1.战略

整合绩效管理方法的目的,即从企业战略意图的角度出发,通过绩效管理的过程控制,实现企业的真正目标。

2. 衡量标准

主要指各类与企业战略相关的信息数据，如企业获利能力，以收益分析、产品成本以及客户成本等为主要信息来源。企业资源规划，以现金管理、过程导向、资本成本和资产利用等为主要信息来源。目标规划与行动，以利益相关者、绩效衡量和关键行动为主要信息来源。信息共享，以企业整体管理方案、企业管理建模以及企业信息管理系统为主要信息来源。

3. 组织

在企业战略绩效考核体系中，组织即指承担责任的人，指明责任承担者和所需承担责任。

4. 过程和管理

在过程和管理中，从企业整体战略绩效目标的角度出发设定控制绩效措施，制定意外突发事件应对方案，确定组织责任。

5. 技术

整合绩效管理信息的手段，通过对绩效管理信息的有效整理，形成信息框架，为后续绩效管理工作的开展做好铺垫。

6. 技巧和能力

战略系统的运转需要技巧和能力，绩效管理工作需要一定技巧，在允许范围内进行灵活变通。管理人员应具备较强的绩效管理能力，进而保障绩效管理系统的正常运作，实现企业战略绩效管理的目的。

7. 奖励和认可

奖励和认可即通过企业战略绩效考核，对企业个人或组织能力进行综合评估，当个人或组织为企业战略目标发展所做贡献较大时，经过考察与认定则可给予个人或组织应有的奖励与认可。

8. 文化和沟通

文化与沟通主要体现在激励员工方面，激励员工形成企业战略文化，有效沟通了解员工内心想法和实际工作情况。

以上八个部分的内容可以组成企业战略绩效考核体系，可以将企业战略绩效考核管理结构与文化进行有机结合，通过有效沟通的方式，在企业范围内营造良好的绩效考核文化氛围，在这一前提下明确企业战略绩效考核内容，制定战略衡量标准，组织、过程、技术、管理、认可和奖励代表了结构因素，技巧和能力代表了能力因素,在有机结合的前提下以闭合回路的形式,共同构成企业战略绩效考核系统。

对企业战略绩效考核体系进行系统化整合,可以将其压缩为五个部分,即战略阐述、收益与资本、精炼化的行动、绩效与考评、战略证实。在企业战略绩效考核管理过程中可以发现,可以将企业战略绩效考核过程具体划分为发展愿景阐述、业务发展规划、组织沟通联系和员工战略性学习四个部分。综合考虑企业战略绩效考核的系统性、动态性和全面性特质,以企业战略目标为核心,将整合绩效管理、集中管理目标、系统化分解管理目标作为企业战略绩效管理的重点内容,阐明企业战略绩效管理目标,明确战略绩效管理对企业发展的重要性,在管理过程中对边界管理系统进行有效划分,综合企业所面临的内部环境和外部环境变化,通过制订有效计划对企业资源进行重新配置,对企业的绩效管理进行综合性整合,在此前提下清楚企业战略目标实现的障碍,营造良好企业文化氛围。在保证企业内部各组织有效沟通的同时,重视企业反应能力的提高,结合战略激励以考核的形式保障企业战略目标的顺利实施。

(三)企业战略绩效考核体系与战略激励机制

一个战略绩效考核体系的成功构建需要在实施过程中不断改进,加强过程管理和战略激励。战略激励具体指的是通过物质或精神层面的奖励,调动员工工作积极性的一种方式,使员工工作与企业战略目标发展相一致。科学合理的战略绩效激励,可以有效激发员工的工作积极性,提升员工工作热情,促使员工工作努力方向与企业战略发展方向相一致,保障企业战略绩效考核体系的顺利构建。

事实上,人性化的战略绩效考核是带有战略激励性质的。战略激励是企业战略绩效考核体系的重要内容,战略绩效考核体系必须获得战略激励的良好支持才能充分发挥作用。而战略激励机制是否科学,落实是否到位,需要在实际工作中得到检验和证明。

企业战略激励机制与企业人力资源管理息息相关,因此将战略激励与人力资源管理相结合,对员工进行有效的战略激励,能够提高员工个人的战略绩效。企业的整体战略绩效是个人战略绩效的总和,理论上对员工的有效战略激励能够提高企业战略绩效。具体可以从企业战略发展的角度出发,通过提高员工工作的积极性和创造性,激发员工的整体获利,并将战略绩效作为考核依据,将其穿插在战略考核周期中,以价值创造为原则,坚持公平公正和民主平等,建立价值标准,将组织战略利益与员工个人利益挂钩,实现经济利益与战略的结合,使员工个人利益趋向于最大化,引导员工为企业战略目标发展做出更大贡献,保障企业战略目标的有效实现。激励机制应以公平公正为原则,从权利与义务相统一的角度出发，增强企业员工的归属感，对企业战略绩效考核的内部精神进行有效升华。

战略激励机制应适应企业当前发展情况，激励的重点围绕企业战略目标实现的方面进行开展，首先对企业内部管理情况和外部市场环境进行综合考虑，对不确定性因素在未来对企业战略实施成果产生的影响进行分析，制订战略防御计划减少企业损失。其次制订特殊战略管理计划，即在遭遇特殊情况时，战略激励应从灵活变通的角度出发，根据实际情况进行执行，不能简单依据计划内容进行教条化执行，而应在适应环境变化的前提下，对企业战略绩效管理情况进行合理判断，既要注重企业短期成果又应关注企业长远发展。最后在战略绩效管理过程中，战略激励的实施还应具备一个合理的强度，并增强激励的及时性，对员工的行为进行及时肯定和强化。

第三节　企业战略绩效管理实践

一、企业战略绩效管理模型应用

（一）数据预处理

从企业发展的战略性和长远性角度来看，在建立企业财务战略绩效管理模型的过程中，首先选取企业的三年财务信息作为样本，计算平均值作为企业一段时间内的财务战略绩效样本。从指标的本质角度来看，在建立企业财务绩效战略管理模型的过程中，首先应将适度指标和负指标变为正指标，以此来消除量纲的影响，对数据进行正确的均值化处理，便于将原始数据指标的变异以协方差矩阵的形式呈现出来，在对各指标差异信息进行处理的前提下，为科学构建企业财务绩效战略管理模型做好铺垫。

（二）统计分析与描述

1.统计分析

在统计分析与描述中，要建立企业财务战略绩效管理指标体系，从多个角度出发建立数据内容，便于获得数据内容并通过数据观察对企业财务战略绩效整体情况进行判断。

（1）企业筹资指标。

①筹资绩效。企业资本周转率、经营现金债务率、利息保障倍数、权益报酬率、综合资本成本等以正指标和负指标的形式来进行测算。

②财务风险。在财务风险的指标测算中，以财务杠杆系数与速动比率为主要内容，以适度指标的形式进行测算。

③竞争影响。在企业竞争影响中，以正指标和负指标的形式对企业预收货款占比和应付账款占比进行数据测算活动。

（2）企业投资指标。

①投资绩效。在企业投资的策略实施绩效中，将企业资产报酬率、资金周转率、每股净资产值、每股营业现金流量、销售毛利率以及成本费用率作为主要测算内容，并以正指标和负指标的形式进行衡量。

②财务风险。在财务风险测算中，以适度指标和正负指标的形式，对企业经营杠杆系数、流动资产和总资产进行衡量。

③竞争影响。竞争影响中将营业利润率作为主要内容，以正指标和负指标的形式进行测算。

（3）股利策略指标。

①策略实施绩效。股利策略中实施绩效的影响，主要对企业每股股利、股利支付的稳定性和股权集中度以正指标和负指标的形式进行测算。

②竞争力影响。竞争力影响主要以正负指标的形式，对企业股利支付率进行测算。

（4）发展策略指标。

①策略实施绩效。发展策略实施绩效的测算主要以企业可持续增长率和主营业务增长率为主要内容，并以正指标和负指标的形式开展测算活动。

②竞争力影响。发展策略中的竞争力影响从企业发展的角度出发，将可持续增长率和主营业务增长率作为主要内容，并以正指标和负指标的形式进行测量。

2.企业一般性统计描述

（1）筹资策略与市场活跃度。在资本市场中平均收益率一般会低于无风险收益率，在这一情况下容易降低企业的融资积极性，容易出现杠杆效应薄弱、企业资金周转活力不足等情况。反映在企业筹资战略竞争实力方面，从企业的预收账款和应付账款具体数据来看，企业市场活跃度较低，筹资策略有待完善。

（2）筹资策略与扩张力。企业可以通过多元化投资的方式，来积极寻找新的经济增长点，以此来突破发展瓶颈。在实际筹资的过程中，受市场需求和企业成本控制的影响，企业资金配置绩效效果并不明显，当遭遇市场需求疲软或企业内部成本控制薄弱的情况时,往往会出现盈利能力和潜力下降的情况,在这一前提下,企业投资积极性较差,且流动资产占比水平较高,企业缺乏扩张力,投资价值风险进一步扩大。

(3)分配政策与股权集中现象。内源融资是中小型企业的融资偏好,企业只需支付较低的股利支付率即可完成融资活动,在股权高度集中的情况下,容易出现一股独大现象。股利政策的制定与执行呈现谨慎性特征。

(4)发展策略与企业价值。企业长期的低水平投入,企业的总资产增长率和营业收入增长率均会受到一定的影响,筹资策略呈现保守和分散的特征,容易导致企业竞争实力下降,企业可持续增长力不足,投资价值不断降低。

(三)主成分提取与模型构建

1. 主成分提取

(1)投资策略绩效实施管理因子 A1。企业主营业务利润率、成本费用利润率和销售毛利率等,反映企业投资绩效产出的信息。

(2)投资策略绩效实施管理因子 A2。综合债务成本和综合资本成本,反映企业各项资本成本绩效的信息,验证企业筹资策略。

(3)筹资策略竞争实力管理因子 A3。应付账款占比、预收账款占比,即能够反映企业销售或采购活动的信用筹资情况,以此作为绩效筹资竞争管理中的有效信息。

(4)股利政策绩效管理因子 A4。将企业每股股利与股利支付率作为变量,对企业股利制定政策进行衡量。

(5)发展策略绩效管理因子 A5。将总资产率和营业收入增长率作为变量,对企业的经营规模和业绩发展潜能进行衡量。

(6)筹资策略风险绩效管理因子 A6。将速动比率作为企业筹资策略风险绩效管理的主要变量,用于对企业的资产变现能力进行综合反映,对企业的偿债风险能力进行综合判断。

(7)投资策略风险绩效管理因子 A7。将资金周转率、企业每股现金流量作为筹资策略风险绩效管理的主要变量,用于对企业投资风险进行管理,结合绩效信息全面展现企业投资风险情况。

(8)发展策略竞争实力管理因子 A8。将企业的可持续增长量作为发展策略竞争实力管理变量,用于对企业的持续经营绩效信息进行反映,借此判断企业发展的稳定性。

(9)企业价值管理因子 A9。将企业净利润增长率作为主要变量,用于对企业创造财务增值情况的反映,对企业的可持续发展能力进行综合分析。企业资产报酬率,反映企业资源投入与产出比信息,借此判断对企业的资产回报情况进行反映。

从以上的 9 个主要因素来看,从不同管理角度对企业的战略绩效实施和财务控制情况进行分析,可以对企业的市场投资价值进行综合反映,为企业财务战略绩效管理模型的构建奠定基础。模型构建以 9 个主要成分做线性组合,计算主成分的旋转方差贡献率,构建企业财务战略绩效管理的评估模型。

Y=10.181%A1+9.086%A2+8.071%A3+5.960%A4+5.893%A5+5.881% A6+5.097%A7+5.000%A8+4.849%A9+4.470%A10

式中 Ai 代表的是第 i 个因子的得分,可通过各成分数值计算获得。

2. 模型应用分析

根据原始数据代入财务战略绩效管理模型,可得出公司主成分评分值和绩效 Y 的综合评分值,在企业财务战略管理中得到相对应的管理信息。

(1)财务战略绩效整体质量。从财务战略绩效评分可以初步对企业财务战略管理质量进行评价,但单一将财务绩效战略得分作为企业战略绩效工作的唯一标准,管理工作评价存在片面性因素。对企业财务战略绩效管理因子进行深入分析可以得出,部分企业财务战略绩效得分较高,但从实施绩效效果和财务品质来看,其并不具备较高的企业价值,财务战略优势以高额预售款 A3 的获得和受基期影响企业可持续增长率 A8 较高,则带动企业财务战略绩效管理的整体评分较高,实际企业财务战略绩效主动力 A1 投资策略实施因子、A2 筹资实施绩效评价因子和 A4 鼓励政策绩效评价因子的得分都极低,在这一情况下企业投资价值较低,虽企业财务战略绩效整体评分较高,但从企业投资价值角度来看,财务战略管理工作不完善。

(2)企业投资动力与核心竞争力。在评估模型中,A1 投资策略实施绩效因子和 A7 投资策略风险评估因子,可以对企业的投资策略绩效进行具体反映。在实际企业管理中,企业投资策略实施绩效低下且尚未形成市场价值核心竞争力,在这一情况下投资绩效不确定性较高,开始呈现高风险的经营特征。投资策略绩效有明显的行业特征,市场优势行业能够有效融合自身企业经营资源,抓住市场发展契机,以精准的市场投资定位,获得良好的投资绩效,反映在企业财务战略绩效管理中即 A1 的分值较高。具备行业优势的企业能够增强投资优势,但从市场发展角度来看,市场饱和使得优势行业企业间的竞争不断加剧,企业的获利空间被压缩,容易存在未来发展动力不足和投资风险持续走高的问题。因此,在企业发展过程中，如何在变革和竞争中选择合理的发展方式，对投资风险进行规避，是企业管理者应着重思考的问题。新兴行业生命周期处在初创阶段，因此可将企业投资策略实施绩效管理因子 A1 与投资策略风险评估因子 A7 作为重点观察因素，观察其市场投资价值，遵循知识经济和循环经济规律，结合国家宏观战略布局思想，综合对新兴行业的投资策略绩效进行分析。

（3）企业筹资成本。筹资策略实施绩效管理因子 A1、筹资策略竞争实力评价因子 A3 和筹资策略风险管理因子 A6 可以对企业的筹资成本情况进行具体反映。企业筹资成本居高不下，融资呈现困难和成本高的趋势，部分企业受融资限制，企业健康发展遭遇瓶颈问题。在筹资过程中，企业面临着筹资竞争力，从企业上下游资金供应链角度来看，可以通过对企业的预收货款和应付货款的资金占比来进行评估，对企业的信用融资能力进行综合评估。在企业筹资中，部分企业采用保守型筹资方法，其优势为低风险、资产流动性高，但是在风险较低的情况下较为容易出现资金闲置和企业资产盈利能力降低的情况，因此企业应在制定筹资策略的前提下，重点关注资金配置风险和收益问题，在规避筹资风险的同时综合提高企业收益。

二、平衡记分卡在战略绩效中的应用

从企业战略财务绩效指标的发展阶段来看，早期企业管理以财务指标为主，对企业业绩进行评价。财务数据以收益为主要要素，可以对过去决策结果进行有效衡量，但是对企业未来预测和未来发展来说具有一定的滞后性，企业未来绩效表现难以被有效评估，容易使企业未来发展方向不够明确，企业的未来价值并未得到有效实现。在企业绩效考核过程中，单一依赖企业财务指标，可能会导致企业管理者和经营者将注意全部集中在短期财务结果之上，忽视了企业未来长期发展，缺乏长期规划的制定，在企业管理中出现急功近利情绪。因此，绩效评价应将企业未来投资价值和发展指标纳入指标体系，从战略性和前瞻性的角度出发，以战略管理和绩效管理相结合的方式，保障企业战略规划的顺利实施，在企业战略绩效考核中比较常见的方式有平衡记分卡和战略管理地图。

（一）平衡记分卡

平衡记分卡是最常见的战略管理工具，具有较强的战略执行力，且能够帮助企业建立以战略导向为主的绩效管理系统。作为最常见的绩效考核方式之一，平衡记分卡从财务、客户、内部运营以及学习成长四个维度出发建立评价维度，可以为企业战略的落地实施提供有效保障。在历经三个发展阶段后，平衡记分卡通过图、卡和表的形式来对企业未来战略进行规划，逐步发展成为一种新型的绩效管理体系。平衡记分卡打破了传统企业业绩管理方法，在创新的基础上融入了新的绩效管理元素，重视财务管理创新，且在信息技术快速发展的前提下，从四个维度对自身业绩进行审视，注重财务指标和管理方法的有效结合，在管理技术核心的前提下，使企业获得持续发展的动力。以平衡记分卡的形式来对企业战略绩效进行评价的前提是遵循五项平衡内容，充分体现企业战略绩效评价的科学性和全面性。平衡记分卡的五项平衡内容一般包括以下几点。

1. 财务指标与非财务指标的平衡

在企业绩效考核过程中，一般以财务指标为主，忽略了非财务指标的因素。在应用平衡记分卡的过程中，从财务指标和非财务指标两个角度出发，建立了全面性的考核体系。即在企业绩效考核过程中，既要重视财务指标考核又要重视非财务指标考核，将非财务指标所包含的客户、内部运营以及学习成长因素，融入绩效考核中去，注意财务指标与非财务指标之间的平衡性，以量化考核的方式确保企业考核具备系统性和全面性。

2. 长期目标和短期目标的平衡

企业长期目标和短期目标之间的平衡，即从企业战略角度出发，将平衡记分卡看作一套战略执行管理系统，从系统的角度出发，对平衡记分卡的实施过程进行综合性分析，如将战略看作输入，财务看作输出，在这一前提下兼顾企业长期目标和短期目标，将短期目标的实现看作企业长期目标战略计划的一部分，使两者之间存在互相促进的关系，共同实现企业发展的最终目标。

3. 领先指标和滞后指标的平衡

从本质角度来看，企业财务指标反映的是企业过去的经营状况，因此带有一定的滞后性，属于滞后指标。而非财务指标即财务、客户、内部运营以及学习成长中既有领先指标也有滞后指标，在关注企业财务指标的同时，综合客户、内部流程和学习成长等领先指标，实现领先指标和滞后指标之间的平衡，则可在探究企业改善业绩的同时促使企业实现可持续发展。

4. 企业组织内群体与组织外群体的平衡

在平衡记分卡中，企业组织内部群体划分为企业员工和内部业务流程，企业组织外部群体则为股东与客户，在执行企业发展战略的过程中，综合企业不同群体间的利益，从利益角度出发实现企业组织内部群体和组织外部群体的平衡，保障企业战略计划的顺利实施。

5.结果性指标和动因性指标的平衡

结果性指标和动因性指标具体指的是以平衡记分卡的形式完成战略动因,并以结果性指标来对企业的管理结果进行有效衡量,结果指标与动因指标存在一定的内在联系,结合平衡记分卡在战略绩效管理的前提下,实现结果性指标与动因性指标之间的平衡。

(二)平衡记分卡的应用程序

平衡记分卡作为企业绩效管理的新思路,是基于企业战略角度对下属组织和部门进行考核的一种全新组织绩效管理方法,在应用过程中,平衡记分卡基于企业战略,并从财务指标和非财务指标的四个维度,以逐层分解的形式将企业整体战略指标以具体内容来进行呈现。在这一企业战略绩效管理方式下,可以使企业战略管理目标更加明确,完善企业管理制度并提高企业的管理水平。企业在应用平衡记分卡这一工具时,首先应具备明确的企业发展战略计划,企业发展愿景较为清晰,在这一前提下将企业发展战略目标作为核心,在描述和管理战略目标的同时,对战略目标进行转化,综合实现平衡记分卡各指标之间的平衡性,提高企业战略绩效管理的可操作性。平衡记分卡的应用与企业的组织流程变革具有一定关系,在创新和改革精神的引导下,可以引发企业管理者对企业组织结构的重视,通过梳理部门组织结构消除组织壁垒,提高组织间的协调合作能力,注重员工学习成长,从战略角度出发将客户、财务、学习与成长和内部业务流程目标贯彻落实到企业员工日常工作中去。

1.企业战略绩效管理的维度

平衡记分卡是从财务、客户、内部运营和学习成长四个维度,对企业组织战略进行指标衡量的一种绩效管理模式,结合平衡记分卡的绩效管理思想,企业战略指标可以从财务、客户、内部运营和学习成长四个维度进行划分,如图5-2所示。

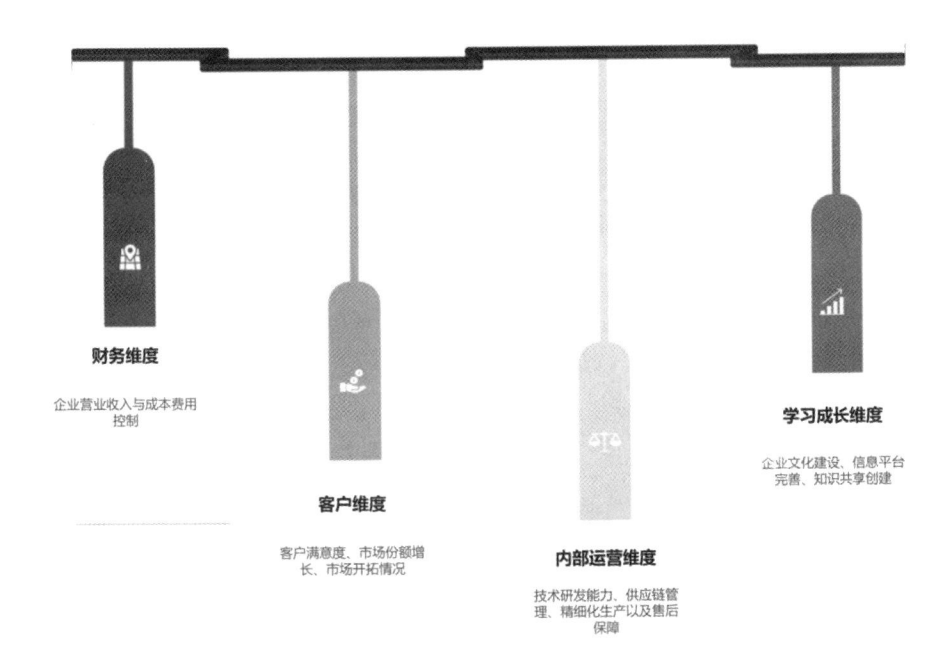

图 5-2　企业战略绩效管理的维度

（1）财务维度。财务维度首先看财务目标，一般可将目标制定为优化企业内部管理结构，使企业最终实现利益最大化的管理目标。财务维度的战略指标可以从企业营业收入、成本费用控制等角度出发，以提高营业收入减少和控制成本费用的方式，使企业利益趋于最大化。

（2）客户维度。客户维度主要指的是在以客户为中心的前提下，实现客户满意并保持持续性的增值。客户管理以稳固为主，对客户满意度、市场份额增长及开拓情况进行分析，并将此作为影响客户维度战略绩效指标的重要因素。

（3）内部运营维度。企业的内部运营主要包含了技术研发能力、供应链管理、精细化生产以及售后保障等内容，通过建立企业内部运营维度，提升企业品牌核心技术能力，并以此为基础建设服务保障体系，使企业在安全生产的同时实现战略绩效目标。

（4）学习成长维度。从企业员工的学习和成长层面来看，提升员工劳动率和满意度，可以使企业组织能力获得良好提升，因此将企业文化建设、信息平台完善、知识共享创建等作为战略绩效目标，为员工营造良好的文化氛围，并关注员工的学习成长。

2.平衡记分卡的应用

（1）企业战略地图的绘制。平衡记分卡工具的应用，一般是企业按照战略发展地图利用平衡记分卡来进行核心绩效计划方案的制订，在此基础上确定激励计划和战略性的行动方案，促使企业员工执行绩效计划，结合激励计划实施绩效评价，以绩效评价的方式形成激励管理报告。企业战略地图的制定是以企业发展战略为基础，结合企业发展愿景，将战略目标与发展因果关系与绩效相结合，以图示的形式将企业战略绩效明确表达出来，在这一前提下，企业战略意图和战略方向表达更加明确和具体。

（2）核心绩效计划的编制。在确定企业战略发展地图后，企业战略意图和发展方向已十分明确，因此以平衡记分卡的形式来编制绩效计划，如对企业绩效评价工作的行动方案进行构建，以建设指标体系和分配指标权重的方式，确定绩效计分方法和绩效目标值，便于在规定的评价周期内开展战略绩效评价活动。绩效计划的制订应由上而下开始，由企业管理者分解绩效计划下发到企业下属组织或部门，具体到具体岗位和员工个人，结合平衡记分卡的四个维度，确定和制定评价指标。

（3）指标体系的构建。从整体角度来看，平衡记分卡的指标体系一般包括三个层面，即企业级指标体系、部门级指标体系和员工级指标体系。在指标体系构建的过程中，应注意保证平衡记分卡的五项平衡，遵循四个维度且每个维度的评价指标在4~7个。指标构建过程中以财务维度为主、其他维度为辅的形式，将财务维度作为核心，其他维度的一个或多个指标与核心维度指标进行联系，以梳理维度目标的形式来确定企业战略的核心驱动因素，以此作为基础进行战略主体和关键绩效指标的筛选。从财务维度来看，可以将投资资本回报率、净资产收益率，自由现金流和资产负债率等作为核心指标。从客户维度来看，主要以目标客户的价值主张为主，从客户角度出发以市场占有率、客户获得率、客户保持率、客户满意度等作为基础指标。从企业内部运营维度来看，在明确战略目标的前提下重点提升企业的核心竞争力，将交货的及时率、企业生产符合率、产品合格率以及企业单位生产成本作为基础指标。从学习成长维度来看，将企业战略定义为企业发展的无形资产，因而基础指标为员工的生产率和保持率，企业培训计划以及员工满意度的测算。

在指标体系构建过程中，企业可根据自身发展情况建立指标库，企业各部门从企业发展的角度出发进行具体化的战略定位，结合自身业务特点进行指标体系的构建，综合利用平衡记分卡的权重分配特点，结合部门战略定位为企业整体战略目标进行服务，通过维度指标的个性化选择，体现部门管理特征。在设置平衡记分卡的绩效目标之前，应确定企业绩效指标权重的设置范围，根据指标的重要性对应性地提高权重。将影响企业整体价值的指标作为关键性指标，有针对性地制定一票否决制度。在确定平衡记分卡的目标值的过程中，应考虑外部环境因素，如自然灾害、政策调整等重大变化，当不可抗力对企业绩效目标完成产生影响时，企业战略绩效目标值的设定应进入调整程序。从实际企业体系指标构建的实践角度来看，一般通过对评价对象和主体对象的测算来确定重大变化对绩效指标体系的影响程度，在综合判定的基础上可向具体的管理机构提出调整申请。

（三）平衡记分卡的应用评价

平衡记分卡的评价具体可以分为两部分，一是从平衡记分卡在企业战略管理中的优势来进行分析，二是对平衡记分卡在企业战略绩效管理中的应用劣势进行深入探讨。

1.平衡记分卡的应用优势

平衡记分卡的优点主要从三个角度出发来进行概述，一是平衡记分卡的应用可以根据企业实际发展情况，对企业战略目标进行逐层分解，并以绩效指标的形式对管理对象进行评价，确定绩效指标体系，促使企业各部门以企业发展战略为核心实现组织协调发展。二是从四个维度出发，首先将财务作为核心维度，在此基础上结合其他维度进行指标关联和选择，绩效评价可根据部门特点进行调整，有效增强了企业战略绩效评价的完整性。三是从学习成长维度来看，绩效指标的设计更加看重员工的个人成长与发展，这在无形中减少了企业的用人成本，可以促使企业完善自我建设，促进企业的可持续发展。

2.平衡记分卡的应用劣势

在平衡记分卡的具体应用过程中存在一定劣势，首先需要管理人员具备较强的专业能力，以平衡记分卡的形式设计评价指标体系固然可以紧紧围绕企业战略目标分解管理任务，但是极大地增加了企业管理人员的管理任务量，管理过程存在一定的难度。在管理过程中，企业管理人员需要上下协调，并以持续的沟通来保障平衡记分卡绩效指标评价的有效性，因而实施过程比较复杂，且实施成本较高。其次在不同层级中，平衡记分卡的指标权重分配不同，分配过程较为复杂且指标量化落实工作实施较为困难。最后从平衡记分卡应用的本质角度来看，其系统性较强且涉及范围较广，因此，在应用的过程汇总一般需要专业人员来进行指导，企业全员需要在参与的基础上对其进行修正和完善，因而适用于规模较大且实力较强的企业，对信息系统和管理能力均具有较高要求。

三、企业战略管理地图的应用

(一)企业战略管理地图

战略地图由平衡记分卡的创始人大卫·诺顿和罗伯特·卡普兰提出的,以平衡记分卡的形式可以创建企业战略框架,但是企业依旧很难对企业战略进行全面描述,且管理者与被管理者之间的沟通过程无法顺畅,难以形成统一的战略共识,基于此,战略地图概念逐渐产生。从本质角度来看,战略地图可以对企业组织战略进行转化,并提高其可视性,以地图的形式对组织战略逻辑途径进行完整展示,以平衡记分卡的四个层面为核心,对层面目标和企业战略进行因果分析。

企业战略的核心一般都是价值创造,而价值创造可以分为企业有形资产的增加和企业无形资产的增加,若企业组织的无形资产价值增加占据了主要部分,企业战略的制定和执行则需对其进行描述和交代。战略地图可以将无形资产与企业价值创造进行有效连接,并以流程的形式形成组织架构形成因果关系链,连接期望结果和驱动因素,梳理员工个人工作职责与企业战略的关系,将企业员工的个人努力集中在一起,进而保障企业战略计划的顺利实施。

(二)基于企业战略管理地图的绩效评价维度

1. 财务维度

对立力量的长短期战略平衡,战略地图的财务维度为企业最终目标服务,财务绩效以衡量企业贯彻落实战略发展目标的实际情况为主,从财务角度将连接企业发展目标并衡量企业的发展能力,改善企业财务绩效,最终达到实现企业财务收入增长提升企业生产力的战略发展总目标。

2. 客户维度

战略地图的客户维度可以有效体现出战略差异化的价值主张,企业在发展过程中,一般将收入增长作为发展战略,客户价值主张是一种针对竞争对手的战略模式。企业既要有可以与竞争对手相比拟的相似点,又要有比竞争对手更优更好的差异点。从客户维度出发衡量顾客指标,并在此基础上对客户服务进行改进,维系企业客户并从战略的角度出发,明确特定企业顾客群体的身份特征,并将此作为企业长期发展和获利的目标。在价值主张中从产品、价格和服务的角度出发,界定企业目标客户的特征,使其优于企业同品类竞争者。

3. 内部运营维度

内部运营维度揭示了价值与内部运营之间的关系，即价值是由内部运营创造的。内部运营是企业战略组织的重要组成部分，从顾客价值主角度来说，生产和交货是内部运营的重要因素，从财务层面来看改善运营可以降低企业作业成本，提高企业生产力，内部运营由营运管理、顾客管理、创新管理以及社会流程四个部分组成，价值由内部运营创造，内部运营维度对企业发展战略衡量具有重要作用。

4. 学习成长维度

学习成长维度则更加重视无形资产与企业战略性的整合，战略地图中将学习成长维度看作企业无形资产的一部分，企业员工的学习和成长对企业的战略发展具有重要推进作用，对企业常见的无形资产进行归类，则可以具体分为人力资本、信息资本和组织资本三种类型。

第四节 企业战略绩效管理评价

绩效评价属于企业战略管理行为，在企业管理中发挥着重要作用，可以有效帮助企业实现战略管理目标。如结合绩效评价对企业竞争策略进行讨论，正确判断企业目标市场的竞争动态形势，科学开展人才选拔活动，监督企业财务状况，综合考评企业职员和干部岗位工作情况，形成良好的企业文化氛围，带领企业员工成长等，由此可见，企业战略绩效评价在企业管理中占据着重要地位。

一、企业战略绩效管理评价的阶段性发展

（一）企业战略绩效管理评价的意义

随着互联网技术的快速发展，数字经济时代已经到来，传统财务会计信息核算方式难以满足企业的财务核算需求，企业财务指标评价体系存在一定缺陷，在企业发展的过程中日益明显。企业财务管理方面应从企业长期发展为企业全局考虑，对智力资本进行正确评价，在这一前提下企业业绩评价指标体系应能从全方位涵盖企业财务管理的各个方面，企业绩效战略管理评价体系应运而生，它是基

于企业价值和企业战略而存在的，以企业价值思想和战略目标为基础，通过对企业下属组织和部门的业绩进行正确评价和引导，形成统一的战略管理体系。平衡记分卡的使用将企业战略与企业财务指标紧密结合在一起，因此企业战略评价体系既是战略系统也是一种战略管理系统。战略绩效管理首先从战略角度来说，是根据企业当前发展情况和企业目标，站在企业发展的高度关注企业发展的结果和过程，保障企业内外部环境的平衡，并根据企业的经营发展情况进行系统化的科学评价，根据企业当前经营状况和发展前景探究企业未来发展方向，挖掘企业内在发展潜力，提升其市场竞争力。企业战略绩效评价涉及企业管理的方方面面，可以对企业的各项管理活动进行监督和检查，并充分发挥指导和矫正的作用，保障企业战略管理目标按照原定计划在规定时间内完成。

（二）企业战略绩效管理评价的发展阶段

战略绩效在国内外的企业发展探索中占据了重要地位，一般认为企业战略绩效评价分为三个阶段，即成本分析阶段、以财务指标为核心的阶段和以战略绩效评价体系为核心的阶段。

1. 成本分析阶段

14世纪，复式记账的产生标志着绩效评价思想的萌芽，与传统流水式记账方式相比，复式记账能够全面反映企业资金的由来和趋向，使得单独评价企业活动成为可能。在18世纪规模较小的企业并未形成完整的绩效评价体系，而被称作"科学管理之父"的泰勒最早用科学化、系统化和标准化的管理工具对企业管理工作进行描述，绩效评价体系自此发生，即从最简单的计算转变为成本核算，企业账簿的组成要素开始逐步拓展和丰富。美国会计工作者哈瑞设计的标准成本制度，标志着现代企业业绩评价指标的形成。标准成本即差异分析使得传统成本控制由事后计算转变为事前预算和始终控制，标准成本的执行和差异性结果分析，提高了企业绩效评价的有效性。

2. 以财务指标为核心的阶段

吉尔曼的《财务报表分析》一书对企业财务内部管理评价的理论和方法进行了深入分析，并形成了基础框架。在多元化经营和企业分权管理的背景下，管理者对企业业绩评价进行了创新，如投资回报率法、杜邦财务系统分析等。在这一前提下评价指标体系不断丰富，由最初的成本核算拓展为投资报酬率、权益报酬率和利润等财务指标，会计数据比较清晰且易于获得，具有较强的可比性和可操作性。

3. 以战略绩效评价体系为核心的阶段

某公司在 1991 年从经济增值方面提出经济增加值指标，从其内容和计算过程来看，要素为资本费用、总资本额和综合资本成本率，在企业的发展过程中，经济增加值指标被不断完善，从其本质角度来看，企业增加值指标可以有效弥补利润指标缺陷，对传统财务评价指标进行了有效改善。在后续发展过程中，自由现金流量、市场增加值以及财务预警分析等成果开始出现，战略绩效评价体系呈现出以绩效评价创新为核心的特征。

二、财务战略绩效管理评价体系设计原则

在企业发展过程中，战略绩效评价体系可以牢牢把控企业战略发展方向，帮助企业高层管理者对现有战略的获利能力进行判断，促使其对企业整体战略走向进行全面了解，在此基础上发现战略薄弱环节，有针对性地对企业稀缺资源进行配置，科学全面地评价各部门管理业绩。基于此，在构建企业财务战略评价体系的过程中，应遵循以下几点原则。

（一）客观性原则

企业战略绩效评价体系应遵循财务战略的本质，并以此为主选择关键因素，战略绩效评价设置应以资金利用率为核心，尊重其本质内容和发展规律，从科学角度出发增设指标，遵循客观性原则，减少企业管理者主观意志对指标增设的干扰。

（二）战略性原则

战略性原则主要指的是企业战略绩效指标的设计，应能综合企业内部资源与外部资源条件，从战略角度出发明确企业未来发展方向。从关键因素的角度出发开展战略绩效评价体系设计活动；从企业长远发展角度出发，提高企业战略发展高度；从企业当前利益角度出发，推动企业核心能力发展，以战略促发展，提高企业国际竞争力。评价指标设计应以描述企业战略核心为主，将提高企业核心竞争力作为主要目标，对财务目标和非财务目标进行综合运用。

（三）通用可比原则

绩效评价可以对一个企业不同时期进行比较，也可以以企业不同组织单位为研究对象，在同一时期对企业不同的组织单位进行比较。具体来说，企业绩效指标体系的设计应具备一定的通用性和可比性，从共同点角度出发设计评价指标体系，不同企业的同一时期绩效评价具备可比性，在这一情况下指标体系的参数应

保持稳定，便于企业对不同时期的财务战略进行比较和评价。

（四）前瞻性原则

前瞻性原则指的是:企业财务战略绩效评价体系的设计，首先对企业管理状况进行评价，综合分析企业的理财环境，充分预测企业未来财务环境的变化趋势，从企业的竞争优势、未来核心发展潜力、当前利益和未来利益等不同角度出发，评价体系应能对企业过去业绩和未来绩效动因进行综合分析，使财务绩效评价体系具有一定的前瞻性，充分体现企业战略绩效的评价意义。

（五）激励性原则

财务战略绩效评价设计中的激励性原则，充分体现了企业绩效评价体系的导向性，即以评价指标设计这一行为来引导公司向某一方向发展。企业绩效评价体系应具备一定的激励性，进而促使企业员工完成自我成长，与企业共同发展。与此同时，企业员工的成长可以减少企业的用人成本，优化企业人才管理制度，并最终增加企业的无形资产，因此企业财务战略绩效评价体系的设计应具备明确的激励性质。

（六）动态性原则

动态性原则建立在企业财务环境的变化特性之上，企业财务和理财环境在不断变化，因此企业财务战略绩效的评价体系也应呈现出一定的动态性，在这一前提下，企业财务战略动态调整的具体情况，可以以评价指标的形式来进行有效反映，便于企业根据自身的发展情况和所处的生命周期进行评价指标的调整。在评价调整的过程中，指标动态变化应适度，减少或避免因频繁调整而造成管理混乱状况的发生。

三、企业财务战略绩效管理评价体系构建

（一）企业财务战略绩效管理评价体系分层

企业财务战略绩效评价体系的构建，首先应从战略角度出发，对绩效评价进行层次划分，一般来说，企业财务战略绩效评价体系由三个层面构成，即企业战略层、关键因素评价层和关键业绩指标层。

1.企业战略层

企业战略层按照公司财务战略的组成内容，从筹资、投资、营运和利润分配等角度，开展企业财务战略绩效评价活动。企业财务内容不同，其战略指标组成

和战略要求不同，因而从企业战略层出发，对企业财务各组成部分进行指标化要求和科学性评价，保障企业财务战略绩效评价的全面性。

2.关键因素评价层

关键因素评价在企业战略评价体系评级中占据了重要地位，在开展企业财务战略绩效评价活动的过程中，首先应确定评价的核心内容，从财务策略实施情况出发，对企业投入率和产出率进行综合评价，实现企业资金使用效率最大化的目标，促使企业在此前提下保持良好的财务关系。

3.关键业绩指标层

关键业绩指标即（KPI）是关键成功因素，建立关键业绩指标层，可以在梳理关键业绩指标关系的前提下，助力评价活动的顺利开展。一般来说，关键业绩指标层由两部分组成，一是具有定量特性的财务类指标，二是具备定性特征的非财务类指标。定量指标能够对企业财务策略的实施成本与效果进行综合反映，结合资金成本、企业资金周转率等要素，体现企业过去的运营情况。定性指标可对企业战略和财务关系发展进行反映，如对企业发展的劣势和优势的分析、对企业战略与环境适应性的分析等，在这一层次中，关键因素可被分解为具体的财务策略性评价指标。

（二）企业财务战略绩效管理评价模型分析

基于企业财务战略绩效评价体系分层构建财务战略绩效评价体系，层次内容一般由筹资策略、投资策略和分配策略组成。

1.筹资策略

企业筹资策略的评价重点内容包含四个部分：筹资效率、财务成本、财务风险、财务关系。筹资效率即企业筹资过程中的资金获得效率，主要包括资金周转率、资本金积累率、股东权益报酬率以及每股营业现金流的测算。财务成本即企业在筹资过程中所付出的成本代价，主要包括个别资金成本、综合资金成本和资本边际成本等。财务风险即企业筹资中所承担的风险，主要包括财务杠杆系数、资本结构弹性、流动比率和企业资产负债率等。财务关系即企业客户满意度、银行借款违约率以及债券滞销率等。

2.投资策略

投资策略的评价一般从投资效率、投资风险、企业成长能力和财务关系四个角度来进行分析。投资效率即对企业的资金周转率、资产收益率以及企业经济增加值进行测算，投资风险通过对企业进行环境分析，对企业的资产结构弹性进行测算，从而得出企业投资策略与经营策略的关联度。企业成长能力即从企业的总资产增长率、主营业务增长率以及固定资产更新率的角度出发，对企业的成长能力进行测算。投资财务关系主要包含企业与合作客户关系所处阶段分析、企业信息及时性和有用性评价以及企业债券变现能力。

3. 分配策略

分配策略即从分配效率和财务关系两个角度出发。分配效率从企业现金股利、支付率、市盈率以及股利政策的稳定性与连续性角度出发进行测算与评价。财务关系方面对企业的股权集中度和中小股东的满意度进行重点调查和了解，做好资源分配计划，维护企业财务关系并促使其实现良好发展。

从企业财务战略绩效评价体系分层图的构建来看，第一层为策略性，以描述企业财务策略与绩效状况为主。第二层为关键因素层，主要内容是对企业财务策略实施情况进行评价，与此同时，评测企业财务关系情况，根据企业资金周转效率，对企业财务情况进行判断。第三层的具体内容为关键因素评价指标，从财务本质角度出发对评价指标进行细化，可以有效兼顾企业的经营特征，对企业财务战略绩效评价模型的内容进行丰富。

第六章 风险绩效在现代企业财务管理体系中的具体应用

风险管理是企业管理的重要组成部分，因此在研究企业绩效管理的过程中应综合研究风险绩效管理的基础理论，综合分析影响企业风险绩效管理的因素，并在此基础上构建风险绩效管理体系。本章以风险绩效管理的基础理论为切入点，将影响企业风险绩效管理的因素作为补充性内容，结合企业风险绩效实践管理过程，构建风险绩效管理体系和管理模式，对企业风险绩效管理的优化策略进行综合探究，与此同时，将风险绩效评价管理体系的构建分为设计思路、划分评价等级和构建评价指标体系等三部分内容，对企业风险绩效管理进行系统化阐述。

第一节 企业风险绩效管理概述

一、风险绩效管理思想

风险管理即对在企业项目的开展过程中可能会产生的风险进行管理，在进行风险管理之前首先应以风险识别的形式对企业存在的风险进行分析，在识别企业内部管理和市场环境中的潜在风险后，对企业项目风险进行分析，结合风险评价的方式认识企业风险，并以此为基础采用不同的管理方法和风险应对措施，减少企业风险对企业发展带来的不利影响。企业方面应对已发生的风险进行有效的处理和控制，尽可能地减少风险对企业发展带来的不良影响，处理风险对项目造成的损失，在减少企业损失的同时，最大限度地保障企业项目的顺利进行。

企业风险结合绩效管理思想，即在综合企业风险管理的基础上，结合企业项目资金需求情况、生命周期情况、发展目标及融资结构，从风险分担和制定风险应对措施的角度出发，对项目生命周期内不同阶段的风险绩效因素进行分析，探究绩效管理与风险管理之间的关系，提高企业风险管理效率，促使管理人员依据不同的风险情况制订绩效管理计划，提升企业绩效管理的整体能力。

二、现代企业风险绩效管理的基础理论

现代企业风险绩效管理可以对企业的管理活动进行风险判断，综合市场经济发展情况，对企业管理行为起到一定的监督作用。结合企业绩效内容，综合分析风险与企业绩效之间的关系，建立相应的管理评价体系。在企业管理活动中，绩效管理遵循着经济活动的规律，基础经济理论与风险绩效管理之间存在一定的关系，从风险绩效管理的角度衍生出了相关的基础理论内容，主要包括以下五个方面，如图 6-1 所示。

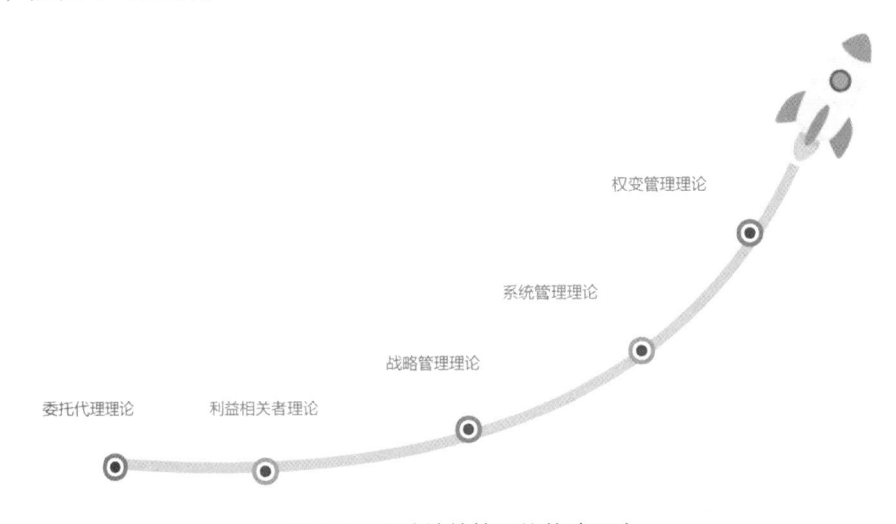

图 6-1 风险绩效管理的基础理论

（一）委托代理理论

在企业规模不断扩大的前提下，企业实际控制者和管理者需要在对日常经营管理活动进行有效管理的前提下，对企业风险进行监控和决策。经营活动占据企业管理者的时间和精力越来越多，因此委托代理关系开始出现。企业经营者可以委托代理的形式，委托专业人员监控企业职能，两者形成契约关系。企业实际拥有者可以通过雇佣的方式，使一个或多个经营者为其提供管理服务，两者之间存在信息不完全对称、激励不相容以及信息不对称等情况，为了减少和规避委托代理中的逆向选择、道德风险等问题，企业所有者应以制定约束和激励机制的形式，来对企业经营者的行为进行有效约束，最大限度提高企业实际所有者的利益，提高企业资本回报，在一定程度上体现了企业风险与绩效管理之间的关系。

（二）利益相关者理论

利益相关者理论最早是在20世纪60年代提出的，美国经济学家弗里曼在经过详细研究后，从两方面给出了具体定义，一方面利益相关者指的是能够影响组织目标实现的人，而另一方面指的是在组织实现过程中被影响的人。在这一定义中，影响企业目标的个人或群体以及受企业目标实现过程影响的个人和群体都被看作了利益相关者。20世纪90年代，利益相关者的理论不断演变和扩充，利益相关者的概念转化为企业专用性资产的投入者，即对企业专用性资产拥有完整产权的投资者，企业利益相关者包括股东、经营者、企业员工、企业债权人、客户供应商以及国家等多个层面。在这一前提下，企业管理理念和管理方式开始发生转变，使得企业管理目标也发生了转变。从单一股东利益最大化转化为企业相关者利益最大化，股东利益与其他相关者利益占据同等重要地位。企业绩效考核从财务绩效考核转变为企业整体价值考核，相关者利益理论中要求各利益相关主体共同发展，在实际管理过程中将实现企业价值最大化作为战略发展目标，与此同时在满足和平衡相关利益者的需求和期望的前提下，结合各财务指标和非财务指标，设置绩效指标体系，满足利益相关者的需求，从而保障企业在获得充足投入资金的前提下实现高效运行。

（三）战略管理理论

美国学者Ansoff在多元化经营企业的研究基础上出版了《企业战略》这一著作，著作内容首次确定了企业战略的四个构成要素，即产品与市场范围、市场增长量、协同工作效果和企业竞争优势。早期企业战略的定位是组织管理者针对市场相关信息所做出的决策行为，市场信息具有很强的时效性，因此容易导致企业的短期行为。从当前企业发展角度来看，战略风险开始成为企业管理人员学习和研究的重点内容，如投资战略风险、发展战略风险以及品牌战略风险等。在现代企业战略管理中，企业将绩效评价这一内容加入了战略管理体系，绩效评价体系的建立可以有效监督企业战略目标的具体执行情况，有效预防企业风险。

（四）系统管理理论

系统是由多个要素形成的有机整体，具有一定的结构性和规则性。系统管理理论主要指的是在管理角度下，对系统的模式、结构和规律进行讨论，使企业管理者具备整体观念，综合系统各要素，从而起到优化企业内部管理结构的作用。在构建企业绩效评价体系的过程中，将系统化的理论思想作为基础，结合评价目标、指标、标准和相关信息等要素内容，进行整体化布局，综合系统外部与内部之间的联系，促使其在相互作用的前提下形成制约关系。

(五)权变管理理论

权变管理理论可以有效完善企业绩效评价体系,从权变理论的角度来看,将影响企业绩效评价的因素看作了权变变量,从一般角度来说,权变结构的变量主要分为三种,一是企业环境,二是企业组织结构,三是管理者的决策和作风。根据三者之间的关系来对内部因素进行变量划分,对权变变量的类型和内容进行综合性评价。从权变理论的管理理论来看,企业不同权变变量也应进行相对应的调整,在企业管理中综合企业实际情况建立最优的绩效管理体系。从不同角度对企业的风险管理侧重点进行分析,企业管理者应根据实际情况设计指标体系,结合权变理论所提倡的"随机制宜"的思想,在企业风险管理过程中提升企业战略经营绩效评价体系的质量,为企业发展奠定内部管理基础。

三、影响现代企业风险绩效管理的因素

企业的经营活动和管理活动均存在着一定的风险,企业管理人员应在手机信息的前提下有效识别风险并进行风险评估,制订相对应的管理方案,做好企业全面风险管理工作。在这一过程中,企业管理人员或决策人员识别和确认风险的能力,对企业防范风险和实现自我发展具有重要作用,影响企业风险管理绩效的因素如图6-2所示。

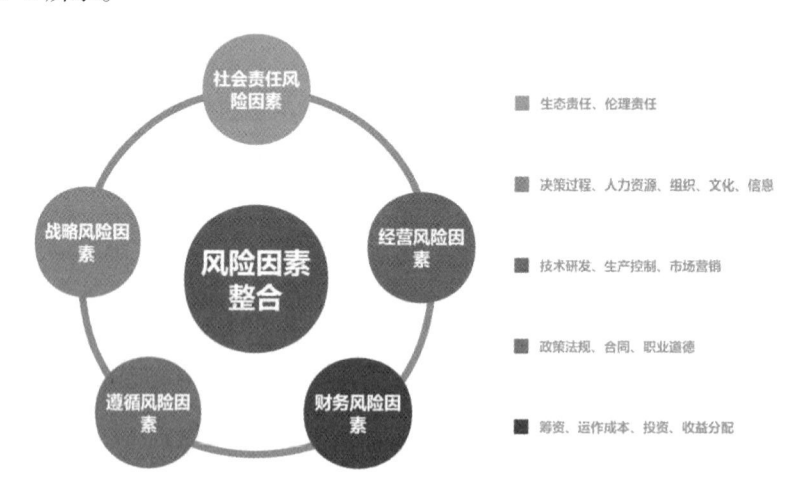

图 6-2 影响现代企业风险绩效管理的因素

(一)战略风险因素

企业战略是企业管理者和决策者在企业发展过程中的预期目标,通过制定目标、选择实施以及监督控制等环节,促进企业整体发展。企业领导者应具备风

险意识，将风险控制或降低在可接受范围之内。企业战略风险主要指决策过程风险、文化风险、人力资源风险、组织风险以及信息风险等。企业的决策过程存在着风险，一般企业管理者会根据当前市场或企业发展情况，对企业进行长期或短期的战略部署，提出战略决策和企业战略发展目标。战略决策的提出需要经历思考、制定、选择等多个过程，多个过程需要企业内部人员进行参与多种活动，活动容易偏离实际控制目标，具有不确定性风险。战略决策过程存在过程风险，因此企业在运营过程中，应注意识别和控制风险，在战略执行中掌握主动权。企业文化是企业在发展过程中形成的价值体系，主要从企业员工价值观、企业部门组织精神、员工行为规范及群体意识等方面进行有效展现，企业文化可以为企业管理与创新提供辅助性作用，如宣传管理者理念和企业发展价值观，在深入员工心理的基础上转化成企业发展的动力。文化风险的最根本原因是文化认同的差异，如企业在并购、跨国经营等活动中，企业中的组织文化和个人文化趋向复杂性。随着企业员工的不断增多，地区文化和组织文化更新等问题开始显现，且具有很强的潜伏性和持续性特征，这对企业的正常生产和经营活动具有一定的影响。在企业发展过程中，通过建立学习型组织、构筑企业愿景等方式，可以有效分散企业文化风险，增强企业内部员工的凝聚力和向心力。企业具有一定的组织结构，分解目标和工作任务，促使企业下属各部门单位在分解、组合和协调的前提下，构建完整框架，达到组织者的预期目标。组织风险主要指的是在企业实施风险管理过程中，企业组织结构的设定对企业发展目标的分解和实施所带来的不确定性，构建科学的企业组织体系，可以有效增强企业的抗风险能力，在增强企业竞争力的同时促进企业健康发展。

企业的发展离不开知识与技术的创造，在现代企业管理中人的价值已经成为重要的战略性资源，企业员工掌握的某项关键技能，或企业员工具备创新学习能力，企业内部构建了学习型组织的框架和体系，可以有效增强员工对企业发展的认同，促使企业在发展过程中具备更多的潜力。企业管理的最终目标是实现企业利益最大化，在这一过程中兼顾企业员工的利益，可以使企业员工与企业实现共同成长。企业人力资源风险具体指的是企业在人力资源管理过程中，预期人才管理和人才发展目标与实际目标之间出现的偏差现象，人才发展具有不确定性，可能会增加企业成本，形成人力资源风险。信息是企业管理的重要工具，信息风险主要指的是信息不能在企业有效传递、安全保管等情况，企业在信息管理中会出现信息收集、信息处理和信息保存等活动，在活动过程中存在一定的风险。如企业在日常经营活动中的信息搜集、整理分析和存贮等过程，各部门之间需要在沟通的前提下获得反馈内容，这对企业信息的保管、传递速度和管理人员的分析能力均是一种考验。

（二）遵循风险因素

在企业管理中遵循具体指的是合规，即企业在生产经营过程中需要遵守的国家法律法规和同行业竞争规则，企业内部根据法律法规和相应的生产经营要求，制定内部规章制度和职业道德规范。遵循风险主要表现在政策环境、法律环境以及合同环境等的变化，不同员工的职业道德思想和职业操守存在差异，导致企业的发展存在不确定性因素。

（三）财务风险因素

企业的实际经营过程涉及多种财务活动，如筹资活动、投资活动、企业收益分配等，这些财务活动均会存在一定的风险。筹资风险，在市场经济环境的不断变化下，企业筹集资金的方式和方法影响着企业筹资成本。投资风险，企业投资活动是将企业原有资金投入到项目活动中去，以资金成本促进企业收益的增长。企业投资受投资项目本身市场经济环境的变化影响，要在考虑预期回报的同时综合考虑风险因素，以合适的投资比例使资金流动比率合理化，减少固定资产或限制资产不足的情况，在降低企业投资风险的同时提高企业收益率。企业成本管理是财务管理的一个重要环节，可以有效保证企业的盈利性，促使企业实现价值最大化的目标。在实际管理过程中，企业的成本管理应从成本结构、投入产出率等角度入手，从科学合理的角度出发进行成本资源配置。减少企业运作风险中企业成本管理存在的不确定性影响，加强成本管理的同时降低成本费用，在此基础上构建成本信息系统，最终实现提高企业经济效益的经营目的。

（四）经营风险因素

企业经营风险因素主要包括技术研发风险、生产控制风险以及市场营销风险等。技术研发是企业发展和创新的重要环节，为满足市场多样化的发展需求，企业应保持领先的研发能力，以此来获得长期的竞争优势。企业在研发过程中需要投入大量的人力和财力，研发成果具有不确定性，因此存在风险情况。企业在产品生产过程中存在风险，如产品本身缺陷或生产环境或方式不合标准，都会给预期的生产目标带来影响。企业在产品生产中要承担一定的风险，如产品安全风险与质量风险。为获取稳定且高效的收益。企业应在辨别安全生产风险的同时，采取切实有效的控制方法，减少企业生产环节的不确定性风险因素。企业以市场营销的方式来销售产品获得利益，市场营销风险由多个因素组成，举个例子来说，一个产品的售出首先要进行定价并确定营销渠道，接下来要将销售任务分配给相对应的人员，最后为企业商品承担售后责任，这一系列的营销过程均存在风险因素。

(五)社会责任风险因素

企业是社会组织,兼具经济、社会等性质。从经济性质来看,企业的经营与发展应能够为企业投资者及相关利益者获得经济收益。从社会性质来看,企业应在追求利润最大化与企业价值最大化的同时,承担相应的社会责任,如生态责任以及伦理责任。企业在承担社会责任的过程中,可能会给企业的信誉、社会声誉以及客户认可度等方面带来有利或不利影响,因此企业在承担社会责任的过程中存在风险,企业应在意识到自身所应承担的社会责任的同时,积极承担企业责任,提高风险意识,在提高企业形象的同时促进企业实现全面发展。

第二节 企业风险绩效管理的过程

一、全面风险绩效管理与内部控制工作机制

全面风险绩效管理与内部控制工作机制主要由八个步骤组成,即风险评估、风险管理策略制定、风险应对、指示监控预警、内部优化、内部评价和控制、重大突发事件应对和风险绩效评估。从本质来看,全面风险管理对内部控制体系具有一定的依赖性且两者之间存在相互促进的关系,通过闭合运行形成一个有机整体。在实践过程中可以发现,全面风险管理与内部控制两者相辅相成且缺一不可,任一单独流程无法独自运转,且无法达到理想化的管控效果。在开展全面风险绩效管理与内部控制工作之前,应开展初始信息收集活动,企业以及下属组织和业务部门,应不断搜集与企业利益相关事件的信息,在此基础上开展风险评估活动,将风险辨识作为风险评估的重要环节,并作为提出风险绩效管理策略的依据。在风险评估后,结合企业内部控制体系和绩效管理体系,布置具体工作,并在风险指示预警监控的前提下,对风险指标进行日常监控和监督,对特殊风险情况发出风险预警,为企业风险绩效管理提供有效支撑。风险绩效管理中应对风险管理策略或者风险指示预警信息进行综合分析,制定应对措施,并结合风险管理思想和绩效管理思想,基于内部控制进行落实或结合风险指标管理或其他管理手段进行落实。内部评价和控制即以内控的形式对内部设计缺陷、内部执行缺陷以及风险控制情况进行评价和监督,以此来保障风险管控效果,更新风险绩效评估体系,并从内部角度出发推动内控的持续性运转和优化。企业重大突发事件应以

特殊的风险管理手段进行控制，通过强化方案设计、监督控制等方式，尽可能减少企业风险损失和风险影响。企业下属组织和各部门应根据突发事件处理流程和相应具体情况，结合企业经济发展特点、运营模式、经营模式和人员发展，对概率性的突发事件进行梳理，结合绩效评估手段，从企业内部角度出发，以对绩效进行优化的形式，构建完整的企业管理和控制体系，深化管理思想，在完善应急流程和应急程序的同时，调动各级员工的积极性，促进企业经济和企业文化的综合发展。

二、风险绩效管理流程及关键风险点控制

风险绩效管理体系的构建，应在风险管理和绩效管理的基础上综合提高企业内部的管控能力，从完善企业全面风险管理与内部控制体系的角度出发，对相对应的管理模式和内部控制措施进行对应落实，坚持全面性和重要性相结合的原则，确立企业风险绩效管理流程。完善企业风险绩效评估内容，并在构建风险绩效体系的过程中，明确风险绩效管理流程即关键风险点控制，从切入重点和企业发展战略的角度出发进行体系完善，并综合分析风险控制体系的各个枢纽，根据企业实际发展情况设立转向的风险管控项目。例如，企业的正常性风险绩效管理，分析数据并对关键控制点进行重点查找，综合项目制度、项目执行情况和项目管控等多个角度，查找问题和缺陷，并以此为依据进行关键风险控制点的设置。结合"一把手负责制"理论，在企业风险绩效管理过程中，将"一把手"位置的企业管理者和角色作为企业风险的主要承担者和第一责任人，在企业风险绩效管理中兼具企业管理和防范运营风险的管理职能，因此在风险绩效管理体系中，企业管理者和引导者，既是倡导者又是参与者，也是风险绩效管理计划的执行者。风险绩效管理体系的构建，需要企业管理者身先士卒，营造企业风险绩效管理氛围，并构建良好的风险管理文化。

风险绩效管理的基本框架由企业内部管理、外部环境、风险评估、绩效目标、风险与绩效管理策略、控制与沟通以及监督和改进等多个要素构成。这些要素在互相约束和互相监督的前提下，可以促使企业风险绩效管理体系，在发现问题、改正问题并结合绩效管理解决问题的前提下，形成良好的反馈监督流程。对企业内部环境进行分析，可以对企业的经营状况和内部管理情况进行综合了解，识别企业经营和管理中存在的风险。对企业外部环境进行分析，可在了解企业外部环境的前提下，便于企业管理者综合内部管理和外部环境做出正确的管理决策，降低企业管理和运营风险，为企业下一阶段的风险评估奠定基础。风险评估应划分出企业风险评价的主要因素，并利用主要因素结合权重法进行计算，得出

相应结论。在绩效评估的基础上进行绩效构建，则是将风险管理与绩效管理进行有效结合，通过绩效管理的形式来解决风险管理中存在的问题，提出解决策略，并实现企业管理体系的平稳过渡，以绩效控制的手段设计关键阶段，关联风险并出具全面评估报告，并利用绩效管理思想对企业关键风险进行有效指导，将风险控制点与分层级绩效考核进行有效结合，有序开展后续考核工作，对风险对应程序和体系进行综合考核。对企业内部业务进行优化，从企业内部控制的角度出发，结合风险绩效管理的监督和反馈，对风险绩效管理情况进行监管，企业内部设立内审和绩效评价考核组，对后续风险绩效管理工作进行持续改进。

三、企业风险绩效管理层面的应用

在企业全面风险和绩效管理中，实行全面风险管理就是为了完成企业绩效，因此从管理层面来看，结合绩效管理的财务层面、客户层面、企业内部业务层面和企业员工成长层面，对企业风险进行分类，可以在有效帮助企业管理者从绩效管理的角度出发，多角度看待企业风险，在控制企业各项风险的同时，与企业绩效管理进行配合，控制企业风险并改善企业业绩。企业风险和绩效之间存在相互监督和相互提升的关系，从财务层面、客户层面、企业内部业务层面和企业员工成长层面对潜在企业风险进行综合分析，进而促进企业风险与绩效管理有效结合，在企业管理中发挥相应作用。

（一）财务层面的应用

从财务层面来看，企业财务风险的目的是指导企业管理者识别各类财务风险，财务风险与财务评价指标之间存在相互对应和相互渗透的关系，通过财务风险指导对财务指标进行完善，可以提高评价指标的有效性，促使其发挥出监控和反馈风险的作用，便于企业管理者根据财务指标的变化，快速解读企业内部的潜在风险，根据潜在风险内容制定应对措施。一般来说，企业财务层面的风险目标一般包括债务风险、税收风险、资产风险、预算风险、资金风险、成本风险、衍生品交易风险和财务报告风险等。从企业绩效角度来看，财务层面的绩效指标主要包括四个方面，分别为企业价值增加、资产质量状况、债务风险情况和盈利能力，以数据的形式对不同的财务指标进行衡量，对企业风险进行反馈，当企业风险控制存在问题时，企业绩效指标会发生较大变化，便于企业管理人员快速发现企业管理中存在的缺陷，及时调整监督和控制流程，制定相应的措施，在梳理风险的同时控制风险，提高各项绩效评价指标，促进企业健康发展。

（二）客户层面的应用

企业客户处在一个动态变化的过程中，从客户层面来看，客户风险主要与企业产品风险和市场风险相关。产品风险如企业产品本身存在的缺陷，生产监管过程中容易存在的潜在风险，市场风险如市场环境变化，货运价格和产品价格制定与企业主营业务收入，国际汇率变化和国内市场竞争等。企业在客户层面的企业绩效评价指标主要由两部分组成，一是企业股东和利益相关者对企业做出的投资部分，地方政府给予企业发展的政策扶持，以及企业市场占有率。二是企业利益相关者的满意度，如下游经销商的满意度，企业股值和经济价值的增加，企业员工的流动率、企业社会责任的履行和承担情况、企业客户投诉率等，客户对企业服务的评价以及服务评级。从企业客户层面来看，其评价指标的高低可以对企业绩效进行有效呈现，便于企业管理者及时发现企业的一项或多项漏洞，在控制企业风险的同时提高企业绩效指标。

（三）企业内部管理层面的应用

在企业内部管理层面中应用绩效管理体系，内部管理中的业务层面主要涉及法律风险、运营风险和安全风险。法律风险如合同、知识产权、侵权、合规以及关联交易等。企业运营风险主要有采购、企业服务、工程、节能以及自然灾害等。企业在生产和经营过程中，安全是首要任务，安全既体现在产品安全上也体现在企业员工的人身安全上，企业的安全管理应与内部业务评价指标与内部控制评价指标相结合，为企业未来发展提供保障。结合绩效管理设置内部考核流程，合理控制企业风险为企业提供可持续发展的可能。

（四）企业员工成长层面的应用

从企业角度来看，员工的自我发展和成长可以减少企业用人成本，提高企业的对外服务质量，是企业无形的财富。企业员工对企业的认同感，在一定程度上影响着员工的积极性。企业重视员工发展，为员工提供自我提升和自我锻炼的机会，能够形成积极的企业文化和学习氛围，达到企业员工与企业共同成长与发展，促使两者实现共赢。从企业员工成长层面来看，风险绩效指标应以员工为核心，结合企业现阶段面临的人力资源供给不足、劳动力成本大幅度上升等风险，绩效指标制定结合企业员工的培训率，企业专业核心技术人员占比和以员工为核心的企业创新方式，将员工作为主题内容，在企业效能监察、人力资源管理等方面进行综合运用。

第三节　企业风险绩效管理优化策略

一、财务风险对财务绩效影响的启示

从企业日常经营和发展角度来看，财务风险时刻存在，为了使企业在完善自身发展的同时更好地应对企业风险，企业管理者应在了解企业风险形成路径的同时，从风险事件发生的事前和事中两个角度出发，争取做到事前完善，落实财务风险预警，事中干预企业风险，在防范和避免企业财务风险的同时，提升企业绩效。

（一）企业财务风险预警机制

企业财务风险预警机制可以通过向量回归模型来进行制定，在这一过程中，企业管理者应根据企业实际情况对财务绩效值进行设定，通过调节财务风险因素参数，得出财务绩效预测值。调整参数值可以将财务风险调整到一个理想化状态。以期望财务绩效值作为临界值，并以财务风险指标对应财务绩效，综合分析两者之间的关系，并根据实际情况进行最大值和最小值设定。在未来的生产经营过程中，企业应尽可能地根据企业财务风险预警机制，规定数值内容并保障绩效达标。

（二）流动性风险干预

对企业的流动性风险进行干预，可以在一定程度上减少企业资金链断裂、无力偿还到期负债等问题的发生。加强企业流动资金管理，在企业项目管理中，通过调查论证、科学测算、施工管理以及资金核算等环节，充分利用企业资金，在实现资金高效运转的同时预防企业风险。将流动性风险干预应用到企业的多元化投资中去，保障企业资金流动性，促使企业实现可持续发展。控制资金周转性，同时尽可能对企业资金来源渠道进行优化。提升企业偿债能力，必要时为企业资金争取调度时间。除此之外，还应重视存货和其他流动资产的管理，通过有效干预，达到减少企业流动性风险的目的。

(三)规模性风险干预

规模性风险干预主要集中在企业融资方面,企业在发展和扩大过程中,融资规模在不断扩大,这一时期企业应注意以合理的方式开展融资活动,并结合企业财务管理制度加强资金管理。在实际企业发展中,部分企业投资存在投资量大、投资周期长和回款期慢的特征,而规模性风险对企业的影响较大,企业单一依赖自有资产难以解决规模性风险。因此,企业在融资之前应做好准备活动,首先,企业管理者应根据专业人员对企业发展做出的评估和财务管理部门编制的预算合理项目资金表,结合科学预算保持谨慎的投资和融资态度。其次,拓宽融资渠道,融资可以由银行、资本市场或社会资本等多种形式组成。在多元化融资的过程中,对资金融资情况实施有效监管,充分发挥不同融资渠道的优势,在降低融资难度的同时节省融资费用,减少或缓解企业的融资风险。在对企业的规模性风险进行干预的过程中还应注意,对企业其他指标进行综合控制,重视风险指标控制,从实质性的角度出发提升财务绩效。

(四)管理性风险干预

管理性风险干预一般由两部分组成,一是成本费用控制,二是现金流量管理。从成本费用控制角度来看,企业项目在发展过程中首先应建立作业体系,在此基础上确定标准和成本,部分企业的生产流程呈现生产工序多且复杂繁乱的情况,在企业管理过程中形成成本控制机制,可以有效降低企业低效率作业或无效率作业现象产生的概率,而成本控制机制建立在工程项目工作分解的基础之上,自上而下逐级划分工序,梳理成本控制机制并有效改进低效作业的情况。以作业成本动因合并的形式淘汰无效作业,对作业体系进行优化,建立作业标准成本体系。建立标准成本体系可以帮助企业管理者发现会计核算中存在的问题,与此同时,提出问题解决方案,在这一基础上综合提高问题解决的效率。

从现金流量管理角度来说,风险干预,首先应将企业收益增长和应收账款增长作为主要目标,结合企业项目特性和付款方式,对企业的应收账款进行管理。重视企业现金流量管理,提升企业应收账款的能力,促使企业能够保证现金流的正常,为企业实现可持续发展提供保障。其次还应重视税收改革前提下企业税收资金占用的变化情况,从多角度出发缓解企业融资困难,降低企业现金流管理风险。

二、企业风险绩效管理的优化策略

在开展企业风险绩效管理的过程中,结合财务管理内容和管理流程,企业管理人员应以完善绩效评价流程的形式,来提高绩效目标的明确性和绩效分配的合理性，以科学的评价和有效的反馈，来对企业风险绩效管理进行初步优化。在企业风险或相关项目风险发生后，从财务角度出发结合企业具体战略制定能够应对风险的策略。一般来看，企业比较常用的财务风险应对方式有风险对冲、风险承担、风险转化、风险规避以及风险转移，企业管理人员可以通过对风险事件的合理应对，达到提升财务绩效的管理目的。

（一）完善绩效评价流程

企业绩效评价流程的完善一般需要通过四个步骤来实现：一是设定合理绩效目标说；二是目标的各层级逐步落实；三是科学开展绩效考评活动；四是及时进行绩效反馈。

1.设定合理绩效目标

设定合理绩效目标，首先需要企业管理人员根据企业现阶段的发展水平，市场宏观外部经济状况，从实际角度出发确定现阶段可行的管理目标。在绩效目标设定的过程中，可以将经济增加值的计算数值作为目标，在此前提下以计算的方式快速得到预期经济增加值下限。科学合理设定绩效目标，目标设定不宜太高，以免打击企业员工的积极性，目标设定也不宜太低，应在合理范围内激发员工积极性，充分调动企业员工的工作热情。

2.目标的各层级逐步落实

企业在生产和经营过程中，存在着大量的分包体系关系，如企业总部和下属分公司之间的关系，绩效指标应从企业总部下发到企业的分公司和各组织部门之间，从基层开始逐步落实目标内容，以此来对绩效目标进行完善，并为绩效目标的落地实施提供有效保障。

3.科学开展绩效考评活动

科学开展绩效考评活动即以多样化的考评方式来提高考评活动的公平性，如将单一年度指标考评替换为月度、季度以及半年度指标考评，指标设定应与相对应的期限相关。从多角度对企业财务绩效经济增加值的最终值进行比较，一是对企业经济增加值最终值数值大小进行比较，二是对企业经济增加值的增长率进行比较，根据企业部门的实际情况，制定合理考核区间，结合科学的考评方法，提高企业绩效考评活动的有效性。

4.及时进行绩效反馈

在做好绩效考评工作后，企业还应对考核对象存在的问题进行综合分析，从科学角度出发下令整改，并为其提供一定的整改帮助。引导下属组织或部门以检讨的方式重新审视自身考核机制，从绩效考核机制的完善度、科学性和合理性的角度出发，减少绩效考评的设计缺陷。设置申诉制度，当考评工作面对质疑时，需要以二次考评的形式来满足企业员工的申诉要求，及时结合绩效反馈，改进考评工作中存在的问题，在综合提高企业绩效管理效率的同时，结合反馈结果综合提高绩效管理质量。

（二）对冲流动性风险

当企业经营产品涉及跨国交易时，企业财务经常会存在外汇和存货两种流动性资产风险，为减少或避免企业的流动性资产风险，可以通过风险对冲的形式来进行积极应对。外汇风险的对冲需要以购买外汇衍生品、储备等值外币或设立境外公司或分支机构的形式，减少国际贸易汇兑损失，以此来达到风险对冲的目的，降低企业流动性风险。存货风险主要存在于企业大宗商品采购中，当企业在外采购大宗商品时，国际市场情况对其价格会产生一定的波动性影响。企业可以利用期货的形式，以相当的数量做反方向交易，改善供求关系，以期达到存货风险对冲的目的。

（三）转移规模性风险

转移规模性风险一般存在于大型企业中，当企业进行基础设施建设时，规模较大且涉及的项目众多，规模性风险需要以转移的方式来达到降低风险的目的。风险转移的方式一般有两种，一种是向保险公司投保，另一种是非保险型风险转移。例如，在基础设施建设过程中对天灾、不可抗力等因素进行投保，在企业大型设备引进的过程中，结合经营租赁的形式进行固定资产引入，减少因固定资产的专用性较强，导致资产闲置情况的发生。总而言之，转移性风险主要指的是企业在发展过程中，以较小的成本去避免较大财务风险的策略，财务风险依旧存在，但转移规模性风险可以将财务风险进行有效转移，降低自身财务风险，促使企业在扩张的同时，综合提高自身财务绩效管理水平。

（四）转换管理性风险

为减少企业的坏账风险和催收成本，企业可以以应收账款保理的形式，将部分赊销金额转让给银行，以此获得流动资金，有效缓解企业的筹资压力。在这一过程中，企业应能够保证应收账款保理资金远低于银行贷款成本，结合自身银行授信，最大限度获得现金流。在进行应收账款保理的同时，企业应从多角度出发尝试应收账款债券化的风险转移方式，以持有证券的形式分散风险，在强化现金流管理的同时，保障企业现金流的充足，以债券筹资风险来代替应收账款的流动性风险，可以将企业不可接受风险转化为可接受风险，以此来实现企业风险结构的平衡，在一定程度上完善企业应收账款的管理制度，以科学合理的方式进行企业成本管理和现金流管理，缓解企业风险，综合提高企业的绩效管理水平。

第四节 企业风险绩效管理评价体系设计

一、风险绩效评价指标设计原则与指标筛选

（一）风险绩效评价指标设计原则

风险绩效评价指标设计关系到企业风险绩效评价体系的构建质量，在风险绩效评价指标的设计过程中，应遵循以下几个原则，以此来保障企业风险绩效评价的准确性和客观性，促使企业风险管理更加科学，便于企业根据自身风险管理能力的情况对企业发展战略进行及时调整。

1. 科学性原则

科学性原则主要指的是在指标体系建设过程中，从科学的角度出发，促使企业风险绩效评价体系能够从真实层面，反映企业内在风险与绩效的管理规律，在专项调查和及时考证的基础上，采用定量与定性相结合的方式，对企业管理风险能力和绩效体系建设情况进行准确反映和有效描述。

2. 可获得性原则

可获得性原则一般指的是在指标体系的构建过程中，遵循成本收益原则，尽可能地利用评价工具，在统计信息资料的同时对资料进行有效利用。除此之外，指标中的定性指标应具备等级分明的评价标准，指标设计力求直观简单，具备易于判断的特性，并兼具社会共识。

3. 有机性和互斥性相结合的原则

指标体系由多个个体指标构成，个体指标之间应具备一定的联系，既相互独立，存在一定的互斥性，又相互联系，能够在互相结合的前提下，体现完整内容。指标之间很难完全独立存在，在实际评估中针对企业某具体实际绩效风险管理情况进行调查与评价，需从不同角度出发设置指标内容，填补指标本身在企业

绩效风险管理中的劣势，在相互弥补的前提下进行相互验证。

4.相对完整性原则

相对完整性指的是指标内容应涵盖多种风险绩效因素，评价应以企业风险绩效管理为中心点，结合数据内容对影响企业风险绩效的相关因素进行评价，结合内部指标和外部指标，综合利用财务指标，提高指标体系的完整性。

5.通用性原则

通用性原则指的是不同类型企业之间，指标体系的通用特性，企业风险管理体系应能够容纳多种重点风险管理内容。在通用性原则的要求下，综合制定广泛而又能够适应不同类型企业的指标内容。

（二）风险绩效评价指标筛选

风险企业与传统企业有着很大的不同，绩效影响因素多样，风险企业一般有着高技术含量的特征，在这一前提下企业风险较高，部分企业存在资本持有者参与企业管理的情况，这对企业的发展和管理有一定的影响。企业的高技术含量特征说明企业正处在一个创新发展阶段，拥有较大的发展潜力，投入较多风险较高但预期回报和预期收益也相应较高。结合风险与绩效之间的关系，进行风险企业绩效评价指标体系的设计，企业风险绩效评价指标的筛选一般可以从五个方面入手，即企业管理能力、风险效益、科技水平、财务效益和市场环境。

1.企业管理能力

企业管理人员的能力对企业发展和风险规避具有重要作用，优秀的管理人员是企业不可或缺的资源，可以有效提高企业在市场中的竞争力，帮助企业少走弯路，实现快速发展。企业管理者的管理能力与其受教育水平、工作经验、年龄和综合管理能力等有关，最终以综合反映企业的管理水平的方式，体现在企业管理环节中。当企业管理者重视技术发展忽视控制管理时，企业管理呈现落后趋势，企业市场竞争力开始下降，严重时可能会出现企业管理危机。因此，在企业的风险绩效管理中，企业管理者的素质是风险绩效评价的重要标准。企业管理者的素质评价主要由其敬业精神、知识背景、道德品质、创新学习能力、组织协调能力和团结协作能力等多个要素组成。从指标可获得性的角度来看，指标获取以管理者的经验水平和教育水平两个指标为主。企业管理水平除受企业管理者影响外，企业员工也对企业管理水平的提高具有重要作用。从实践角度来看，企业员工的素质越高，企业管理活动进行得越顺利，因此在企业管理能力综合提升的过程中，应综合考虑提高企业职工的受教育水平。综上所述，应将企业管理者经验、管理者受教育水平和企业员工的受教育水平作为管理能力绩效评价指标的主要内容。

2. 风险效益

当企业创新程度较高时呈现风险增加效益增加的特征，企业开拓全新领域，以研发的形式获得多个专利，则可以有效增加企业的无形资产，促使企业在未来发展过程中成为创新型企业，增加企业的科技核心力量和经济效益与价值。在全新领域中，企业需要投入大量资金来进行科技研发活动，当企业处在新的阶段时，自身基础比较薄弱，与此同时技术、市场和环境等方面存在较大不确定性，而在新技术研发方面，机遇与风险是成正比的，在风险极高的前提下，企业遭遇研发失败是一种常态；当企业研发成功，机遇随之而来，未来效益发展空间极大。企业一般具有专业的风险投资机构，在开展投资活动前投资机构会对企业风险进行专业评估，找到最大限度降低投资风险的方式，如以联合多个风险机构进行联合投资的方式，减少单一企业的投资风险。提升企业应对风险和解决风险的能力，可以提高企业获取收益的机会，在市场竞争过程中应对风险并解决风险，减少企业损失，促使企业健康发展。综上所述，在风险效益这一关键因素中，将企业风险投资持股总数、企业信息披露和风险投资公司数量作为主要指标。

3. 科技水平

以科技创新为基础的新型风险企业的不断发展，使得科技创新成为企业发展的必然路径，科技创新可以为企业带来盈利，提高其市场竞争能力，但是在发展过程中也存在一定的隐患。科技创新能够以技术进行创新的手段来获得更多的市场，减少企业生产经营过程中的资源耗费，因此科技水平应作为企业风险绩效评价的一个重要指标。企业的科技创新水平主要从两个方面来进行综合反映，一是产出方面，二是投入方面。从研发产出角度看，以企业在某一特定区间内获取的专利权为主要评价指标；从研发投入角度来看，以企业研发人员的比例和研发费用在营业额收入占比为主要评价指标。

（1）每千人专利权。企业发明专利以一段期间和每千人为基数来进行衡量，专利数包括报告期内获得或申请的授权发明专利、国外各项发明专利等。

（2）研发投入比例。研发投入比例即研发投入占企业营业额总收入之比，具体计算公式为：研发投入比例 = 研发投入 / 营业额收入 ×100%。

（3）研发人员比例。研发人员比例即企业的研发人员占企业员工总人数的百分比，具体计算公式为：研发人员比例 = 企业研发人员 / 企业员工总人数 ×100%。

4.财务效益

企业发展的目的是获得财务效益,财务因素对企业风险具有重要影响。财务效益主要以企业盈利能力、经营能力、成长能力以及偿债能力来进行综合评价。

(1)盈利能力。企业股东和实际债权人所关注的企业核心问题是企业的盈利能力,盈利能力代表了企业的获益能力,能够在一定程度上对企业的未来发展情况进行预测,并在此基础上直接反映企业的投资价值。能够体现企业盈利能力的指标一般包括净资产收益率、主营业务利润率和销售利润率三个方面。

(2)经营能力。企业经营能力可以在一定程度上对企业资金运用能力进行反映,因此经营能力要素中,以企业的总资产周转率、存货周转率为主要指标,对企业风险经营能力进行评估。总资产周转率代表企业资金运用效率,对企业发展来说,大量资金的投入代表着一定的风险,因此企业资金使用效率是企业风险的重要评价指标,企业可以通过提高企业资金使用效率的方式,最终达到有效提升企业利润创造力的目的。存货周转率可以对企业产品销售情况进行综合反映,便于企业管理者根据企业产品销售情况综合对风险情况进行有效判断。

(3)成长能力。企业成长能力即发展能力,可以在一定程度上对企业的未来发展方向进行有效反映,这也是企业实际持股人和管理者最关心的问题。从企业成长能力角度来看,将企业每股净资产增长率、企业无形资产占企业总资产的百分比、企业营业利润增长率等指标作为企业发展的重要评价指标。从企业内部发展的角度出发分析企业潜在风险,将企业风险与企业成长进行有效结合,对构建企业风险评价指标体系具有重要作用。

(4)偿债能力。当企业处在创新发展阶段时,需要大量的资金投入,与传统企业相比,债务资金在总资产中占比要更高,从企业的偿债能力入手可以对企业的生存状况和资金情况进行有效判断。例如,通过企业偿债能力判断企业发展阶段的信誉状况和抗风险能力,设定财务警戒线,便于企业管理人员在关注企业财务状况的前提下及时采取相应的措施。在对企业偿债能力进行综合分析的过程中,应从企业自身速动比率、现金比率和资产负债率进行综合分析,并以企业债务占比企业总资产的计算方式,对企业的偿债能力和财务状况进行数据结果的直观呈现。

5.市场环境

企业的生产经营与发展都是基于市场环境条件进行的,产品生产应符合市场需求,产品服务应跟上需求发展。企业获得的市场份额越大,所能获得的现金流和经济效益也就越高,在这一前提下,稳定企业的现金流收入可以有效增强企业的发展能力,促使其形成规模经济,帮助企业获得可持续发展。当企业产品受市场欢迎时，产品价值得以体现，同时经济效益将会与预期增长相一致，由此可见，在企业风险绩效管理中，市场份额可以对企业绩效进行有效反映。企业在发展过程中面临着复杂的市场环境，不仅要应对竞争对手，还要受政府调控和影响。科技能够带动社会前进，在国家的大力扶持和推动下，高新技术企业获得了优惠政策，风险企业中的高新技术产业必将受到影响。

二、现代企业风险绩效管理评价体系的构建

（一）设计思路

从企业的内部结构来看，企业是由多个部门构成的一个复杂系统，企业的活动受内部、外部等多种因素影响，因此风险绩效管理评价体系的构建，应从多角度综合多方面的因素进行综合分析，以确定评价主体、客体，设定评价目标，根据评价标准确定评价方法，最终得出评价报告。评价主体指的是企业相关利益人，从企业角度来说，一般由专门的风险管理内部部门和工作人员作为评价主体。评价客体需要依据评价主体来进行确定。企业风险绩效管理是一个多元化的管理过程，需要企业各部门在相互作用的同时，进入企业风险绩效管理的流程控制。企业各层级的风险管理人员应提升自身素质，在遵循企业风险管理理念的同时，发挥风险管理机构的职能，提高风险管理机构的运作效率。评价目标是以企业目标为基础制定的，企业目标与评价目标应保持一致，以实现企业价值最大化为目标，提高企业利润，降低企业管理成本。企业在风险管理的过程中可以通过评价客体的评估报告，帮助企业主体进行评价目标的分级调整。企业风险绩效管理评价体系的设计思路如图6-3所示。

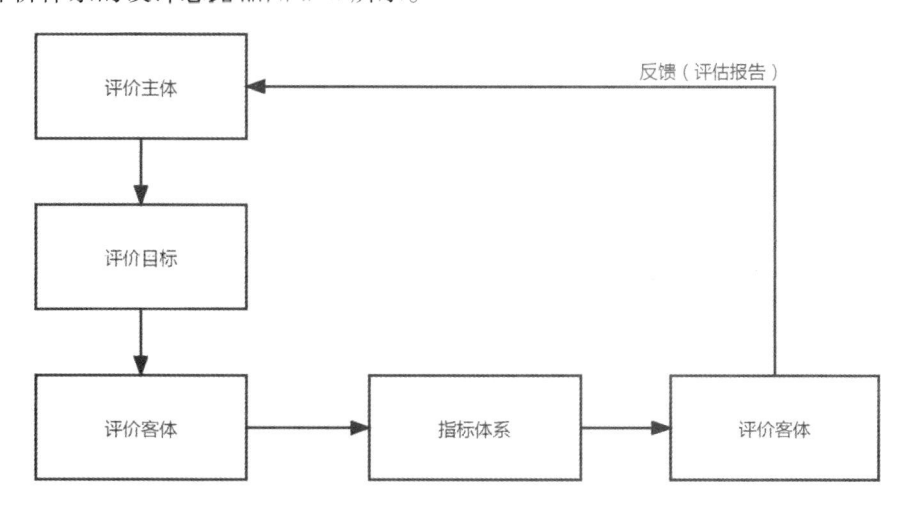

图6-3 现代企业风险绩效管理评价体系设计思路

(二)评价等级

评价等级的确定,可以帮助企业内部风险管理人员,快速编制风险绩效管理评价体系。从企业风险绩效评价等级理论内容来看,本小节内容将企业全面风险绩效管理划分为四个评价等级,如图6-4所示。

图6-4 企业全面风险绩效管理评价等级

1.片段执行级

片段执行级,顾名思义,指的是执行过程中比较零散的片段管理过程。企业风险绩效管理存在不确定性,且结果不可预测,片段执行级指的是对风险绩效管理活动中风险的部分执行的被动反应计划。主要表现为企业并未设置专门的风险管理机构和风险管理责任人,风险绩效管理责任由企业实际管理人员担任,在这一情况下,企业内部并未形成风险绩效管理文化,员工风险意识比较淡薄。

2.重复管理级

重复管理级由专门的兼职机构进行企业的风险绩效管理活动,这一评价等级一般应用在企业对风险绩效具有一定认识的前提下,企业管理者重视风险绩效管理,为提高企业风险绩效管理能力而安排兼职管理部门。兼职管理人员可根据自身专业素养对企业的重要业务流程和环节进行风险识别,制订应对计划,在经验总结和归纳整理的同时,对企业关键部门和重要业务流程进行二次风险管理,帮助企业构建初步的风险绩效管理框架。重复管理级标志着企业开始重视风险绩效管理,但框架体系尚处于初步建立阶段,风险绩效管理存在不够统一的情况,程序设计和使用过程仍处于混乱状态。

第六章 风险绩效在现代企业财务管理体系中的具体应用

3. 巩固管理级

在巩固管理级阶段，企业建立了相对专业化的风险绩效管理机构，记录企业风险绩效管理内容和处理结果，最终以形成风险管理文档的形式进行资料存储，企业风险管理系统逐步标准化。在这一阶段，企业根据自身的具体任务，制定了风险识别和应对方法，并制定了相对应的绩效管理方法。风险管理呈现制度化和标准化特征。

4. 卓越运作级

当风险绩效管理达到理想化级别时，即形成可量化的风险绩效方法，企业在管理过程中不断对风险绩效的管理模型进行优化和创新，则达到了卓越运作级别。在卓越运作级中，企业在遵循成本效益原则的前提下，在云因环节中通过风险识别、评价和控制，结合绩效管理内容，为企业制定风险量化指标，及时发现并弥补企业风险绩效管理体系中存在的缺陷。在这一过程中，企业风险绩效管理体系逐渐完善，且逐步创建了良好的企业风险绩效管理氛围。

（三）企业风险绩效评价指标体系的构建

1. 指标的划分

在对风险企业绩效评价指标进行分析的前提下，构建评价指标体系。将评价指标体系以一级指标、二级指标和三级指标的形式进行细致化区分。

（1）企业管理能力。管理能力作为风险企业绩效评价指标体系的一级指标，下分二级指标为企业管理层的经验水平、管理层受教育水平和员工素质。在此基础上进行三级指标划分，三级指标为管理层平均年龄、管理层平均受教育程度和大学专科以上员工比例。

（2）风险效益。风险效益作为风险企业绩效评价指标体系的一级指标，下分二级指标为风险投资持股总数、风险投资公司数量、持股性质和企业的风险应对能力。在此基础上进行三级指标划分，三级指标的内容与二级指标的内容保持一致。

（3）科技水平。科技水平作为风险企业绩效评价指标体系的一级指标，下分二级指标为专利数、研发人员比例和研发投入比例。在此基础上进行三级指标划分，三级指标的内容依旧为专利数、研发人员比例和研发投入比例。

（4）财务效益。财务效益作为风险企业绩效评价指标体系的一级指标，下分二级指标为盈利能力、经营能力、成长能力和偿债能力。在此基础上进行三级指标的划分，盈利能力可具体划分为主营业务收益率、净资产收益率和销售净利率，经营能力的三级目标可具体划分为总资产周转率和存货周转率，成长能力的三级指标可具体划分为每股净资产增长率和营业利润增长率，偿债能力的三级指标可具体划分为企业资产负债率、速动比率和现金比率。

（5）市场环境。市场环境作为风险企业绩效评价指标体系的一级指标，下分二级指标为市场规模和市场政策。在此基础上进行三级指标划分，三级指标的内容为市场规模和政府补贴。

2.层次分析法绩效评价指标体系的确定

（1）层次分析法。层次分析法是一种基于多目标决策的评价方法，这一方法主要是通过多目标问题中的多元素进行判断，以转化和对比的形式依据评价重要性进行排序，最终得到各元素权重比例的一种方式，可以以定量和定性相结合的方法，从科学角度出发对多元素进行综合分析。但是在实际使用过程中，层次分析法也存在一定弊端，如无法以统一单位的形式对多个评价对象进行有效折算，数值无法进行有效比对，判断的准确性对管理者和决策者的经验和主观思想依赖较大，其评价结果的公正性难以得到有效保证。

（2）层次分析法的步骤。以层次分析法的形式来构建绩效评价指标体系，一般需要经过五个步骤，即明确目标和构造层次、建立判断矩阵、计算判断矩阵、一致性检验和层次总排序。

①明确目标和构造层次。明确层次结构是解决问题的前提，在模型构建过程中，同层元素对下层元素进行支配，同时又受上一层元素支配。复杂问题和结构由元素组成，并且按照自身属性及与结构之间的整体关系形成层次内容。在层次分析法中，每层次的元素内容不宜过多，不能超过9个。目标层有且只有一个元素，中间层一般由多个层次组成，且涉及多个子元素。最后是因子层，因子层也可以被称作方案层，即可供选择的实现目标的措施、解决方案等。

②建立判断矩阵。在确定判断矩阵的过程中，首先应判断指标的重要程度，在这一过程中可以采用问卷调查法，也可以采用数学分析法。两种方法中一般以德菲尔专家评分法进行指标重要度判断。德菲尔专家评分法即让不熟悉情况的专家进行调查，在明确发表个人意见的同时整理并形成结论的一种方法。在这一方法中，参与专家不可互相交流，且以匿名的方式参与活动，会议讨论具有绝对的自由性，这一方法可最大限度屏蔽会议中出现的心理因素干扰情况。

③计算判断矩阵。计算判断矩阵，通过调查活动，构造目标对象并以计算的形式对矩阵进行判断，即以综合计算的形式得出某一具体因素与其下级因素的重要性程度，与上级因素相对应，重点计算子因素之间的权重数值，最后以求和法、根法、特征向量法和最小二乘法等方式求出目标权重值。

④一致性检验。一致性检验即通过判断矩阵，以数学化的方法来对主观问题

进行判断，简化问题分析过程，提高分析效率和准确性。在这一环节中，判断思维应保持一致性，即判断指标应与结果协调一致，当出现不一致的情况时，若通过精确计算仍无法达成一致，则在层次分析法中舍弃专家判断。

⑤层次总排序。层次总排序即以阶梯形式自下而上进行逐层计算，以计算的方式得出底层因素和高层因素的相对重要性，并依据其优势和劣势进行总的排序。

（3）评价指标权重值的确定。以层次分析法的形式来确定评价指标值，一是采用问卷调查法，即让熟悉企业发展情况的专家进行判断；二是利用德菲尔专家分析法，即让不熟悉的专家通过调查后，提出意见并整理相关结论的一种方式。在这一过程中，参与问卷调查的专家彼此之间不能交流，且以匿名的形式参与活动，因此这一方法可以有效减少心理因素的干扰，体现评分的公平性。结合指标层级具体内容填写数据，并进行综合分析，确定评价指标权重值，得出相应结论。

第七章 预算绩效在现代企业财务管理体系中的具体应用

预算绩效管理是现代企业内部管控的一种重要方法，可以通过预算对企业内部的各部门进行管控，对企业的财务以及非财务资源进行综合分配，结合考核、控制等手段，对企业的生产经营活动进行组织和协调，最终达到完成企业经营目标的目的。现代企业预算绩效管理，是将预算与企业绩效进行有效结合的一种管理方式，不仅可以综合控制企业经营成本及经营风险，还可以达到提升企业经济效益的目的。企业预算绩效管理通过对企业人力、物力和财力等资源的整合，结合经营目标制订绩效计划，通过绩效管理的方式，达到企业降本增效的管理目的。本章从预算绩效的基础管理知识和管理特点出发，对预算绩效管理的目标设定和基础步骤进行综合学习，构建企业预算绩效管理体系框架和设计流程，总结预算绩效的优化策略，并对企业预算绩效管理的保障措施进行探究性分析，从而达到整合化的学习目的。

第一节 企业预算绩效管理目标设定

一、企业预算绩效管理的基础知识

（一）预算绩效管理的概念

企业预算绩效管理将"预算"作为对象，[①]以绩效目标为最终结果导向，编制预算内容，通过有效执行、监督评价等手段，综合开展绩效管理活动，将绩效管理理念与常见的绩效管理方法有机结合，形成一种全新的预算管理模式。预算绩

---

① 徐为东. 全面预算与财务绩效评价管理融合 [J]. 中国集体经济，2016（3）：125-126.

效管理的内容，主要包括以下几个方面。

第一，预算绩效管理的核心是预算管理，通过融入绩效管理的理念，借用绩效管理方法，对当前企业的预算管理模式进行有效改革，完善体系制度内容，体现管理的多元化思想。

第二，预算管理以结果为导向，并结合预算的编制内容和执行情况，在有效监督的前提下，进行绩效目标的确定。根据绩效目标开展一系列的预算活动，保障企业整体目标的顺利实现。

第三，将强化支出责任作为预算绩效管理的核心内容，关注企业资金支出情况，在资金支出的情况下监督实施效果，以责任到人的形式追求无效责任，综合提高企业财务部门和预算部门的责任意识。

第四，预算绩效管理一般由四个环节组成，即绩效目标管理、运行监控、评价实施和结果应用，以环环相扣的形式形成管理闭合回路。

第五，企业预算绩效管理可以在改进预算管理的同时，对企业成本进行控制，优化企业资源配置，合理配置企业资源，实现经济利益和社会效益。

（二）绩效预算管理的特征

1. 战略性特征

绩效预算一般从企业战略的角度出发，为实现企业战略，确定绩效预算管理内容。在这一过程中，绩效预算应综合考虑企业的生命周期，如在关注企业短期经营活动的同时，重视企业的长期目标。根据企业的长期发展战略制定短期预算指标，有效增强绩效预算编制与战略指标的一致性，最终达到企业预算管理为长期发展目标服务的预算管理目的。

2. 系统管理性特征

绩效预算管理的控制体系比较广泛，能够对企业全员进行控制和预算，将全部的企业资源纳入预算管理体系中，在综合整理企业资源的同时，将有效的资源合理分配。通过绩效预算管理使其具备一定的互通性，来对企业资源进行综合协调，在减少资源闲置现象的同时，使企业资源流动起来。

3. 标杆性特征

企业绩效预算管理可以有效衡量企业经营业务和财务收支活动情况，提供衡量标准且发挥标杆作用，促使预算主体根据目标付诸行动和努力。

（三）预算绩效管理在企业绩效评价中的作用

1. 业绩考核调动员工积极性

企业预算绩效管理，根据目标利润进行预算目标的分解，以目标分解情况将预算目标作为依据进行下属各部门目标的考核，实际情况与预算目标进行对比，对员工进行精准的业绩考核，调动企业员工的工作积极性，促使其在接下来的工作中发挥出自身价值。[1]

2. 保障考核结果的真实性

在预算绩效管理中，预算绩效管理为员工绩效考核提供了参照值，管理者可根据预算目标分解、各部门的预算目标执行情况，对绩效考核体系不断修正和优化，保证考核结果与企业发展整体目标的一致性，结合奖金、利润分享以及股票期权计划等奖励方式，建立并完善奖励机制，在提供考核参照值的同时，保障绩效考核结果的真实性。

二、企业预算绩效的目标设定

（一）预算绩效目标的设定依据

预算绩效目标的设定首先应遵循相关法律和规章制度，结合国民经济发展要求以及社会发展总体规划等内容，要求预算绩效目标在符合国家法律和行业法规的前提下，遵循国家宏观调控总体要求，制定具体的预算绩效目标。[2] 根据企业不同职能分解预算绩效目标，根据企业整体战略目标制定企业整体中长期发展规划，如季度、年度工作计划，规划企业现行项目，并根据历史标准、行业标准及计划标准等，综合建立绩效管理体系，结合预算的形式，保障绩效管理与企业总体发展目标的一致性。

（二）预算绩效目标设定的具体步骤

预算绩效目标设定的具体步骤如图 7-1 所示，包括整体梳理支出职能、确定预算管理目标、提炼预算绩效指标和设定预算绩效标准。

---

[1] 李蔚玲，曾诗云. 企业财务绩效管理的质量提升策略的分析 [J]. 现代经济信息，2019（9）：213.

[2] 徐为东. 全面预算与财务绩效评价管理融合 [J]. 中国集体经济，2016（3）：125-126.

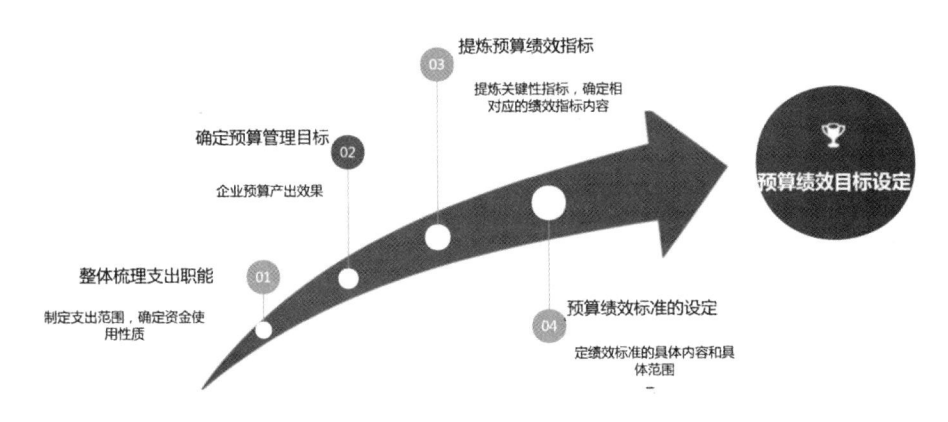

图 7-1 预算绩效目标设定的具体步骤

1. 整体梳理支出职能

支出职能应包括部门职能这一要素，结合预期投入和目标，制定支出范围，确定资金使用性质，并以此为基础开展预算目标的实施活动，通过分解预算目标确定各部门的工作任务、管理对象和绩效收益对象等。

2. 确定预算管理目标

预算管理目标即预算目标，具体指的是企业通过预算绩效管理所能达到的产出效果。在确定总体目标和年度目标的前提下，以定量或定性的形式对预算目标进行详细表述。

3. 提炼预算绩效指标

提炼预算绩效指标应确定预算支出的总体绩效目标，在此前提下以细化和分解的形式确定各部门的绩效指标内容，结合各部门的具体工作职责，转化工作任务，确定工作任务所能产出的效果，对能够体现总体绩效的关键性指标进行有效提炼，根据可量化的现实条件，确定相对应的绩效指标内容。

4. 设定预算绩效标准

当预算绩效具有国家标准或行业标准时，企业应以国家标准或行业标准为主设定预算绩效标准。在没有规定标准时，企业则应根据相关数据来制定预算绩效管理体系，如以过去三年的平均值为参考依据，综合年度数值和环境条件，结合项目发展情况和部门管理情况，参考行业标准和经验标准，最终确定绩效标准的具体内容和具体范围。以项目实施进展的预期情况为依据，计算预计投入资金数额，计算并确定绩效指标的数值。

（三）预算绩效目标值的设定

1. 与企业预算进行匹配

与企业预算进行匹配，企业管理者首先应从财务角度出发对企业预算进行判断，设定相匹配的目标值，这一方法主要应用于企业投入及产出目标。从本质角度来看，投入目标相对来说比较直观，即从资金预算、预期收入以及成本要求等角度出发，可以直观地看到投入目标。与投入目标相对应的则是产出目标，产出目标一般以产出数量、质量以及时效作为指标内容，可以对资金的投资去向进行直接反映。通过预算和目标、目标值匹配的方法，可以从客观角度出发，合理确定目标值，并在此基础上对预算编制的合理性进行有效检验。

（1）预算的匹配思路。预算的匹配性分析是目标管理的重点内容，其中包含了预算的聚焦点和绩效目标与项目目标的匹配性。预算聚焦点主要是目标的实现是否合理，而绩效目标和预算的匹配性则重点对绩效目标与项目预算之间的对应性进行相应考察，重点探究两者之间的关系，并判断是否分离。

（2）预算的聚焦点。预算的聚焦点是指预算是否聚焦于目标，即最大限度地发挥出财政支出的经济性、效率性和效益性，以项目预算的形式将项目作为核心目标，结合长效管理、提高资金配套等形式全面提高企业的预算绩效。

（3）绩效目标与项目预算的关系。绩效目标应与项目预算相适应，绩效目标可为项目实施提供指导作用，同时作为绩效评价的重要因素，辅助企业管理者开展项目考核活动。从项目产出目标需要、获得并对企业项目资金的使用情况进行监控，同时结合投入目标、效果目标以及影响力等因素，对企业项目资金的合规性及合理性进行综合考察。

2. 历史借鉴比较

历史借鉴比较一般用于企业经常性的项目，经常性项目一般具有可参考的历史数据，将当年的项目绩效与历史年度中的预算、管理以及配套资源等要素进行对比，计算得出绩效目标值。

3. 地域或同类横向比较

横向比较法的前提是地域相同或品类相同，以空间为坐标，便于不同对象建立统一标准进行比较，因此横向比较中应注意，比较应以同类或同质对象为主，以统一时间或区间作为考核区间。

4.行业经验值参考

行业经验值参考需要将目标绩效值与同行业目标平均标准值进行比较和分析，在这一过程中有两个前提，即参考对象为同类项目，且已有明确的行业标准。当两个同类项目管理都没有公认标准时，通常是看两者的最终目标是否相同，并以此作为判断标准。

（四）注意事项

1.绩效目标与财政部门和预算单位的关系

绩效目标的编制，应充分考虑部门职责、规划等因素，结合绩效目标的特性，从部门职能、项目产出和部门预算的角度出发，保持绩效目标与财政部门和预算单位的一致性，同时保持绩效目标的发展性，在解决项目目标和国家发展规划矛盾的同时，从多元化角度出发丰富企业绩效目标。

2.长期目标与短期目标的关系

绩效目标申报表的完善，需要对多个年度预算和绩效管理进行有效衔接，体现长期目标与短期目标之间的关系，确定企业下属组织和各部门的职责，促使其围绕中心目标，确定部门发展方向，促使部门绩效目标能够符合企业整体的中心工作要求，在综合体现部门职能的同时，促进企业各部门的发展与企业整体发展保持统一步调。对部门工作重点和主要任务进行综合反映，并在这一过程中重点呈现出项目资金特点和部门实施的主要内容。

3.不同项目间的目标协同关系

在设计和绩效目标审核的过程中，应从不同项目间的目标协同关系角度出发，以通盘考虑和统筹规划的形式，对两个或多个项目的时间、资金和人员进行综合考虑，减少不同项目间目标出现差异与冲突现象的发生，提高企业项目运转效率。

4.绩效目标与预算细化之间的协同关系

绩效目标与预算细化之间的协同关系，主要体现在年度绩效方面。企业管理者应明确各项目的经费，并根据所达到的项目目标制订相对应的经费使用计划。根据实际情况对具体指标进行分配，保证预算编制的精确性和具体化。

总而言之，绩效目标应按照规定的流程进行制定和分解，采用合理的方式和方法，保证企业绩效目标的顺利落实，企业下属各组织和部门应在设置绩效目标的同时关注关键控制点，保证绩效管理目标具备一定的导向性和真实性，进而提高企业绩效评价的有效性。

第二节　企业预算绩效管理的流程设计

一、现代企业预算绩效运行的框架体系

从本质角度来看，预算绩效管理模式与传统预算管理模式有着很大区别，预算绩效管理将市场机制和竞争机制引入了预算管理部门，而预算编制、制订与调整的过程，是以绩效为核心开展的。绩效的运行框架体系一般由以下四部分内容组成，即年度绩效计划、绩效报告的提交、绩效评价、绩效评价结果的反馈。第一阶段中的年度计划一般指的是根据部门战略目标编制的年度预算，将结果作为绩效的导向目标，制订详细的活动计划，确定资金源。对绩效目标进行有效衡量，确保部门绩效指标在正常情况下能够符合绩效标准。第二阶段部门管理者需要向企业管理者提交绩效报告，以此来达到跟踪部门年度计划进展情况的目的。[1] 第三阶段绩效评价，是指企业年度计划绩效和实际绩效进行对比形成绩效报告，但是绩效报告由部门提供，其真实性、准确性和合法性无法进行准确衡量，一般以独立于企业之外的外部机构对绩效进行综合评价。第四阶段反馈绩效评价结果，在这一阶段中绩效评价与预算之间存在一定的关系，如绩效评价结果较好，为提高目标效率，在加强管理的同时追加预算拨款。

（一）设定预算绩效目标

设定预算绩效目标即根据企业投入资金性质，进行供应链流程管理，对资金进行动态监督，对供应链流程的财务资源进行合理分配，优化资源配置，使资金优先用于重要项目，在实现资金统一管理的前提下，保障企业效益最大化。预算绩效目标的设定应包含以下因素：申请单位、项目名称、主管部门和实施单位、项目概况、资金预算、项目绩效目标、一级指标、投入、管理、产出和效益。

（二）执行绩效跟踪监控

执行绩效跟踪监控，即在批复预算的过程中，预算部门将绩效指标下达至项目单位，在预算执行过程中，应严格按照具体指标来执行，企业财务部门结合

---

[1] 任立改. 战略导向、绿色管理与企业财务绩效 [J]. 财会通讯，2021（6）：61-65.

预算绩效管理方案,对企业项目绩效完成情况进行跟踪和监控,同时结合业务部门共同建立信息化监控平台,实现综合化的绩效监督与跟踪监控。绩效监控指标(定量指标)应包括以下要素:资金投入、实际资金到位情况、资金投入乘数、项目完结数、项目完结率、完结及时率、项目成本以及成本节约率。绩效监控指标(定性指标)应包括以下要素:项目立项规范性、绩效目标明确性、绩效指标合理性、规章制度健全性、制度执行有效性、项目的全面性、管理水平提高程度和业务流程再造。信息化的监控平台可以对绩效监控的定量指标和定性指标进行广泛收集,定量指标便于企业管理者根据相关要素对绩效监控指标进行量化,提高监控指标的可视性。定性指标则是从多个角度出发,增加监控维度,并根据相对应的监控维度制定相对应的考核标准和办法。以定量指标和定性指标相结合的形式来对企业项目进行绩效跟踪监控,能够提高监控管理的科学性,便于企业管理者从数据和事实角度出发,明确监控标准,形成合理化的监控报告。监控报告内容主要从三方面角度出发对企业现有绩效管理情况进行论述,即阶段性产出成果、存在的问题和下一步改进意见。

(三)实施绩效评价

在履行资金预算执行程序后,即项目完成后成立绩效评价小组,按照项目具体实施要求,对项目实施过程中所确定的绩效指标权重和绩效完成情况进行评分。评分应设计绩效评价表,按照具体的评分标准,结合完成项目过程中所需的资料,对绩效结果进行综合评价,以书面形式呈现绩效评价报告,整理资料内容,对上级管理部门进行反馈,帮助企业实际管理者进行管理和决策。

(四)绩效评价报告

绩效评价报告主要由五部分组成,即项目概况、项目资金使用及管理情况、项目组织实施情况和项目绩效情况。其中项目概况应对企业项目基本情况,项目用途和主要内容、设计范围,企业预期总目标等内容进行具体阐释。项目资金使用及管理情况一般从三个角度划分并进行细化分析,首先是项目资金到位情况分析,即根据企业预算资金和企业到位资金,计算资金到位率。其次是项目资金使用情况分析,确定项目资金确认支付数额,并计算支付数额对支付总数的占比,根据资金使用情况对项目管理情况进行综合分析。最后是对项目资金管理情况进行分析,严格按照《专项资金管理办法》的规定专款专用,账务由企业财务部门进行统一核算。项目组织实施由项目组织情况分析和项目管理情况分析组成,项目组织情况分析即对根据项目内容对企业下属组织部门进行相关任务分配,如财务部负责资金协调和资金监督,信息部负责系统运行和信息维护,采购部负责原材料采购和生产设备采购。项目管理情况分析即项目人，通过会议研究制订出具体的计划和实施方案，具体进行项目实施活动。企业相关财务部门根据预算规章制度，对资金使用环节进行监督。项目绩效情况即对项目完成情况进行综合分析，并有针对性地对绩效目标未完成的原因进行综合分析。

（五）评价结果反馈

评价结果反馈工作一般发生在企业项目绩效评价结束之后，由项目实施的绩效评价工作小组整理绩效报告，并上报主管部门，经企业财务部门、预算办公室和分管领导的确认和审批，形成绩效评价报告。绩效评价结果反馈的目的是考察项目支出和绩效评价工作是否符合实际，评价项目实施过程中的财务措施是否得当、组织是否科学等，从规范秩序和客观结果的角度出发，保障资金安排的充分和恰当。

二、绩效信息与预算过程的融合分析

一般来说，企业预算过程需要特定的预算程序，即根据企业的发展情况和特定的阶段，正确处理信息流量并确定具体的预算内容。预算一般包括预算准备、审查、执行和评估四个步骤，本小节从预算步骤的角度出发融合绩效信息进行综合分析，对两者之间的融合路径进行初步探究。

（一）预算准备与绩效信息

预算准备是预算的初始阶段。预算准备中预算编制为核心内容，涉及大量的准备和计算工作。企业相对应的管理部门应对收入与支出进行预测，结合企业战略进行经济筹划，制订详细的预算方案，结合预算界限限制交由企业管理者和监督者进行审查。预算准备需要具备三个前提条件，分别为计划中期展望、早作决策和建立约束。绩效与预算过程的融合即在预算准备阶段有效融入绩效信息。从相应绩效目标角度出发，对企业收入与支出进行预测，将支出方面的预测作为主要内容，对产出目标和在这一过程中产出的成本进行预测，即在预测支出需求的基础上对绩效基准和实际绩效进行预测，以预测的形式明确两者之间的距离。

在进行企业战略目标制定的过程中，年目标、季度目标和月目标的筹划均应对绩效信息进行综合考虑。预算可以有效提高企业目标的可操作性，是实现企业目标和计划的重要工具。以预算的形式结合目标导向是企业战略绩效执行的起点。企业项目预算限额的制定应考虑绩效信息，支出限额主要包括企业生产运营成本、售后成本以及设备折旧成本等，在明确限额的前提下对企业的预算支出和所达到的绩效进行计算，同时在明确相同支出成本下，对绩效目标进行综合衡量，以绩效目标为主要依据确定支出额度。由此可见，预算限额并不是以年为单位或以项目整体为单位进行设定和实施的，而是在中期基础预算的过程中，以结合绩效信息调整预算额度的形式发挥自身作用。

（二）预算审查与绩效信息

预算审查主要指的是企业相关部门对已经制订的预算计划进行监督和审查，主要的审查内容包括预算是否符合政府政策和行业要求，与企业发展目标和战略规划是否一致，当前企业现状能否满足预算计划资金，预算与绩效目标之间的关系是否明确，计划目标和结果是否可以以具体的形式进行测量。由此可见，预算审查由预算合规性审查和预算绩效性审查构成。预算审查以预算报告为主要依据，而其中的绩效信息是预算审查的基础。

（三）预算执行与绩效信息

预算执行是资源利用的阶段，企业在预算执行的过程中受到诸多因素的影响，如企业的融资信用和能力、下属组织和部门的执行能力以及规划实施中遇到的难题。预算执行应保证企业战略目标的实现，如资源配置优化、企业管理优化以及企业可持续发展。

1. 预算控制

企业预算资源投入、产出和实现战略目标是一个复杂的过程，在预算执行的过程中，需要专门部门或管理组织对其进行监控，如对投入的监控、产出的控制等。从某一层面来看，投入控制即支出控制，支出总额应与支出限额相符合。此外，支出资源转移应受到管制，保证企业在项目发展的过程中严格执行预算计划。

2. 现金管理

为保障预算的有效实施，通过有效的现金管理，使资金拨付与预算授权一致。当企业下属机构或组织无法及时提供与支出授权相一致的支出时，支出机构无法按照规定提供资金，预算无法落实，导致企业部门项目在执行过程中受阻。资金划拨的核心是现金管理，保证企业现金充足，则可以在很大程度上保障企业项目的正常运转。良好的现金管理可以有效帮助企业进行可持续发展，而有效的现金管理则可以减少企业腐败、浪费和低效率等不良现象的发生。

3. 预算会计

预算会计即为了监督预算和预算交易而形成的一个监督体制，企业的预算会计职责为监督和记录企业专用款项的使用，具体包含企业资金划拨、分配、应付账款和应收账款的变化和购买审核阶段的支出。从本质角度来看，预算会计的核算方法会在一定程度上影响预算信息的展现内容，如收付实现制中对绩效信息的体现内容较少，而权责发生制则可以对绩效信息进行更加完整的体现。

（四）预算评估与绩效信息

预算评估的主要目的是结合绩效目标对预算进行综合评价，评估的重点是对过去执行过程进行分析，总结预算执行的优势和劣势，以反馈的形式提高未来规划和决策质量。企业预算评估部门应不断提升自身的评估能力，在改进资源分配方法的同时，提高企业预算效率。预算评估过程中应体现评价的科学性，设计合理的绩效目标和考评标准，提高考评结果的真实性，同时对绩效考评结果信息进行综合应用，并将其作为后续预算编制的依据。完善预算评估体系，相应地引入激励机制，提高绩效评估结果的质量。

三、绩效信息融入预算过程的流程设计

（一）设置绩效目标管理与预算编制规范流程

在企业预算准备的过程中，核心工作是确定绩效目标，便于企业管理者依据绩效目标内容制订预算计划，同时在项目完成之后，合理开展绩效评价。企业的绩效目标管理，需要企业管理者与财务部门组织并指导，以部门或项目为单位开展绩效目标的编制、审核等工作。相应地，企业财务管理部门应及时指导下属组织和部门的绩效目标管理工作，预算部门应负责企业项目的绩效目标编制、审核以及汇总上报，并按照财务部门的审核意见对绩效目标进行修正和完善，按照绩效管理部门所设定的绩效目标，细化内容到具体项目，项目负责人承担绩效项目编制、审核以及修正等工作，在实施过程中保证项目绩效目标的实现。

（二）融合绩效信息开展预算编制

预算准备工作一般需要经历四个阶段。首先是预测，也就是对企业的收支情况进行预测，即企业在本年度的花费，结合支出需求预测绩效信息。支出包括两方面，一是基准，二是实际绩效。企业绩效筹划需要对市场、人力及环保等方面的因素进行综合考虑，结合政策重点与项目特性，体现支出的优先性，在筹划过程中融入绩效信息。例如，环保政策，当企业项目涉及环保政策时，应对当前环保管理政策进行深入了解，分析当前企业项目在环保方面的不足之处，计划后期项目的环保资金投入，只有在了解具体数据和资金支出后，才能做出具体判断。确定企业各部门的支出限额，即各部门的支出和绩效，绩效评估综合考虑绩效信

息并考察绩效目标在预算执行过程中是否有所偏离。为提高估算的准确度，部门可设置最高限额，并对项目活动支出和预期结余处理进行划分，以提高活动分配为目的，收集政策信息和市场信息，在制定企业下属组织和部门预算后，制订初步预算计划，下达预算限额，企业内部组织或部门根据预算限额编制项目执行计划，在这一过程中综合考虑绩效信息。在预算准备过程中应充分提高绩效信息的有效性，以便提高预算执行率，减少过度开支和影响企业资金使用率等现象的发生。

将绩效思想引入预算编制，需要在预算准备阶段对项目进行预测，充分发挥企业财务管理部门和行政监督部门的作用。在预算制定的过程中，应由企业财务部门进行预测，并根据各部门和各项目预算限额，对支出限额进行有效规定。在预算准备过程中，企业各部门应适当提前预算时间，在项目成立之初，快速进行预测和预算编制，排除并减少绩效管理中的盲目平衡，提高其真实性和可操作性。

（三）融合绩效信息开展预算审查

企业在预算审查过程中，应对绩效信息给予充分关注，并结合绩效信息开展绩效审查活动。在投入审查方面，预算安排应与绩效目标的实现保持统一，绩效目标应具备合理性和真实性，审查则以竞争和质询的方式开展。例如，绩效审查中对纳入预算的项目进行总结，将预算与绩效目标进行一一对应，在必要时以上一年度的支出和绩效报告为主，以绩效的形式对投入产出比进行更有效的分析，在关注投入资金和产出成果的同时，分析产出和成果之间的关系，即两者是否合理和能否实现。

（四）融合绩效信息开展预算执行

融合绩效信息并开展预算执行活动，需要对绩效预算执行顺序进行充分了解，一般来说将预算绩效执行分为三个阶段，一是强化外部控制阶段；二是内部完善控制阶段；三是管理责任阶段。从强化外部控制机制来看，外部控制机制即企业外部相关部门监督，履行政策改革和监督之责，在预算管理的执行环节，根据各项绩效信息，充分发挥各部门的监督作用，使企业项目支出和预算活动符合政策和行业法规。企业内部部门控制则表现在，建立并完善企业内部支出和采购支出，以信息公开的形式完善信息管理制度，结合外部监督控制对内部控制进行逐步完善。管理责任理念可以帮助企业管理者更好地执行企业管理政策和程序，使下属组织和部门的领导者获得相应的运作自由，根据企业整体目标和部门目标灵活分配工作任务。确定预期业绩，并将实际结合与预期目标进行比较，在此前提下强化责任关系，并强调产出结果和责任。在预算执行过程中，在遵循一般规律的同时考虑企业特有的文化、制度和特色，逐步对预算执行进行改革，以外部控制结合内部控制的形式，明确管理责任，结合管理制度和管理政策，对产出和目标结果进行有效控制。企业在进行预算执行过程中，应遵循企业财务规章制度并实行总额控制，且在有限进行资源配置的前提下综合提高企业的营运效率，预算执行为达成企业目标服务，并对企业项目的支出进行合规性控制。除此之外，在预算执行的过程中可能会遇到意外变化，当发生重大意外变故时，企业在以提高预算优先性和保障预算执行性的前提下，可以根据实际情况对预算进行调整，从绩效信息的角度出发，对预算计划执行情况进行有效判断。

（五）融合绩效信息开展绩效评估

从本质角度来看，预算评估可以有效链接企业的过去与未来的发展，促使企业在评估过程中吸取发展教训，在未来发展规划和决策中，融合绩效信息并对评估结果进行综合运用，对预算资源进行合理分配，并在对内部产出进行有效控制的同时，获得大量绩效与规划信息，为建立企业预算评估机制奠定基础。监督的关键环节包含了预算与审计，是划分企业责任的关键途径，企业在预算与审计工作过程中，应以结果或绩效为导向，从企业项目发展情况的角度出发，判断政府是否能够完成预期绩效目标，关注企业运营效率，并结合绩效信息开展审计活动。评估和审计的文件内容应对企业财务年度预算进行全面反映，突出企业财务信息，并披露关键信息，使企业股东或公众人员在了解项目整体发展情况的同时，对企业项目进度进行有效监督。

第三节 企业预算绩效管理优化策略

一、企业预算绩效指标优化

（一）预算绩效指标优化的依据

1. 预算与绩效考核之间的联系

一般来说，企业预算主要包括两部分，一是业务预算，即销售预算、生产预算、资本预算和成本费用预算；二是财务预算，即现金流量预算、利润表预算和资产负债表预算。在一定程度上预算指标可以作为企业绩效考评的依据，在企业日常经营过程中，企业管理者应认真监督预算执行情况，并根据执行情况和执行结果，总结分析预算偏差，以此来对企业的运营和管理进行综合优化，通过调整预算环节的方式，改善预算中的不合理之处，并将此作为预算绩效调整的依据，有针对性地对预算指标进行计划性调整。除此之外，绩效考核能够在一定程度上帮助企业逐步实现全面预算，促进企业战略目标的实现并保障企业预算的有序进行。企业绩效考核的结果与企业员工的自身利益息息相关，因此在预算实施的过程中对绩效考核指标进行全面优化，可以促使预算在企业各层级中进行有效落实，提高企业整体的预算执行力，在一定程度上促进企业发展。

2.员工素质考评提升服务品质

提升企业的行业竞争力主要从两方面入手，一是企业资源投入；二是企业资源配置能力。预算绩效管理可以优化企业资源，实现资源合理配置，帮助企业快速占领市场，以优化资源的形式来促进企业的可持续发展。除合理利用资源外，企业还应在内部各层级中树立良好的管理意识，提高整体管理能力，在划分部门岗位职责和权益的前提下，为提高企业的可持续竞争能力，对企业管理型和核心技术型人才进行综合培养。企业生产经营需要对产品进行控制，从客户角度出发，结合高效率、经济性等思想，满足客户需求，提升客户满意度。在具体操作过程中，应重点提高服务效率，减少企业用人成本。为达到这一目的，企业可通过规范生产线员工作业操作，对员工技术能力和操作能力进行定期考评的形式，强化员工工作能力，尽可能提高企业服务品质。

3.重视员工工作安全

重视员工工作安全，在企业产品生产过程中，企业员工需要在流水线或操作台上进行工作，前线员工需要较强的作业素质和安全意识。设备和设施在运转过程中，存在一定的安全隐患和安全风险，这就需要生产车间负责人或流水线管理者对安全工作高度重视，在有效监督的前提下，认真执行安全标准。员工安全生产管理工作不应拘泥于形式，而应在企业全员树立安全意识的前提下，预防并减少安全事故。安全生产作业企业生产的必备条件是重视员工的工作安全，需要企业管理人员从系统化的角度出发，严格遵循安全、科学、高效与精准等原则，促进企业发展和整体化建设。

（二）预算绩效指标优化的措施

预算绩效指标是企业绩效评价的核心内容，因此应符合企业发展战略，且在此基础上保持明确的权责划分界限。

1. 符合企业发展战略方向的优化

从企业预算管理角度来看，考评指标与关键预算指标的设置应符合企业战略方向，反映企业预算战略安排，在预算编制和执行的过程中发挥引领作用。考评指标以关键性指标和辅助预算指标为主，前者对预算起总领作用，后者则从企业运营的安全性、经营效果和可持续性的角度出发，对预算执行的财务与非财务指标进行有效限制。

2. 明确权责划分界限方向的优化

明确权责划分界限方向的优化具体指的是明确职责和能力，在此前提下以衡量责任人管理绩效的形式，调节责任人与上级管理者之间的关系，以有效沟通的形式，减少不良因素对绩效指标的影响。例如，上级管理者对绩效干预过多，受权力限制因素影响，绩效指标制定不够合理等，保障业绩指标的客观性。

（三）预算绩效指标的增设

预算绩效指标的增设即在原有财务指标中进行绩效指标新增，以固定资产为例，在管理过程中应具备一定的标准，明确固定资产类别、管理编号、卡盘内容和名称等事项，在进行固定资产盘点的过程中，可能会产生账目与实物管理不一致的问题，这就需要以及时修正的方式保障固定资产的有效运行。在企业固定资产控制环节增设绩效指标，以此来对企业管理制度进行有效完善。从企业运营角度来看，从安全角度出发增设考评指标，即以生产管理部门或安全监督部门记录的数据为主，增设绩效考核指标，在部门级别指标中加入作业能力他评和自评指标，根据员工对指标的完成情况划分等级，在企业运营生产过程中，始终遵循服务至上和安全第一的原则。在信息化建设方面进行指标考评的增设，如为提升企业的整体发展能力和管理能力，把信息技术的应用情况纳入预算绩效指标增设的主要考虑范围，以信息化和学习成长指标为主，对企业软实力和无形资产增长进行考核，以增设预算绩效指标的形式，对预算指标进行全面优化。从企业文化方面来看，企业文化属于一种文化现象，且在不同时期内呈现不同特征，企业的文化一般会对企业业务实践和组织情绪产生较大影响，如员工工作态度、工作行为以及工作精神等，对员工在组织生产过程中产生一定影响，因此从企业文化的角度出发，增设预算绩效指标，并将其纳入考核范围，可以从满足公司发展需求的角度出发，体现员工的业务、行为和目标价值。除可量化的指标之外，还可从不可量化的角度出发，增设财务指标，如针对企业发展的战略管理与工作任务指标，除去可量化指标内容外，通过检查和小组评分的形式，对不可量化的指标进行有效评估，将可量化指标与不可量化指标进行有效结合，全面提升绩效考评的有效性。

(四)预算绩效指标的修正

预算绩效指标的修正包含多个方面,如企业运营管理指标的修正、单独激励指标的修正、学习成长指标的修正以及转向激励指标的修正等。综合绩效指标内容,并深入探究其内部联系,从企业发展、人才发展等多角度出发,对预算绩效指标进行修正,激发员工工作积极性,在挖掘员工潜能的同时,为企业整体战略目标进行服务。例如,在学习成长指标的修正中,以增设个人绩效考核相关指标的形式,推动企业预算指标向目标方向前进,对企业管理层、下属组织部门和员工日常活动进行有效监督,依据绩效考核内容制定奖惩措施,以监督和激励相结合的形式,激发员工工作的积极性,促使预算绩效目标的有效实现。

二、企业预算绩效管理整体优化方向

(一)强化企业绩效管理理念

1.企业绩效管理理念

企业绩效管理理念从大的绩效观角度来看,主要分为三个层次,第一个层次是企业绩效,主要因素为利润率、员工回报率、顾客满意度、股东回报率以及企业对社会的贡献等。第二个层次为部门绩效,主要要素有部门员工的开发和使用程度,以及企业下属组织部门对企业整体发展所做贡献等。第三个层次为员工绩效,主要构成要素为员工能力的开发、自我实现的满意度和对企业的贡献等。企业管理理念由多个部分组成,首先是企业战略和企业目标,这是企业管理理念形成的基础;其次是绩效计划与考核机制、绩效辅导和绩效改进;最后是绩效考核结果的综合应用和绩效机制的优化,便于企业和下属组织、部门管理者结合绩效考核情况,将绩效考核内容作为企业员工培训效果的评价和绩效薪酬的依据,结合绩效考核情况开展员工岗位调动工作和薪酬福利发放工作。

2.企业绩效管理理念的强化

在预算管理中坚持以绩效导向为主,加强企业财务管理的科学化和精细化,提高企业预算资金配置效率,以此来达到减少各部门财务收支矛盾的目的。以绩效导向为主的预算管理涉及面较广,且在企业管理中影响较大,需要运用一定的技术来完成。企业管理者首先应从思想上肯定预算绩效管理理念,以加大企业管理者和下属组织部门员工的学习力度为主,营造良好的企业文化并形成正确的舆论导向。企业内部应采取多种渠道对绩效管理的重要性进行宣传,自上而下使企业领导者、部门管理者和企业员工树立牢固的绩效管理理念,深入体会绩效管理的重要意义。其次是编发学习资料,并以组织企业员工进行业务培训的方式,促使领导和员工能够借鉴典型项目绩效管理案例,掌握绩效管理相关知识,依据相关绩效管理要求,熟练开展绩效管理工作,在形成良好绩效管理氛围的同时促进企业发展。

在企业管理过程中重点加强被管理者的绩效观念。首先,从绩效的本质和要求出发,以培训或业务学习的方式,传播绩效管理文化,并最终形成绩效文化氛围。在形成绩效文化氛围的同时,加强企业财务部门和预算支出部门的绩效管理观念。其次,企业财务管理部门应树立绩效观念,并具备超前的绩效管理意识。绩效管理的本质是绩效,财务部门的主要职责是对预算资金进行综合分配,因此预算资金效率的提高依赖于企业财务部门资金分配过程中的专业性和积极态度,企业财务管理部门的资金分配应以提高绩效为目的,在以绩效为导向的预算管理过程中,对企业财务部门人员进行培训,加深其对绩效与财务管理的理解和认识,明确财务绩效管理职责,进而发挥出财务绩效管理作用。最后,从企业资金角度出发,梳理资金与绩效之间的关系,强化财务管理者的资金利用率观念,将资金分配与工作绩效挂钩,提高企业的财务绩效管理工作质量。加强绩效文化建设,以引导和激励的形式,从科学角度出发进行管理转化,为企业整体绩效管理能力的提高提供保障。

(二)加强企业制度保障,健全管理结构

1.绩效管理制度

企业绩效管理制度是人力资源管理的核心职能,绩效管理制度的建立是为了实现科学、公正和务实的绩效管理目标,在明确划分绩效管理范围的前提下,提高企业员工的工作积极性和企业生产效率。好的绩效管理制度可以有效提高企业综合竞争力,保证企业目标的顺利达成,形成优胜劣罚的管理标准,体现公平人性的管理氛围,从这一点来看,绩效管理制度既是企业管理体系的重要组成部分,也是人力资源管理的核心保障。

2.加强企业制度保障,健全管理结构

加强企业制度保障,即在实施绩效评价的过程中,按照规范流程对企业财务支出的内容、指标、评价报告和结果进行综合评价,以制度的形式对企业绩效管理进行规范,推动企业绩效管理向科学化和规范化的方向发展。企业内部在进行绩效管理的过程中,应以探索、实践、综合和完善的心态,建立健全企业制度,在创新管理机制的前提下,推动企业绩效管理工作的顺利开展。明确财务部门在预算支出和预算计划制订过程中的职责,并成立监督管理小组,监督绩效和预算

管理过程，并根据预算绩效评价的具体方案，结合预算编制、执行和监督的过程，共同构建预算管理程序，为预算绩效管理提供保障。

企业重视预算绩效管理，首先应从企业部门组织领导方面入手，如建立健全企业管理结构，成立企业内部绩效预算组织，综合研究绩效与预算之间的关系，并在企业项目开展前，制订绩效管理工作计划，对企业下属组织和部门提出工作方面的要求，在管理者引导和部门监督的前提下，布置预算计划任务，企业财务工作人员应与各部门之间实现有效沟通，建立健全绩效管理机制，并在进行绩效评价的同时将绩效管理工作落实到企业其他职能管理机构中，做好本职工作并在此基础上为企业其他组织部门提供绩效管理保障。

（三）创新企业绩效管理方式

1. 企业绩效管理方式

在企业绩效管理过程中，绩效管理一般由企业管理者和下属组织部门开展，绩效管理人员呈现固定化趋势。从管理方式角度来看，管理方式较为单一。从科学角度出发，企业管理方式主要划分为关键绩效指标法、平衡记分法和目标考评体系等。企业可以根据自身实际情况，对绩效管理方式和管理内容进行综合创新。

2. 创新企业绩效管理方式

在企业财务与绩效管理中，评价主体是财务部门和预算部门，两者同属于企业内部评价。为丰富企业预算绩效管理方式，企业管理者还可以借助第三方评价的形式，减少评价主体的单一性，体现评价工作的公正性和规范性。在企业绩效预算管理过程中，改进预算管理并有效增强企业财务管理能力，具体体现在提高预算资金的使用效率、发挥企业绩效管理职能等方面。企业实际管理者和收益者的监督与评价，如以企业管理者和股东为主，组成审查机构，对企业财务预算进行审查，企业财务与预算管理部门应主动向审查机构汇报绩效评价的工作情况，并接受其监督。加强对企业财务审计的监督，并建立预算支出绩效评价体系，有针对性地对专业知识和技术进行学习。从相对独立性角度来看，企业审查部门应从客观公正的角度出发实施评价，在获得各方认可的同时，接受企业经销商以及客户的外部评价，以内部评价结合外部评价的方式，对企业绩效预算管理进行有效创新，在规范企业财务绩效预算行为的同时，从科学角度出发建立多元化的绩效评价管理体系。

（四）逐步推进绩效评价改革

1. 绩效评价

绩效评价指的是运用一定的评价方法，对指标和评价标准进行量化，在此基础上根据企业以及下属组织部门的职能确定绩效目标的实现程度，安排预算并对执行结果进行综合性评价。通俗来讲，绩效评价的过程即将员工的实际工作绩效同其工作绩效标准进行比较，即根据绩效的定义，对达到某种目标而采取的各种行为而形成的具体结果，绩效评价即通过预先确定的评价标准和评价程序，采用科学的评价方法，按照相应的评价标准对评价对象的工作绩效进行定期和不定期考核的一种方式。

2. 逐步推进绩效评价改革

逐步推进绩效评价改革，首先应增强企业单位部门的责任意识，以成立自评委员会的形式，帮助企业财务绩效管理人员做好自评工作，对部门绩效评价工作进行有效规范，结合监督检查的形式，提高预算绩效评价质量。科学选取企业的重点项目，并将其作为评价改革试点内容，以内部评价结合外部评价的形式，综合专业机构评价，逐步建立绩效评价改革体系，在这一过程中总结绩效评价改革工作的经验，并在总结的基础上对预算绩效评价体系进行有效完善，减少并消除绩效评价工作的盲区，加快企业预算绩效管理工作的进程，为企业绩效评价制度建设奠定坚实的基础。

第四节 企业预算绩效管理的保障措施

一、强化企业内部监督作用

强化企业内部监督作用，即在预算编制和审查、执行过程和预算调整等方面进行监督，对企业的战略发展规划进行充分讨论，并以建立竞争和质询机制的形式，指出目标不够明确和不够合理的部分，企业内部机构有权利提出质询。在日常执行工作中，企业管理者和财务管理部门应从认真听取审计报告内容，查看预订计划和目标的完成情况，探究企业项目在初始中存在的不足，严格审查企业资金的安排情况，便于根据实际情况制定应对措施，企业监督者在预算调整方面进行合规性和合理性监督。内部监督需要依靠企业财务部门对企业项目支出情况进行综合评估，财务部门兼具监督职能，转变监督理念，从传统的事前监督转化成为全程监督，在监督过程中将预算资金与绩效挂钩，便于企业实际管理者能够从绩效数据信息中快速了解到企业部门的资金预算管理情况，加强部门内部监督和信息流通，保障资金流动过程中执行信息的完善。

二、重视企业审计监督的有效性

重视企业审计监督的有效性，即在预算过程中以绩效导向为原则，规范监督和制约机制。从企业项目监督、评价等角度出发，开展项目绩效审计活动。从内容角度来看，企业绩效审计与绩效评价应保持一致，确定核心评价标准，并在此前提下承担绩效管理责任，在加强绩效导向的前提下进行预算改革，加入事后预算审计流程，对预算资金使用的合规性、经济性、效率性以及效果性进行综合评价。提高企业审计的工作效率，并促使其在设计过程中充分发挥出绩效监督作用，以调取历史文件、档案等形式，对预算过程进行绩效审计，改变审计方式并在预算管理过程中贯彻落实审计思想，建立预算编制设计制度，在企业项目预算编制过程中，严格控制审计质量，并对审计结果负责。

三、成立专业化的第三方预算管理机构

企业设立第三方预算管理机构，可以有针对性地对企业预算执行情况进行及时处理，减少分散管理过程中容易出现的管理效率低下、数据失真等情况。在预算绩效管理过程中，明确管理者、被管理者与第三方预算管理机构之间的责任，从客观公正的角度出发合理开展预算绩效管理工作。在成立专业化第三方预算管理机构的过程中，应注意管理人员应符合相应的职业资格要求，从人员构成角度出发，为专业预算管理机构配置专业化人才。专业化人才分为管理型人才和技术型人才两大类，由相应数量的管理人员和财务人员开展考核工作。从预算绩效评价、预算评审和绩效追踪等角度出发，以第三方组织为驱动，进行创新管理和运营活动。最后将财务管理作为主要载体，结合预算绩效管理对企业管理进行有效创新。

四、注重提高预算绩效管理人员的综合能力

在企业发展过程中，应综合提升预算管理者的能力，以此来为企业发展注入新鲜血液。资源预算中人才占据了主导地位，且在资源预算管理中占据一定优势，而在绩效管理过程中，预算管理人员综合素质和综合能力的高低，与企业财

务管理创新能力有着很大的关系，即企业财务人员的创新管理能力越高，企业发展和预算管理水平越高。预算管理人员综合能力的培养即以团队建设的形式，树立预算管理人员的效率和服务意识，在降低预算管理成本的同时，提高管理人员的综合能力，同时促进社会效益的形成。在预算绩效管理中，应重视服务理念。在预算绩效管理中应具备综合服务的意识，从预算绩效管理原则角度出发，做好预算绩效管理的本职工作，以此来为企业提供服务。预算绩效管理具有较强的专业性，涉及范围和领域较多，需要预算人员掌握一定的会计知识、绩效管理知识、资本运作知识、财务知识和管理知识，在了解企业发展概况的前提下，以专业知识来开展企业绩效管理工作。企业方面应加快构建绩效管理人才的脚步，以培养优秀绩效管理人才的形式，为企业预算绩效管理提供保障。一般来说，企业应做到以下几点：一是完善相应的人才培养制度，从预算绩效管理的本质出发，加强企业绩效管理人员的企业制度和资金管理培训，促使员工在了解企业相关规定的前提下，运用相关知识对预算绩效管理加以推行。二是加强相关法律法规内容的培训，绩效管理人员应在掌握与绩效法律法规相关内容的前提下，保障绩效管理工作的合法性和合规性。三是在综合预算绩效管理过程中，提高管理人员的专业能力。从当前企业预算绩效发展情况来看，需要不断提高绩效管理人员的绩效管理水平来满足企业的现代化发展。企业可以通过绩效管理知识和技能培训，辅以实际经典案例讲解的方式来对企业绩效管理人才进行综合化培养。除此之外，在企业迈入信息化时代后，相对应的企业预算绩效管理还应加强信息技术方面的培训，使绩效管理人员能够很好地适应信息化绩效管理。

五、绩效问责与成果转化

落实绩效问责，在企业内部的预算绩效管理中形成闭环结构，结合相应的企业管理制度，加强对预算执行的管理，并提高预算的到位率。根据不同的部门和绩效目标制定问责标准，以问责的形式加强企业绩效管理。完善企业绩效资金支出管理制度，除绩效预算和评价外，加入员工监督环节，即设立反馈制度，以开辟员工通道的形式，促使员工能够有针对性地对企业绩效管理中存在的问题提出质疑，预算审计中管理者可根据各部门的文件对预算执行情况进行初步了解，并根据绩效结果，对绩效总额进行有效控制，保障企业预算绩效制度的落地，保障成果转化与绩效管理政策的实施。

第八章　现代企业财务与绩效管理体系建设与应用

现代企业财务与绩效管理体系的建设与应用，主要分为两部分内容，一是现代企业财务与绩效管理体系的建设；二是现代企业财务与绩效管理体系的应用。从理论方面来看，本章内容以财务管理在绩效管理中的功能性，充分论述了财务管理与绩效管理之间的关系，将财务与绩效管理体系建设。以现代企业财务与绩效管理体系应用作为主要研究内容，在理论基础上对实践应用进行探究，再探究两者关系的同时，实现综合性应用。

第一节　现代企业财务管理在绩效管理中的功能性

一、财务管理在绩效计划中的功能

（一）绩效计划的概念和内容

绩效计划是在绩效考核初期，企业管理者通过协商确定的各部门绩效管理计划，一般由单位负责人和部门员工协商确定形成绩效计划化工作标准。绩效指标一般包括以下内容。

1. 绩效指标和权重

以绩效指标的形式，确定企业和下属组织部门的工作重点，如工作开展方向、工作进度和工作重点等，为完成企业或下属组织的目标，企业员工应从哪方面着手、完成哪些工作等。从指标关系和相应权重的角度出发，表明各工作之间的相互联系和关联程度。

2.绩效目标和标准

绩效目标和标准，即从定量指标的角度出发，对绩效目标进行明确，无法定量的定性指标，以明确的绩效标准进行衡量。

3.绩效考核评分标准

企业应具备详细的绩效考核标准，以分数的形式对绩效考核内容和员工工作完成度进行划分。

（二）财务管理在绩效计划中的功能

企业财务绩效管理的绩效计划主要由两方面组成，一是绩效管理目标的明确，二是绩效管理指标的设计。企业绩效管理目标的明确首先应从企业整体组织目标入手，将其分化为组织部门目标和个人目标，在明确分解目标具体内容和要求的前提下，有针对性地为组织和个人布置工作任务。财务管理是绩效实施的重要环节，分解财务管理内容，并从财务角度出发设置管理目标，从而以绩效管理的形式，完成财务目标计划。在设计企业绩效指标的过程中，企业管理人员首先应了解企业现状并对企业管理目标进行综合分析，总结企业各发展阶段的需求，有针对性地对目标进行分解，并在此基础上设定合理的绩效管理指标。定期对企业绩效管理目标的完成程度进行评估，并设置奖惩制度，激发员工的工作积极性，提高企业员工的整体绩效水平和工作效率。

二、财务管理在绩效实施中的功能

（一）绩效实施的步骤

绩效实施一般指的是绩效计划和绩效考核中的一个环节，在绩效管理过程中占据较多时长，但绩效实施环节是绩效管理的关键内容，直接影响着绩效管理的成败。一般来说，绩效实施包括四个环节，即绩效管理培训、绩效信息收集与整理、绩效沟通和员工辅导。

1.绩效管理培训

绩效管理培训可以有效提高管理者的绩效管理能力，并使其具备一定的绩效管理技巧。绩效管理培训的内容首先是设置目标和计划工作，在此前提下了解员工的工作背景和岗位胜任能力情况，收集绩效信息并对员工绩效进行有效衡量，在接收和回应绩效反馈的过程中克服主观评价偏差，除此之外还包括撰写考评评语、考察员工绩效、讨论员工发展以及管理员工报酬等。绩效管理培训可以帮助管理者理解岗位管理与考核之间的关系，深入了解考核的意义，明确考核的步骤，并在考核过程中掌握一定的知识和技巧。

2. 绩效信息收集与整理

绩效信息收集与整理应明确收集信息内容，如员工工作数量和质量记录、客户的表扬与投诉、考勤奖惩和日常行为记录以及绩效计划调整情况等。在明确绩效信息收集与整理内容的前提下，制定收集信息所需表格，并通过观察法、工作日志法、不定期抽查法、问卷调查法、查阅工作报表或记录等绩效信息收集方法，对绩效信息进行汇总归类和分析利用。

3. 绩效沟通

绩效沟通一般通过两种方式来进行，一是定期会议沟通，二是面谈沟通。

（1）定期会议沟通。定期会议沟通一般分为五个流程，即会议准备、强调绩效考评目的和会议议程、逐项评估分数级别、绩效诊断和商讨改进计划。业绩评估会议一般至少每年两次，企业管理者应主抓绩效评估工作，重视关键岗位的评估结果，并在会议沟通过程中，对业绩和个人能力进行充分考虑。评估结果可以以个人评估结果和改进计划、奖惩措施、企业人力资源配置情况和改进目标等形式进行结果呈现。

（2）面谈沟通。绩效面谈一般分为三类，即绩效计划面谈、绩效指导面谈和绩效考评总结面谈。在绩效面谈开始前，管理人员应确定好面谈时间和面谈场所，进行面谈资料准备并拟定好面谈程序。员工应填写自我评价表并准备个人发展计划，准备好向管理人员提出的问题，并有序安排自身工作，避免因面谈而对自身工作产生影响。绩效面谈的内容可以围绕工作业绩、行为表现、改进措施及新目标等方面开展，绩效面谈应创造良好的面谈氛围，控制好面谈的过程以及面谈时间，掌握面谈原则并综合运用面谈技巧。

4. 员工辅导

员工辅导指企业为满足人才发展需要，对企业员工有目的有计划地进行培训和培养的一种方式，以开课、内部培训等形式，综合提高员工的工作技能和素养。培训方法也多种多样，如讲授法、视听技术法、案例研讨法、角色扮演法、互动小组法和网络培训法等。

（二）财务管理在绩效实施中的功能

绩效实施环节可以有效体现财务管理在绩效管理中的功能性，实施阶段可对员工与绩效进展情况进行全面反映，便于企业管理者通过绩效实施掌握各项财务指标数据，结合绩效实施思想，对企业员工近期工作效率和工作情况进行全面分析，根据费用支出、财务票据等内容，以绩效的形式对财务人员的动作效率进行评价，将财务管理与绩效管理进行有效融合，提高企业财务管理水平，利用绩效考核，全面提高财务人员的技能和工作效率，从财务方面和绩效方面综合提高企业管理水平。

三、财务管理在绩效考核中的功能

（一）绩效考核的作用

绩效考核的作用一般包括五个方面，即达成管理目标、问题挖掘、利益分配、促进成长和人员激励。

1. 达成管理目标

从本质角度来看绩效考核是一种过程管理，即将企业中长期目标按照年、季和月进行分解，督促员工完成和达成目标的过程，结果考核是帮助企业达成目标的一种手段和形式。

2. 问题挖掘

绩效考核需要通过计划制订、执行、检查和处理等四个环节构成。在绩效环节中，以绩效目标设定、绩效要求达成情况、绩效修正实施、绩效面谈、绩效改进以及目标循环制订为主，发现绩效考核过程中存在的问题，并对存在的问题进行有效改进。

3. 利益分配

考核应与利益挂钩，企业员工实际工资应由固定工资、绩效工资、两部分组成。以员工绩效考核得分为依据对绩效工资进行划分。

4. 促进成长

绩效考核的最终目的是促进员工成长，在发现问题的基础上改进问题，寻找差距，制订提升计划，最终实现双赢的学习发展目的。绩效考核的应用主要是将薪酬与绩效进行有效结合，在设定薪酬的过程中，将薪酬分为固定工资和绩效工资，以薪酬奖励的形式提高绩效薪酬的激励性，从而达到促进员工成长的管理目的。

5. 人员激励

以绩效考核的形式，对员工聘用、职务发展、劳动培训和薪酬上升进行有效结合，综合利用企业发展激励机制，促进企业实现健康发展。从员工层面来说，帮助员工建立自我激励的心理模式，提高员工自我认知，提高学习积极性。

（二）财务管理在绩效考核中的功能

绩效考核是绩效管理的核心环节，在绩效实施过程中，以管理人员为主，对企业绩效进行考核，其中财务部门应作为重点单位进行综合化的考核管理。企业管理人员应根据企业的实际发展情况，选择合理的绩效考核方式，提高企业员工对企业绩效考核方式的认可度，从而保障企业绩效考核工作的顺利开展。在绩效考核过程中应从全面性角度出发，对企业所有员工的工作表现进行全面细致的分析，结合绩效得分总结出考核结果。

四、财务管理在绩效改进中的功能

（一）绩效改进的目的

绩效改进指的是在确认工作绩效的不足和差距的前提下，查明具体原因，并有计划地进行策略改进，不断提升企业的内部竞争优势。在绩效考核的后续应用过程中，企业应制订狭义循环目标计划，确定关键环节，采取相关行动和措施，提升员工的工作能力和工作绩效，最终实现企业绩效持续改进的目的。

（二）财务管理在绩效改进中的功能

企业绩效管理的最后阶段是绩效改进，绩效改进一般分为两个部分，一是企业内部绩效管理方面的改进，二是对企业绩效和员工绩效进行有效改进。总的来说，绩效改进即对部门绩效和员工绩效进行有效改进和综合完善，以此来提升企业绩效管理的综合水平和整体效率。企业绩效改进主要是针对企业内部，即从明确绩效工作或改进和调整绩效考核内容，提高绩效管理水平和企业经济效益。企业管理人员应对企业绩效管理工作和成本效率进行综合分析，在此前提下对绩效管理进行改进，以此来保证企业绩效管理的科学性和合理性。对超额完成企业绩效管理工作的部门和个人进行综合奖励，提高企业员工的绩效意识，在工作中自然而然地融入绩效内容，并对企业经济目标与组织战略目标进行有效结合，综合提高企业绩效管理工作的水平。

第二节　现代企业企业财务人员核心能力建设

企业财务人员构成了企业财务管理体系，人才队伍的建设对企业财务管理的发展来说至关重要。企业财务人员应在学习新型财务管理知识的基础上，了解现代企业财务人员核心能力建设要素，本节内容综合企业财务人员岗位胜任力模型和胜任力要素，对构建企业财务人员核心能力建设方案提出了意见和建议。

一、企业财务人员岗位胜任力模型

（一）胜任力模型

胜任力模型具体指的是提炼企业中的优秀绩效人员的高绩效优势，以此作为员工绩效评价标准的参考，或作为员工岗位胜任能力的参考要素。员工胜任力与岗位的具体工作内容和特点有关，因此在构建胜任力模型的过程中，应以帮助企业具体岗位挑选合适员工为主，对胜任力模型进行完善。素质冰山模型由美国心理学家麦克利在1973年提出，在这一模型中将胜任力素质分为两种，一种是显性素质，另一种是隐性素质。素质冰山中露出部分为显性素质，隐藏部分则为隐性素质。前者由比较容易观察到的外在素质组成，如知识、技能等，后者以不容易观察到的内在因素组成，如品质、动机等。隐性因素稳定性较强，难以通过外在观察进行直观性测量，且外界因素难以对其形成影响，但是对员工的绩效和工作表现却具有一定的决定性作用。

根据麦克利素质冰山模型，以图8-1来表示员工素质体系，并进行具体化分析，其中的技能知识为员工显性素质，其余均为隐性素质。

图 8-1 企业员工素质体系模型

1. 知识与技能

知识主要指的是员工在特定岗位中所具备的经验型知识，如企业方面的管理知识、财务知识及所掌握的法律知识等。技能指企业员工能够应用所掌握的经验和知识来完成具体工作的能力，如员工的个人表达能力、决策能力以及学习能力等。

2. 角色定位

即员工社会角色，主要指企业员工受工作态度和价值观的影响，基于此形成的工作方式与工作风格，如总经理、财务总监和销售人员等。

3. 自我认知

自我认知指态度、价值观及自我评价，如乐观、聪颖和自信等。

4. 品质

品质主要指的是员工在面对各种工作环境和复杂工作情况所表现出的行为倾向，如诚实守信、具有责任心和工作谨慎等。

5. 动机

动机主要指的是企业员工在工作领域中的想法和个人偏好，如利益导向、成就导向和团队合作倾向等。

在胜任力冰山素质模型的继承和发展过程中，美国学者查理德·博亚特兹进行了深入研究，进一步将胜任力要素排列成洋葱结构，即著名的"洋葱模型"，如图8-2所示。

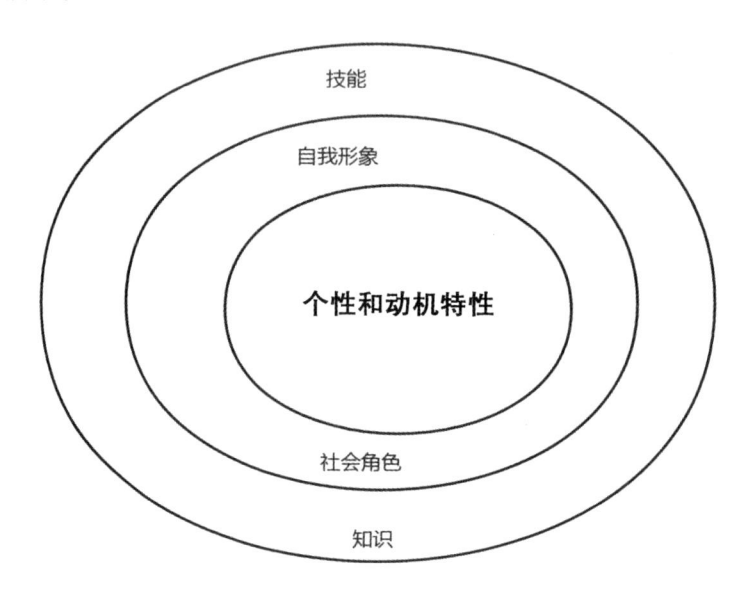

图8-2 洋葱模型

在洋葱模型中，胜任力要素被排列成类似洋葱的结构，如核心部分以个性和动机特性为主，属于隐性因素，难以在后天被外界影响。随着核心层向外延展，胜任力作用逐步下降，后天改变难度也随之降低。

（二）胜任力要素

从一般角度来看，胜任力要素分为三个部分，一是核心胜任力要素，二是通用胜任力要素，三是专业胜任力要素。胜任力模型由胜任力要素组成，因此不同层级所包含的胜任力要素不同。从企业发展角度来看，企业战略及企业核心价值观是企业核心胜任力要素的重要组成部分。通用胜任力要素一般指的是员工日常岗位活动中，为达到预期绩效目标所需的专业知识能力。专业胜任力要素则具体体现为企业中的某一特定岗位，在特定岗位中员工所需的专业知识和解决问题的能力等。企业通用的胜任能力要素一般分为以下三个部分。

1. 工作技能与综合能力

工作技能与综合能力主要指的是员工的公关能力、环境适应能力、工作沟通协调能力、工作细节能力、绩效的导向、计划的制订和推行、员工的人际交往能力、市场导向中的市场分析、资源整合以及分析判断、质量导向中的技术应用能力以及策略性推销能力和综合表达能力等。

2.个性能力

个性能力主要指员工的工作责任心和自信心,在企业工作过程中的敬业心和组织认同能力,员工的心理承受能力和分析判断能力,同理心、诚实守信以及在岗位中的进取心等。

3.知识

知识主要指的是岗位所需的专业知识内容,如产品知识、质量管理知识、生产管理知识、战略知识、营销或财务知识及人力资源知识等。

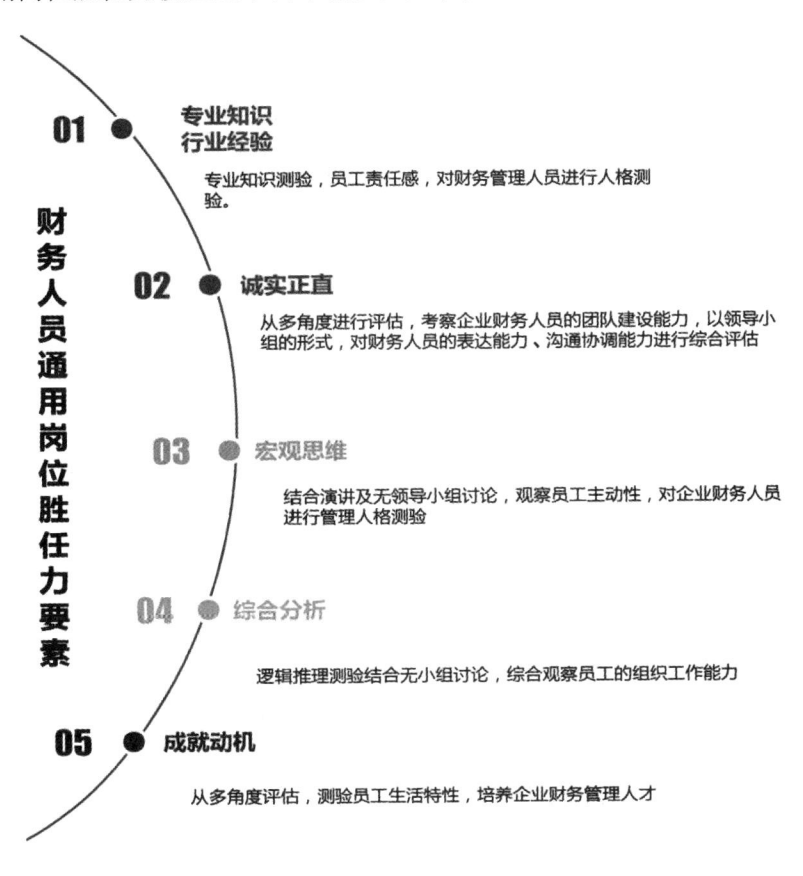

(三)企业财务人员通用岗位胜任力要素

通用胜任力要素一般指的是企业中员工普遍拥有的能力,具有较强的实用性。通用胜任力一般包含了岗位通用的核心胜任力要素,能够推广应用到相关职业岗位中去。从当前通用岗位胜任力的研究情况来看,财务岗位是重点研究对象,通用岗位胜任力模型也取得了相应成果,其主要内容如图 8-3 所示。

财务人员通用岗位胜任力要素

01 专业知识 行业经验
专业知识测验,员工责任感,对财务管理人员进行人格测验。

02 诚实正直
从多角度进行评估,考察企业财务人员的团队建设能力,以领导小组的形式,对财务人员的表达能力、沟通协调能力进行综合评估

03 宏观思维
结合演讲及无领导小组讨论,观察员工主动性,对企业财务人员进行管理人格测验

04 综合分析
逻辑推理测验结合无小组讨论,综合观察员工的组织工作能力

05 成就动机
从多角度评估,测验员工生活特性,培养企业财务管理人才

图 8-3 企业财务人员通用岗位胜任力要素

二、企业财务人员核心能力建设方案

在市场经济不断发展和完善的前提下,国家整体的经济战略发展规划进行了战略调整。在经济快速增长的同时,企业发展离不开人才体系结构的建设,由此可见,企业人才体系建设对企业发展具有重要作用。人力资源建设中员工综合素质水平的提高,一是来自外部招聘,二是来自内部发展。而员工自我发展可以促使员工在实现自我价值的同时,与企业一同成长,从而实现双赢。企业财务人员核心能力建设方案如图8-4所示。

图 8-4 企业财务人员核心能力建设方案

（一）企业文化建设

建设企业文化,提升企业员工凝聚力,可以有效提升企业前进的动力。因此在财务人员核心能力建设过程中,要想提升员工的整体素质,就要有效加强企业文化,在明确企业经营理念的同时,向员工传输企业精神。在这一过程中,企业可以从以下几个方面来有效开展企业文化建设。

1. 印发企业宣传册

宣传册内容包含企业文化内涵、经营理念等内容,组织员工开展学习讨论,促使员工及时分享心得体会。重视员工问题反馈,对员工所提出的企业管理中存在的问题，采取有效策略予以解决，使员工接受企业文化内涵，对企业经营管理产生认同感。

2.强化员工的四个意识

四个意识是指竞争意识、服务意识、人才意识和创新意识。培养企业员工的竞争意识。市场经济是在竞争中不断发展的，企业的竞争优势体现在规模、经营管理等多个方面，所生产产品的质量、员工素质以及内部控制机制和配套措施，都是企业实力的体现，培养员工的竞争意识，可以有效促使员工在见证企业发展的同时实现自我发展。在强化员工的服务意识方面，坚持客户至上，要求员工在工作中文明用语，以周到的服务提升客户满意度，培养员工的客户服务能力。在强化员工的人才意识方面，企业方面应尊重人才并爱护企业人才，结合环境留人和政策留人的思想，为员工提供良好的工作环境，提高企业知识层次和科技含量，在扩大企业规模的同时重视人才培养和人才储备。在强化员工的创新意识方面，企业方面要自立自强，以创新谋求发展，积极培养员工的机遇意识和创新意识，促使员工在乘势而上的过程中，为企业发展做出贡献。

(二) 建立完善的培训机制

为企业财务人员建立完善的培训机制，企业应从三个角度出发，帮助企业财务人员实现自我成长。

（1）足额提取教育培训经费，以充足的经费为基础，建立完善的培训制度，在此期间明确培养目标和目的，选择适合企业员工实现自我成长的培训方法，落实培训经费问题。培训人员可以是企业内部人员，也可以是企业外部人员。企业内部人员开展培训，可以以企业中常见的财务问题进行举例分析，提高财务人员的业务能力。企业外部人员进行培训，可以将新观念和新思想传递给企业财务人员，对员工的创新意识进行综合性培养。

（2）营造良好环境，促使企业财务人员实现可持续发展。良好的企业文化氛围和工作环境，可以形成强大的凝聚力。因此，在创造良好工作环境的同时，企业还应从保证人才成就感的满足和自身价值的体现等方面着手，满足员工的社会和心理需求，结合家庭因素（婚姻恋爱关系、子女教育、老人养老）、社会因素（道德问题、治安问题）、人体因素（健康问题），从关心员工现实生活的角度出发，为员工解决后顾之忧，在营造良好环境的前提下，实现留住人才的目标。

（3）在精心谋划的前提下，帮助企业员工做好职业生涯规划。帮助员工做好职业生涯规划，可以促使员工在充分了解自己所在岗位的前提下，具有明确的发展方向和发展计划，激发员工潜能，促使员工在工作中实现自我成长。常见的职业生涯的制定模式有两种，一是以企业为中心，二是以员工个人为中心。坚持以人为本，将员工的个人职业生涯发展规划与企业的战略发展目标相结合，实现发展共赢。

（三）构建职业道德规范体系

对于企业财务人员来说，构建职业道德规范体系，以开展职工思想政治教育、积极创建精神文明活动和培养管理人员职业道德素质为主，可以有效提高财务人员的职业道德素养，提高财务人员的工作效率并达到预期的财务处理效果。

（1）以开展思想政治教育的形式，培养员工的职业道德修养。从关注员工思想动态的角度出发，结合员工岗位性质对员工的职业道德素养进行综合性培养。在企业内部以讲座、辩论赛及分享会等形式，鼓励员工对政治、经济等民生大事进行讨论，发表自我看法，对员工的世界观、价值观和人生观进行综合培养。

（2）企业集团内部精神文明创建活动的开展，可以有效改善企业员工的精神面貌，并在此基础上提升其职业道德素养。在精神文明建设活动中，可以让员工参与企业发展，如为企业发展献计献策，提出工作意见。放置员工信箱，鼓励员工对企业发展提出宝贵意见，在这一过程中培养员工的主人翁意识。

（3）培养管理人员的职业道德素养，管理人员在企业中发挥着管理作用，管理职能使其在企业中的地位较高，往往能够起到带头和模范的作用。严格把控企业下属各部门的用人情况，在招聘过程中，重点对财务管理人员的业务能力和职业经验进行测评，并将职业道德纳入招聘考核范围。与此同时，企业积极安排财务管理人员参与职业素养相关的讲座，以培养企业财务管理人员道德素养的形式树立部门标杆。

（4）完善职业道德规范体系，在构建体系的过程中，应将职业道德规范化和标准化，并以此为基础，要求企业财务管理人员熟悉相关法律法规和职业道德规范的内容，结合日常工作内容，依据法律条文明确工作注意事项。对企业的财务管理机构进行重点优化，在有效提升部门监管力度的同时，明确财务管理人员的岗位职责和职业道德要求，逐步形成管理制度，建立衡量标准，并相应地设置奖惩制度。

（四）构建学习平台

构建学习平台需要企业为员工营造良好的学习环境和氛围，促使员工在意识到学习重要性的前提下，跟随企业发展实现自我发展。从当前企业财务人员的现状来看，部分人员安于现状，并未主动去获取新知识、新理念和新方法。员工的理念需要不断更新，企业财务人员更应在与时俱进的前提下，积极学习新的法律法规和政策性内容。企业为员工构建学习平台的同时，还应建立培训管理体系，以考核的形式来检验财务人员的学习成果，结合岗位需求和员工个人的职业生涯规划，促使员工具备主动的学习意识，使员工在实现自我发展的同时在适配岗位上走得越来越远。

（五）建立有效激励机制

建立有效激励机制，可以有效调动员工工作积极性，挖掘员工内在潜力。如以适当轮岗的形式来增加工作的挑战性，帮助员工掌握各岗位的工作流程和工作内容。结合薪酬分配制度，提升员工的工作积极性，达到企业与员工共同发展的双赢局面。针对企业财务管理人员，以目标责任制为主，将员工的业绩与奖励薪酬挂钩，采用多样化的业绩考核方式，结合无记名投票、领导评价、员工互评和部门互评等方式，对企业财务人员的工作进行全面考核。

第三节 现代企业财务与绩效管理体系建设

在前面的章节中，综合介绍了企业财务管理与绩效管理之间的协同关系，因而在现代企业财务与绩效管理体系建设的过程中，应充分考虑两者之间的协同关系。本节内容以企业财务绩效管理体系设计、企业财务与绩效体系的建设保障措施为主，构建框架性的学习内容，在综合性学习的基础上对现代财务与绩效管理体系建设进行深入思考。

一、企业财务绩效管理体系设计

（一）企业财务绩效管理体系的设计目标与原则

1. 企业财务绩效管理体系的设计目标

企业财务绩效管理体系的设计，应在符合财务转型要求的前提下，发挥财务绩效在企业生产经营中的核心作用，以实现企业价值最大化为核心目标，在推动企业快速发展的同时，推动企业财务绩效管理向价值管理的方向转型，注重效益导向，以财务绩效管理为核心，对企业的实际生产经营活动进行有效指导。企业绩效管理体系的设计目标主要分为三个部分。[①]

（1）以战略为导向解决财务绩效管理问题。以企业整体发展战略为导向主要指的是，企业的发展和行为活动需要在战略指导下完成。在企业财务绩效管理体系的设计过程中，综合企业战略发展内容，使财务绩效管理体系设计内容与企业战略发展目标保持一致，在实现财务转型的同时，解决企业财务绩效管理中存在的问题。

（2）透明公开，共同维护企业未来发展战略。绩效管理应在透明公开的基础上进行有效建设，绩效管理机制应在满足员工工作需求和心理需求的同时，能够引导员工在协作的过程中积极沟通，增强员工凝聚力，促使其积极响应企业内部管理，以绩效管理的方式达到维护企业发展战略的目的。

（3）全员参与并保障企业财务绩效最大化。企业绩效管理设计应在客观公正的基础上，实现企业员工的全员参与。绩效管理内容应具备全面性特征，综合员工的建议结合企业高层的方案，在修正的过程中完善绩效管理内容并实现全面发展，引导企业向发展战略的经营方向不断前进。

2. 企业财务绩效管理体系的设计原则

（1）财务创新与价值引领。深化企业财务绩效管理体系，在满足企业财务转型要求的前提下，对财务绩效管理方法进行有效创新。在体系设计过程中，以财务创新的形式推动财务向价值管理的方向转型，体现企业财务绩效管理体系在企业管理中的价值作用。

（2）业财融合与权责对等。业财融合与权责对等的设计原则，要求企业在财务绩效管理体系设计的过程中，注重业务与财务之间的融合关系，在关注财务结果的同时，提升对业务流程的重视度，以业财与权责对等的形式，将绩效管理分解指标落实到企业部门和个人身上，在权责对等的前提下，开展企业财务绩效管理体系的设计。

（3）目标导向与持续改善。目标导向与持续改善原则，主要指的是在科学设定指标体系的前提下，以目标导向的形式开展企业财务绩效管理活动，提高企业的整体资源配置效率，结合利益导向思想，保障企业价值最大化。结合企业发展愿景，综合企业各业务在不同发展阶段中所面临的问题，通过对绩效考核指标的权重进行动态调整的形式，使企业财务绩效管理体系的建设能够与时俱进。

（4）前瞻性与推广性。企业财务绩效管理应具备一定的前瞻性，在绩效指标

---

① 廖丹丹. 企业财务绩效管理质量的提升研究 [J]. 会计师，2019(12)：25-26.

设计和财务组织控制的过程中，应始终以促进企业可持续发展为目标，使企业财务绩效管理体系的设计与建设具备前瞻性。企业财务绩效管理应兼具推广性，即符合市场发展和管理发展的趋势，在实际管理的过程中综合应用会计工具，探索和实践实现企业价值的方式，使组织控制和激励考核流程化，以便为其他企业的财务绩效管理体系设计提供宝贵经验。

（二）企业财务绩效管理体系的框架设计

1. 基于KPI方法的财务绩效计划编制

KPI方法一般将关键成功因素作为财务绩效计划编制的基础，[①] 关键绩效指标可以对绩效进行目标式的量化衡量，将关键因素作为输入端和输出端进行操作，可以对企业运行关键要素进行有效总结，在此基础上确定新的潜在绩效目标，具体流程可参考图8-5。

```
以企业战略为依据确定战略目标
          ↓
依据企业战略确认关键成功因素
          ↓
依照关键因素选择多项绩效指标
          ↓
综合分析绩效指标与企业的关键成功因素之间的联系
          ↓
分析绩效指标的平衡性
          ↓
确定新的潜在绩效指标内容
```

图8-5 确定关键指标的一般流程

---

① 廖丹丹.企业财务绩效管理质量的提升研究[J].会计师，2019(12)：25-26.

2.关键财务绩效指标的选择

（1）财务绩效管理中考评指标体系的设计。企业财务绩效考评指标体系设计，可以对企业绩效考核管理进行有效规范，建立并完善激励机制，推动企业实现可持续发展。企业的财务绩效考核以价值引领和效益导向为原则，在综合市场经济环境及企业面临的外界压力的同时，从企业盈利能力、未来发展能力、企业运营能力、管控能力以及偿债能力等角度出发，立足多个维度提升关键财务绩效指标在企业管理中的有效性，使得财务绩效考评指标体系更加完善。

（2）关键财务绩效指标评价标准。财务绩效的评价标准一般由两部分组成，一是内部标准，二是外部标准。内部标准主要由预算标准和历史标准构成，外部标准则由行业标准、经验数据标准以及规范标准构成。内部标准可以以预算的形式与自身进行纵向对比，外部标准则可以在同类型企业中寻找行业标杆，以横向对比的形式，发现目前企业财务绩效管理的优点和不足。

①预算标准法。预算标准法在施行过程中，将预算实际情况以及当前的目标水平作为标准，如对财务绩效指标进行预算得出预算值，将预算值作为绩效考评的依据。预算标准的制定应符合一定的科学性，在发挥绩效激励作用的同时，对企业内容进行良好管控。

②历史数据法。历史数据法一般参照企业以往绩效考核情况，并根据往年考核情况制定具体的考核标准。以历史数据法作为关键财务绩效指标评价标准，可以有效提高评价标准体系的可靠性和可获得性，但是在实际应用过程中也存在缺点，如缺乏合理性和可改进性，无法进行有效的横向对比。

③标杆法。标杆法即基准法，主要指的是与其他先进同类型企业进行纵向对比，以其为标杆进行综合比较。比较过程中应注意以相同发展时期和发展范围为主，重点体现其纵向可比性。

④经验评估法。经验评估法是依据企业的长期生产和经营发展经验所制定的评价标准，这一评价方法只能从经验着手，无法对差异性进行综合性考虑。

⑤文件规范法。文件规范法具体指的是依据国家法律和行业标准，结合企业文件内容设定考核标准。考核标准内容比较固定且容易获得，缺点是可能与企业实际的生产经营情况不符，缺乏可操作性。

一般来说，侧重于企业生产运营能力的指标采取标杆法和历史数据法，以此来实现横向可比和纵向可比。侧重于管控类的指标，则采用预算标准法，在发挥绩效激励作用的同时，对企业进行良好管控。侧重于通用性财务指标，则以文件规范法和经验评估法来确定具体指标标准值，以此来对企业长期经营制定基础评价标准。

3. 基于业财融合的财务绩效管理沟通

（1）关键财务指标的落实与沟通。企业应对下属部门的关键财务指标进行沟通，保障落实情况。在实际沟通过程中，多以预算来进行沟通，即明确部门的实际发展情况和发展需求，在对指标内容进行层层分解的前提下，以纵向和横向的形式落实到下属各单位和部门，完善财务方案。企业下属组织和部门可根据自身经营管理情况，对财务绩效指标进行讨论和综合性分析，挑选出具备可行性和可操作性的财务指标内容。通过分工的形式将责任下发到相关部门，并对财务绩效指标进行对接和审核，在研究修改的基础上，制订完整的财务绩效指标计划。除此之外，在企业的日常管理过程中，还应在完善规章制度和执行指标计划的前提下，保障年度指标计划的顺利完成。

（2）关键财务绩效指标分解。在业财融合的管理理念下，企业财务管理的界面和范围有了明显提升，创造价值理念获得了更多人的认可，在这一前提下，加强财务监督管理就需要有效控制经营风险，以全方位评价的形式对企业的生产经营进行管控。在财务管理不断发展的背景下，财务管理已逐步进入业财融合[①]时代，在这一时期的财务绩效管理中，应在正确区分财务指标和非财务指标的前提下，充分利用不同因素的特性，有效转化财务业绩指标并进行业务与财务数据的搭建，以企业战略目标为依据，在目标分解的前提下将其落实到企业下属组织或部门的经营管理环节中去。

4. 基于沃尔评分法的财务绩效考评

（1）考评组织设计。在企业内部成立专门的财务绩效管理委员会，委员会成员要制订企业年度财务绩效管理方案，对财务绩效考评指标和方案进行审定，除此之外还兼具财务绩效管理部署职责。一般来说，委员会以下设考评办公室，综合开展绩效考评工作，考评办公室由企业财务部门和企业管理部门的人员组成，职责是确定财务绩效管理办法，建立指标考评体系。具体管理活动包括督促财务管理职能的履行、开展财务绩效考评工作等。

（2）考评期间。财务绩效的考评期间一般以季度或年度来计算，季度财务绩效考核以季度为区间，结合信息系统提供的数据内容，对指标标准的准确性进行审核，结合企业财务绩效评价方法和评价水平，综合考评委员会的意见，为下一期生产经营管理服务，提出指导性建议和相关改进措施。年度考评则是在季度考评的基础上，以年度完成财务业绩数据为依据，对企业下属单位或部门的财务业绩完成情况进行总体性评价，综合给出考评结果。企业考评者与被考评者还应根

---

① 业财融合：业财融合是指业务经验与财务管理结合在一起的简称。

据本年度情况，就可考评内容调整进行充分的沟通与交流，在反馈的同时交换意见，不断完善考评制度体系。

（3）考评的构建流程。构建财务绩效考评的流程一般分为以下步骤：首先是解释绩效指标内容，即确定重要绩效评价指标，解释其概念和对企业管理的影响；其次是考评人与被考评人在沟通的前提下签订财务绩效责任书，收集数据并进行绩效测算，在绩效测算的前提下进行反复沟通和绩效结果确认，最终完成绩效考评活动。

（4）考评方法。结合沃尔评分法①开展财务绩效评价，具有简明扼要、可操作性强等优势，以得分来进行评价结果展示，便于企业之间进行横向对比。沃尔评分法的具体思路包括以下三个部分。

一是确定评价指标并确认指标的权重，计算指标评分，确定指标标准值。

二是以企业实际值与标准值相比得出相对比率，与权重相乘计算得出指标分数。

三是以加权汇总的方式计算财务绩效综合得分，至此以得分的形式对财务绩效进行综合评价。

沃尔评分法可以对企业财务绩效考评的数据内容进行及时修正，而且在财务绩效考评的过程中，计算绩效考评权重，可以有效增强绩效考评的综合性和全面性，便于企业管理者在意见汇总的基础上，对绩效考评体系内容进行相应分析，客观处理异常情况，并在意见征询和反馈的基础上对绩效考评方法进行综合性调整。

5.基于价值提升的财务绩效结果应用

财务绩效管理的最终目的是形成财务绩效管理体系，体系应呈现出战略性、整体性和行为导向性，使企业决策可以通过横向对比，形成标杆效应，反映企业价值最大化。企业有效的财务绩效评价，可以以绩效结果的形式，对相关部门为达成企业整体目标所做出的贡献进行反映。公示考核评分结果，将结果与奖惩制度相结合，在分析考评结果的过程中，以发现问题、分析问题和改进问题为主，达到提升企业价值的绩效管理目的。根据结果内容和具体反馈情况，综合考量指标权重的制定，促进价值分享和薪酬计划的公平化发展。

---

① 沃尔评分法：提出了综合比率评价体系，即把若干个财务比率用线性关系结合起来，以此来对企业的财务状况进行评价。

二、企业财务绩效管理体系建设的保障措施

(一) 完善企业财务绩效管理体系

1.构建领导和员工认可的财务绩效管理体系

财务绩效管理体系的提出和实际推行,需要领导的支持和企业员工的认可,当领导支持企业财务绩效管理体系的建设时,财务绩效管理受到领导重视,管理者联合企业财务管理人员,才会真正开始建设财务绩效管理体系,应用多种理论,不断对企业的财务绩效管理体系进行完善,综合发挥其监督和激励作用。[1]当企业员工认可财务绩效管理体系时,则可以有效减少企业财务绩效管理活动在真正的施行过程中的阻力,形成领导支持、员工认可的双赢发展局面,在这一形势下有利于企业制度的改善和企业员工工作积极性的综合提高。在企业管理活动中,财务绩效管理具有管理难度大、复杂程度高的特征,其中包含了多个管理系统和组织部门,且需要多个部门协调运作,才能对财务绩效管理体系进行有效完善。例如,在财务预算过程中,先要制定相关绩效标准,选取指标并确定关键性指标,确定指标权重,接下来进行数据收集和管理绩效指标的分析,最后进行财务绩效管理的实施,每一次都涉及企业多个部门,需要部门在协同合作的基础上做到全员参与,因此在财务绩效管理模式的推行过程中,企业领导的支持和员工的认可是非常有必要的。

2.构建并健全企业的资金管理体系

企业应通过有效的管理手段,构建并健全企业的资金管理体制,在此前提下提高企业资源利用的有效性。统计并综合分析企业的资金相关数据,控制企业的生产销售环节,监管企业日常资金流动情况,以财务绩效管理的手段构建评价反馈体系,提高企业市场环境适应能力。企业财务部门对企业资金进行强化管理,可以有效提升企业流动资金的周转率,保障企业资金流动顺畅,为企业的投资和融资活动提供支持。企业的审计和税务部门也应以加强资金监管力度的方式,对资金消耗情况进行监控,尽量将企业资金用在关键项目上,监控资金流向,建立健全资金管理体系,促使企业平稳发展。

3.构建科学且有效的成本管理机制

构建科学有效的成本管理机制,可以有效控制企业成本,如通过控制企业日常生产经营活动中消耗成本数量来达到控制成本的目的,减少生产成本和材料消

---

[1] 李锐.基于绩效管理的大中型企业财务管理模式研究[J].财会学习,2019(30):7-8.

耗，控制流通费用，以此来达到促进企业经济发展的管理目的。企业应立足于自身情况，对市场进行模拟性核算，执行成本否决的管理制度，在企业成本管理的过程中将管理延伸到多个环节，做好成本计划，综合生产成本、人工成本、管理成本、交易成本和售后维护成本等要素，综合有形成本和无形成本，建立完整的成本管理体系，在保证企业成本管理质量的同时增强其成本管理能力。

4.构建并完善企业的财务监督机制

企业财务监督机制的构建，可以促使企业在进步与发展的同时，形成新的财务绩效管理模式，建立健全监督机制，并将其作为财务制度管理规范。财务监督是财务管理活动中的重要阶段，财务活动需要监督，监督制度可以起到保障企业资金安全，提高企业资金利用率的作用，因此根据各项制度执行情况和评价标准，形成单独的财务监督机构和专业的财务管理领导小组，制定并执行财务绩效管理流程，对保障企业财务绩效管理活动的有效实施具有积极作用。

（二）完善企业财务人员管理体系

1.企业专业财务管理人员的培养

企业财务与绩效管理体系的完善应从企业专业财务管理人员的培养入手，加大培养力度以提高财务管理人员的专业素养。[1]在这一前提下，可以有效提升企业财务管理与财务预算活动质量，便于实行和推广新的财务绩效管理模式。企业可以从三个方面提高企业财务人员的综合水平。一是公开征召，以考试和综合评分的制度，吸引并筛选相关财务相关专业人才，建设企业财务人才队伍。二是对企业现有财务人员进行培训，如实施轮岗制度，增强财务人员对企业各个岗位的了解程度，进而全面增强其财务管理能力。三是以在内部实行财务主管委派制度的形式，提高企业财务人员的学习意愿，提升其学习能力，引导企业财务人员实现个人发展。

2.经营性成果为导向的分配机制

建立经营性成果导向的分配机制，即结合按劳分配思想，将财务管理人员的业绩情况与薪酬挂钩。以经营性成果为导向，改变过去的自主判断定酬方式，提升企业财务管理人员的积极性。从激励的角度出发设计薪酬分配方式，如绩效与薪酬挂钩的目标年薪制度、基础底薪与浮动年薪分配薪酬制度等。目标年薪一般由基础底薪和浮动年薪两个部分组成，不同岗位和级别的财务管理人员，在设计目标底薪的过程中应存在一定差别。例如，财务预算管理人员的报酬中，基础底

---

[1] 李锐.基于绩效管理的大中型企业财务管理模式研究[J].财会学习，2019(30)：7-8.

薪所占份额应适当提高，预算管理人员主要是根据企业当前情况，对企业的未来发展进行预测，工作内容具有一定的预期性，因此基础底薪和浮动年薪的配比应适当增加；而国有资产财务相关管理人员以结果为导向，此时企业就可以以国有资产现状与流失状况来对财务管理人员的工作情况进行具体衡量，因此企业应根据实际情况，按照不同的工作表现形式来确定薪酬比例。

（三）建设企业财务文化体系

企业财务文化体系包括财务物质文化、财务制度文化和财务精神文化，如图8-6所示。

图8-6 企业财务文化体系

1.财务物质文化的建设

财务物质文化具有可辨认和获取收益的特性，是企业财务管理文化体系中的重要组成部分。[①] 财务物质文化建设主要包括两部分内容：一是企业在财务活动中所采取的措施；二是其他财务文化形式。财务文化以财务活动为依托，是企业

---

① 詹霓.企业社会责任、盈余管理与财务绩效的研究综述[J].河北企业，2021（3）：103-105.

文化的重要分支。在信息技术快速发展的今天，企业财务文化呈现信息化特征，在计算机技术、网络技术等信息技术手段的辅助下，在保证财务质量的前提下企业财务工作效率也获得了有效提升。在促进财务信息化的同时，企业文化环境建设也十分重要，建设温馨舒适的办公环境，可以提升企业财务人员的工作效率，促使其在良好的环境中自觉规范自身行为，营造出勤奋自勉的工作氛围。

2. 财务制度文化的建设

企业内部的财务制度建设可以对员工的个人行为进行有效约束，使企业员工行为更加标准化，因此财务制度文化建设，可以有效约束和规范财务人员行为，使其在爱岗敬业的基础上提升自身工作效率。企业财务制度文化建设一般包括两个方面，一是企业财务人员的财务专业化能力方面，提升其财务管理的专业能力，使财务工作过程更加规范化。二是企业财务制度规范方面，包括财务人员应遵守的各项规章制度，如会计职业道德规范、会计业务处理程序、财务机构组织方式等。

3. 财务精神文化的建设

财务精神文化是企业文化的核心组成部分，对财务文化有着重要影响。企业管理者应在充分意识到财务精神文化重要性的前提下，积极建设企业的财务精神文化，从多角度和多方面提升企业财务人员素质，以精神文化创新规范财务人员行为，引导财务人员实现自我成长。例如，从诚信方面进行精神文化传播，诚信是企业的立身之本，在企业生产经营过程中应讲求诚信，员工之间宣传"人无信不立，业无信不兴"的思想，将诚信理念传递给客户，提升企业信誉并获得客户好感。从精神文明的角度出发，关注企业财务文化的建设情况，根据实际情况引入适合企业发展的相关内容，关注企业的发展情况和所处的社会环境，积极承担社会责任。企业的收入来源于社会创造，因此企业应担负起造福社会、回馈社会的责任，将担负社会责任作为公司的整体发展理念，引导全体员工参与其中，激发员工的社会责任感，促使员工对自身提出更高要求，并积极塑造良好的企业形象，进而使企业员工实现全面发展。

第四节　现代企业财务与绩效管理体系应用

现代企业财务绩效管理体系在实践应用过程中,首先应对应用思路进行具体分析,结合企业实际的财务与绩效管理过程,进行模拟化应用,最后得出应用分析和结论。模拟化应用是处在理想化状态的一种模拟方式,在实践应用过程中,可能会存在不可预料的问题,因此实践应用应做到具体问题具体分析,这也是本节的学习前提。

一、企业财务绩效管理体系的应用思路分析

企业财务绩效管理体系的应用思路,首先,以 KPI 方法明确层面指标的选取内容。其次,结合层次分析法确定指标权重,以预算标准法、历史数据法、标杆法以及经验评估法和文件规范来确定指标评价标准,建设企业财务与绩效管理体系的基础部分。再次,开展财务绩效指标的沟通工作,即关键财务指标内容的分解与沟通,分解任务的下达以及关键财务指标的过程控制等。综合利用沃尔评分法(正向指标和逆向指标),对绩效考评结果进行全面分析,在此基础上以优、良、中、不及格四个层面划分等级,公示考核评分结果。最后,结合业财融合思想,建立责任部门奖惩制度,将财务人员的业绩情况与薪酬奖惩挂钩,观察财务人员的业绩情况,并在发现问题的基础上及时进行分析和改进,根据反馈内容对考核指标和权重比例进行有效完善。

二、企业财务绩效管理体系的模拟应用

(一)财务绩效管理关键指标的确定

从关键成功因素以及企业现实状况的角度出发,明确层面指标内容,并有针对性地选取两个关键性层面指标。从前面内容可以知道,财务绩效管理体系的层面指标包括盈利能力、运营能力、管控能力以及发展能力。企业生产和管理关键财务绩效指标及其计算公式如表 8-1 和表 8-2 所示。

表 8-1 企业生产关键财务绩效指标表

能力	指标	计算公式
盈利能力	利润总额	（商品价格 – 单位完全成本）× 商品数量 + 其他业务收入 – 其他业务成本 + 营业外收入 – 营业外支出 – 营业税金及附加
盈利能力	总资产报酬率	利润总额 / 平均总资产
运营能力	经营现金净流量	折旧 + 税后净利润
管控能力	可控边际贡献	边际贡献 – 可控固定成本
管控能力	单位完全成本	商品完全成本 / 商品产量
发展能力	营业收入增长率	（本年营业收入 – 上年营业收入）/ 上年营业收入

表 8-2 企业管理关键财务绩效指标表

能力	指标	计算公式
盈利能力	利润总额	（商品价格 – 单位完全成本）× 商品数量 + 其他业务收入 – 其他业务成本 + 营业外收入 – 营业外支出 – 营业税金及附加
发展能力	劳动生产率	营业收入 / 职工人数
管控能力	单位操作成本	商品操作成本 / 商品产量
管控能力	成本费用预算符合率	（成本费用预算值 – 成本费用实际值）/ 成本费用预算值
运营能力	总资产周转率	营业收入 / 平均总资产

当根据预算标准、历史标准、行业标杆、经验数据法和规范性标准来确认企业财务绩效考评指标时，企业生产和管理的财务绩效考评指标标准和指标选择依据如表 8-3 和表 8-4 所示。

表 8-3 企业生产财务绩效考评指标标准表

能力	指标	选择依据	标准值
盈利能力	利润总额	历史数据法 / 文件法规	
发展能力	营业收入增长率	历史平均法	
管控能力	单位完全成本	预算标准法	
管控能力	可控边际贡献	预算标准法	
运营能力	经营现金净流量	历史数据法 / 文件法规	
发展能力	总资产报酬率	历史数据法 / 文件法规	

表 8-4 企业管理关键财务绩效考评指标标准表

能力	指标	选择依据	标准值
盈利能力	利润总额	历史数据法/文件法规	
发展能力	劳动生产率	历史数据法	
管控能力	单位完全成本	预算标准法	
管控能力	预算执行率	预算标准法	
运营能力	总资产周转率	历史数据法	
发展能力	总资产报酬率	历史数据法/文件法规	

（二）关键财务绩效指标的沟通与下达

在实际企业管理过程中，关键财务绩效指标一般包括两个层面：一是企业与生产部门就关键财务绩效指标的内容进行沟通与下达，二是企业对管理部门就关键财务绩效指标的内容进行沟通与下达。具体指标的下达要经过以下四个步骤。

第一，企业财务部门根据企业实际生产经营情况，对财务绩效指标进行有效分解，从纵向和横向两个层面出发，落实到企业生产的各个部门当中去，初步形成财务方案。

第二，企业各生产部门根据自身实际生产经营情况和生产经营所需条件，对财务绩效指标进行分析和讨论，制定适用于本部门的财务绩效指标，并上报上级或企业财务管理部门。企业管理者和财务管理人员以按职责分工的形式，进行对接和审核工作，在认真研究和分析的基础上，对财务绩效指标提出修改意见。

第三，综合指标计划与修改意见情况，企业管理者或财务管理人员下达财务绩效指标计划。

第四，各部门在日常管理过程中，严格执行财务绩效指标计划，并对各项规章制度不断进行完善。

（三）财务绩效考评

企业财务绩效考评，一般采用专家打分法和层次分析法相结合的形式，来确定各项指标的权重，如表 8-5 和表 8-6 所示。

表 8-5　企业生产关键财务绩效指标权重表

能力	指标	权重
盈利能力	利润总额	
发展能力	营业收入增长率	
管控能力	单位完全成本	
管控能力	可控边际贡献	
运营能力	经营现金净流量	
盈利能力	营业收入增长率	

表 8-6　企业管理关键财务绩效指标权重表

能力	指标	权重
盈利能力	利润总额	
发展能力	劳动生产率	
管控能力	单位生产成本	
管控能力	预算执行率	
运营能力	总资产周转率	

(四) 财务绩效考评综合评价及考评结果分析

在财务绩效考核过程中，采用沃尔评分法，可以将考评指标分为两类，即财务绩效考评正指标和财务绩效考评负指标。

财务绩效考评正指标的计算公式：指标评价得分 = 实际值 / 标准值

财务绩效考评负指标的计算公式：指标评价得分 = 标准值 / 实际值

标准值与实际值是相对于企业生产中的总资产报酬率、经营现金净流量、可控边际贡献、单位商品完全成本以及营业收入增长率，和企业管理中的利润总额、成本费用预算符合率、单位商品生产成本以及劳动生产率等角度来进行计算的，以实际值和标准值相除的形式，得出指标评价得分，并根据得分进行优、良、中、不及格四个等级的划分。

根据财务绩效指标考评得分，划分等级水平，综合分析影响得分数值的因素，判断企业的成本控制水平和管理水平，发现企业财务绩效管理中存在的问题，依据业财融合的原则，将考评结果与相应的责任部门的奖惩制度挂钩，分析并改进企业生产和管理中存在的问题，反馈财务绩效计划，并在此基础上制定新的考核指标和权重，对企业财务绩效指标体系不断进行完善。

三、企业财务绩效管理体系的应用分析与结论

在新经济形势下，企业发展面临着巨大的挑战，财务绩效管理可以对企业的价值管理进行强化，有效提高企业的生产经营水平，因此在实际的企业生产和管理过程中，企业领导者和财务管理者应以财务绩效为核心，充分利用财务绩效管理在企业管理中的核心作用，引领企业生产经营，促使企业能够在适应新经济形势的前提下获得可持续发展。从理论发展和实践应用角度来看，企业财务绩效管理体系对企业的生存和发展具有非常重要的作用，通过实践应用得到以下结论。

第一，在当前企业财务绩效管理体系的实际建设中依然存在一些问题，如没有正确利用财务绩效指标来引领企业的生产和管理活动，部分企业的财务绩效管理体系建设处在起步阶段，尚未形成完整体系。企业应根据自身发展和实际情况，有针对性地对企业财务绩效管理体系建设进行调整，借鉴国内外优秀的财务绩效管理实践经验，在符合企业发展情况的前提下，从科学的角度出发，开展企业财务绩效管理体系建设活动。

第二，从以上企业财务绩效管理体系的设计来看，将体系设计分为了两个部分，即企业生产考核部分和管理考核部分，考核过程构成了循环反馈体系。例如，基于KPI方法编制财务绩效管理计划，基于沃尔评分法进行财务绩效考评，基于业财融合原则进行财务绩效管理沟通，基于价值提升进行财务绩效结果应用等。

第三，通过财务绩效管理体系的具体应用分析可以得出，企业应营造良好的绩效文化环境，加强企业管理体系化建设，在实行绩效管理体系的基础上，调研企业发展数据，以此来体现应用研究的实用性。

第九章　现代企业财务与绩效管理结论与创新展望

第一节　现代企业财务与绩效管理结论

现代企业财务与绩效管理都以企业发展目标和战略目标为核心，通过目标分解、制订计划、监督评价以及有效反馈等流程，发现企业财务管理或绩效管理中存在的问题，两者具有一定的相似性，且具有较强的协同作用。在学习前面章节内容后，本节以总结为主，对现代企业财务与绩效管理的特性进行综合分析，对现代企业财务与绩效管理提出意见和建议，并从智能化的发展趋势出发，对企业财务与绩效管理的发展趋势进行整体化预测。

一、现代企业财务与绩效管理特性

企业财务绩效管理以企业发展目标和战略目标为基础进行目标分解，在价值理论中由于部分计量指标相同，企业绩效管理与企业预算管理有着重叠部分，将预算、绩效等管理方法进行有效结合，可以从企业目标的角度出发对企业的管理工作进行统一。企业员工对企业的生存和发展具有决定性作用，有效的财务管理和绩效管理可以提升团队和个人的能力，结合绩效薪酬思想，在创建良好工作环境、促进员工成长的同时，为企业选拔人才，提高企业经济效益。对于企业财务部门来说，财务管理工作需要在依靠优秀财务管理人员提供优质服务的前提下，具备考核和激励功能，设计企业财务指标体系，结合绩效管理的方法，为员工提供考核、薪酬激励以及培训再学习等机会。由此可见，财务管理与绩效管理是相辅相成的，构建企业财务管理体系，需要辅以绩效管理的方式，对其进行有效完善。企业财务部门不仅应监督各部门的经济责任完成情况，还应以财务管理和财务分析的形式,发现部门运营中存在的问题,在反馈的基础上促使各部门改进自身工作。因此,在现代企业财务与绩效管理中,财务管理和绩效管理都为企业整体战略目标服务,并且对企业资金、员工及阶段性发展起到监督控制作用。现代企业财务与绩效管理内容呈现复杂化特性,企业在实际应用过程中,对财务管理与绩效管理理论与方法,应依据自身发展情况进行合理取舍和综合运用。

二、提升企业财务与绩效管理水平的建议

企业财务与绩效管理对企业的发展有着重要作用,因此企业应提升财务管理水平,并在绩效管理过程中积极应用财务手段来制定绩效目标,优化企业内部管理结构,在对企业下属组织或部门的管理过程中,发挥财务绩效的监督管控和激励作用。前面章节简要介绍了财务与绩效管理的概念和内容,深入介绍了其在企业中的重要作用和实际应用方法。提升企业财务与绩效管理,需要从多个方面着手,笔者提出以下四点提升企业财务与绩效管理的建议。

(一)推进财务绩效管理体制改革

在现代企业财务制度不断完善的背景下,企业财务绩效管理水平有了很大提升。随着经济和政治改革力度的不断加大,财务绩效管理体制改革也在不断进步和发展。加快财务绩效管理体制改革,转变企业管理人员的意识,健全财务和绩效管理机制,可以在创新的基础上以分工监督和分工管理的形式,对企业财务和绩效管理机制进行不断完善。综合挖掘企业财务绩效管理潜能,在推进财务绩效管理体制改革的基础上,对企业资金进行监督管控,激发企业人员的工作积极性,在保障企业资金链条稳定的前提下,实现企业资产保值和增值。

(二)优化企业自身内部治理结构

在实际的财务绩效管理工作过程中,企业的内部治理结构应做到执行到位、权力监督、相互制约,在这一前提下减少责任边界不清、互相推诿等情况的出现。企业的高效发展需要优秀的内部治理,上行下效形成良好的企业风气。优化企业内部自身治理结构的同时增强企业资本的运行效率,建立健全企业预算制度,结合追踪问责的形式使企业工作人员端正工作态度,认真履行工作职责。在财务与绩效管理的过程中,从降低企业风险的角度出发优化企业资本结构,从创新力、企业文化以及人力资源管理等方面出发,促使企业获得持续健康的良好发展。

（三）完善财务绩效内部管理机制

企业在优化自身内部治理结构的同时，应重视企业财务绩效管理的建设，以良好的内部管理秩序来为企业财务绩效管理机制的运行提供保障。在内部管理建设的过程中，以内部审查和约束控制机制为主，综合提高企业的财务与绩效管理执行力。与此同时，企业应充分意识到财务预算在绩效管理中的重要作用，结合预算手段提高企业财务绩效管理的战略性和整体性。企业根据自身实际发展情况，对内部管控机制进行审查，以内部权责分配的形式，健全内部管理机制，在此基础上结合企业经营风险的实际情况，制定预算目标。结合目标细化思想，将责任落实到企业组织、部门及个人，推动财务绩效管理的落地实施，保障企业预期目标的完成。

（四）从业人员道德素养及工作能力提升

企业的发展需要人才的支撑，企业财务绩效管理体系建设，也需要高素质的财务管理人才。从当前市场经济和企业发展情况来看，财务管理优秀专业人才少，企业应从人力资源的角度出发，及时招录一些专业人才，壮大企业财务绩效管理队伍，同时重视企业内部现有财务绩效管理人才的培养，结合培训、考察以及轮岗锻炼等培训手段，帮助其制定明确的职业生涯规划，全面提升企业财务绩效管理人员的道德素养，提升其工作能力，建设高素质的管理团队，提升企业内部管理竞争力。

三、企业财务与绩效管理智能化的未来发展趋势

前面的章节综合介绍了企业财务管理和绩效管理，对其应用和体系建设进行了综合性分析。在学习的过程中可以发现，在社会经济与计算机信息技术快速发展的背景下，企业财务与绩效管理的应用逐步趋向智能化，如图9-1所示。

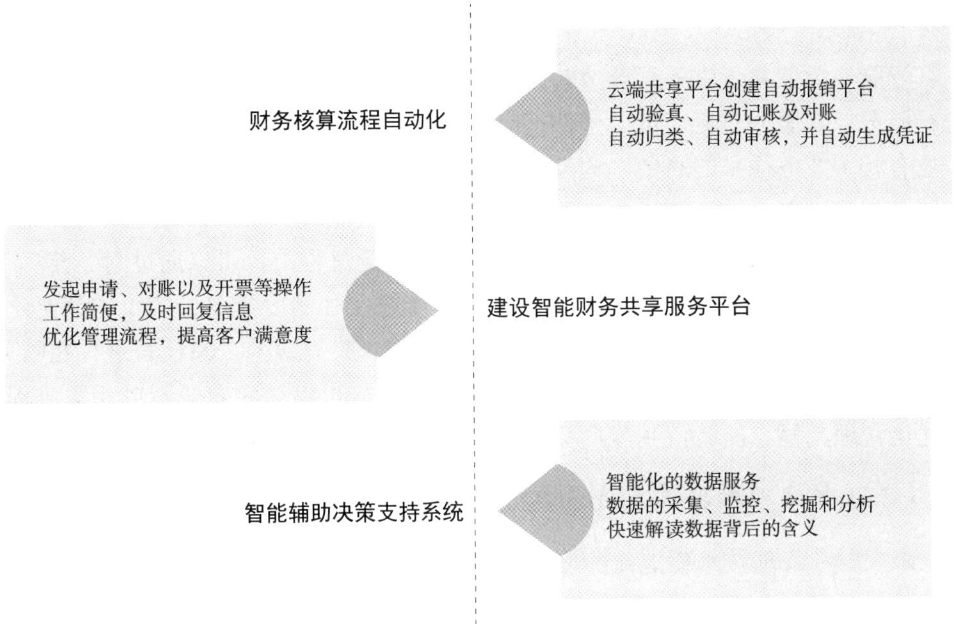

第九章　现代企业财务与绩效管理结论与创新展望

财务核算流程自动化
云端共享平台创建自动报销平台
自动验真、自动记账及对账
自动归类、自动审核,并自动生成凭证

建设智能财务共享服务平台
发起申请、对账以及开票等操作
工作简便,及时回复信息
优化管理流程,提高客户满意度

智能辅助决策支持系统
智能化的数据服务
数据的采集、监控、挖掘和分析
快速解读数据背后的含义

图 9-1　企业财务与绩效管理智能化的未来发展趋势

(一) 智能财务核算的全流程自动化系统

在信息化的支持下,智能财务核算系统可以解放人的双手,使财务管理人员从传统复杂的核算工作中解脱出来,提升财务人员的工作效率,降低企业人力成本,并促使财务人员更好地发挥管理特性。[①] 结合智能化的财务处理系统,实现智能化管理。例如,智能化处理中的自动验真、自动记账及对账,这一技术手段主要应用于企业的自动报销环节,企业员工可通过拍照的形式,将差旅费、办公费、快递费等报销项目,以电子发票或拍照的形式上传至云端共享平台,系统根据票据种类和票据内容进行自动归类、自动审核,并自动生成凭证,记录处理时间和处理结果,大大提高了财务凭证处理的效率和准确率。财务与绩效管理流程较多,且有时需要结合跨系统运作的形式来完成工作任务,以智能财务核算的方式,建设全流程自动化系统,可以将重复性的工作有效简化,促进企业财务人员向管理方向转化。

---

① 李豪,周政易. 大数据时代下企业管理模式的创新 [J]. 上海商业,2022(3):156-158.

（二）智能财务共享服务平台的建设

智能化财务共享服务平台的建设，在未来的发展中不仅仅是对企业内部管理进行服务，其服务对象还可以延伸至企业员工、上下游客户以及合作伙伴等。与企业有相关业务往来的对象，均可通过发起申请、对账以及开票等操作，快速完成财务处理工作。在计算机信息技术的发展下，企业财务数据采集呈现前置化特征。例如，员工在进行工作进度和工作制度查询的过程中，可以通过财务共享平台提交查询申请，快速获得申请单，了解工作进度和制度情况，使工作简便化，及时回复企业相关信息，为企业客户或供应商提供良好服务。总而言之，在财务智能化的理念和思想下，建设财务共享服务平台，可以简化企业财务相关流程，对优化管理流程、提高企业客户及供应商满意度具有积极意义。

（三）智能辅助决策支持系统的建设

未来财务管理技术智能化的发展可以辅助管理者进行决策，如财务共享服务中心的智能化数据服务作用，智能化的数据服务包括操作自动化、积累大数据以及机器学习等方面。将深度智能建模技术应用于企业的财务数据和宏观数据分析中，可以轻松实现数据的采集、监控、挖掘和分析，帮助企业经营者全面了解数据内容，快速解读数据背后的含义，在此基础上开展智能化、精确化的决策活动。智能辅助决策支持系统的建设，可以衍生出数据可视化技术，提升财务信息的清晰度，使企业经营者能够快速、敏锐地抓住数据信息，帮助企业经营者正确开展企业管理活动。

第二节 现代企业财务与绩效管理创新展望

一、明确管理职能并重视财务管理建设

财务管理是企业管理中的重要环节，在国际化发展的大背景下，精确财务管理职能并重视财务管理建设，可以有效体现企业财务管理的价值定位，促使企业实现可持续发展。在新时期，财务管理的职能定位与以往相比有着很大的不同。在以往的企业管理中，企业财务管理人员的职能定位是核算、报账等基础行为，以客观描述和记录的形式反映企业经济开展情况，而在当今的企业财务管理中，

财务管理人员从最初的数据核算中跳脱出来，在企业发展、决策以及绩效管理等方面，发挥着无法取代的作用。在这一前提下，企业管理者应提高对企业财务管理工作的重视，明确传统财务管理与新时期财务管理的不同，将财务管理定位为价值创造型的企业管理行为。财务管理在企业中的定位并不是由企业管理者或财务管理人员决定的，而是根据企业发展需要和时代发展的需求去设定的，因此企业管理者应明确现阶段的企业财务管理职能，并将财务管理职能贯穿于企业发展的各个阶段，为企业发展提供精准的财务支持。

二、建设共享服务中心，促进企业财务管理现代化转型

信息化、标准化及流程化是企业未来财务管理的发展，在全球贸易和市场竞争日益激烈的今天，传统财务管理的理念和方法，难以为企业的战略化发展提供有效的数据支撑。对于跨地区甚至是跨国企业来说，子公司和分公司机构众多，企业信息需要及时、快速和完整地传递到总公司，在这一企业发展现状下，运用现代信息技术构建共享服务中心，可以有效优化企业的资源结构，改变传统会计核算中存在的报销业务繁重和会计核算任务量较大的问题，减少企业财务会计人员投入的时间成本，降低企业用人成本。除此之外，加强信息化建设，构建财务共享服务平台，可以及时、有效和优质地帮助企业解决财务管理方面的问题，使企业在适应现代化和国际化发展的同时，实现自身战略目标。财务共享服务中心承担了企业下属子公司或组织的会计核算、税务核算、报表编制、资金管理以及账户结算等任务，在企业集团管理中形成了庞大的数据财务中心，财务信息以共享的方式快速高效地传递到企业管理者手中，这对企业发展和综合化体系建设具有重要作用。

三、预算控制结合财务分析推动财务会计转型

（一）提高企业预算管理水平

企业预算管理体系的设置是为了防范企业内部经营风险，财务部门为企业管理者提供优质完善的预算内容，可以综合体现预算管理在企业存在中的价值，帮助企业管理者了解企业生产经营情况，便于下一步战略计划和年度计划的制订。企业预算是对企业未来的收支情况进行预测，合理的预测可以帮助企业各业务单位更好地安排生产经营活动，企业管理者明确企业发展战略意图和企业实际发展情况，做好资金准备和投资准备，保障企业资金链的完整性，使企业具备充足的资金完成战略化发展。如根据预算管理制定战略目标，分解战略目标下达至企业部门或个人，在合理预测的前提下，促使部门管理人员更好地对生产经营活动进

行前期规划,通过过程控制和预算执行,完成战略目标任务。除此之外,企业预算还可以发挥资源配置作用,以考核的形式对各单位进行有效控制,以达到组织和协调企业生产经营活动的目的。将预算管理工作与企业财务分析相结合,可以降低企业管理成本,提高企业偿债能力和风险控制能力。

(二)科学有效地开展财务数据分析活动

从科学管理的角度出发加强财务数据分析工作,即对企业的财务状况、发展趋势和前景等进行综合化分析,促使企业管理者了解企业管理现状,并从财务角度了解企业概况和企业优势,结合经济效益指标综合评价企业预算管理中存在的问题,有效识别预算管理短板,从根源上解决企业预算控制中存在的问题,推动财务会计转型。

四、税务筹划保障企业经济利益最大化

税务筹划即在税法规定的范围内,以合法的方式通过对企业经营、投资以及理财等活动的筹划安排,尽可能达到企业节税的目的。税务筹划具有一定的风险性和专业性,在实际操作中对企业的发展具有重要影响。为保障企业在复杂的市场竞争环境中获得有效发展,国家出台了一系列的税收政策,企业可以根据当前的税收环境,在强化税务筹划的前提下,合理合法地减少企业纳税成本,最终达到提高企业竞争力的目的。在贸易全球化的影响下,中国对外贸易和国内企业发展受到了一定的制约,国家以税收政策变革为企业发展提供了便利,企业方面应不断加强税收筹划,在不同国家的税收环境中,合法合理地减少企业的税收成本,最终达到提高企业市场竞争力的目的。

五、资金集中管控,提高资金安全性

从现阶段的企业发展趋势来看,资金集中管理对企业价值具有一定的推动作用。在未来的发展过程中,大型企业资金管理需要以建立统一的结算中心或通过共享服务中心来实现统一结算,在这一过程中资金呈现集中化和信息化特征,传统分散资金管理模式被取代,有效提高了企业资金的利用率,在降低财务风险的同时最大限度地避免了企业财务损失。结算中心可以帮助企业进行跨地区及跨国家业务的管理,提高企业的资金周转率,如快速处理跨区资金支付、调拨和兑换业务,降低汇率、融资以及跨国跨区支付的风险,使付款路径更加安全和高效。

六、组建复合型人才队伍，创造企业价值

企业发展和内部管理的优化升级需要人才，组建复合型人才队伍可以为企业的国际化发展提供人力方面的支持。企业管理中财务人才储备，需要从两个角度执行人才队伍建设计划：一是招聘专业化人才，如具有国际教育背景和国际商务谈判能力的人才；二是为企业现有人才提供国际化的学习机会。财务管理中的复合型人才应具备国际专业财务管理知识和业务技能，还应在加强实践能力的同时培养创新能力。企业财务管理复合型人才应从财务的视角解读企业管理、生产经营、销售管理及法律金融等内容，帮助企业管理者做出最优决策。

参考文献

[1] 张耿城.混合所有制企业绩效管理[M].北京：冶金工业出版社，2021.

[2] 储企华.现代企业绩效管理[M].上海：文汇出版社，2002.

[3] 郝国强.企业绩效管理系统开发与应用实务[M].北京：中国石化出版社，2003.

[4] 张立秋，关怡，胡盛林.基于战略选择的绩效管理体系[M].北京：九州出版社，2014.

[5] 罗德克，等.天天向上：企业绩效管理：从规划到实现[M].曹建静，安渊明，译.北京：中国铁道出版社，2006.

[6] 那文忠，王秋玉.民营企业薪酬管理与绩效考评[M].北京：首都经济贸易大学出版社，2019.

[7] 阮磊.内部控制与企业财务管理绩效研究[M].长春：吉林大学出版社，2019.

[8] 邱漠河，余来文，陈昌明.数字经济企业定位协同管理与经营绩效[M].北京：企业管理出版社，2021.

[9] 朱丽献.企业绩效考核与薪酬管理的优化与设计[M].沈阳：东北大学出版社，2018.

[10] 徐雯.企业战略变革管理实现卓越绩效的途径[M].沈阳：东北大学出版社，2018.

[11] 钱坤，俞荟，朱蕾.企业管理[M].北京：北京理工大学出版社，2020.

[12] 李艺，陈文冬，徐星星.企业战略管理[M].成都：电子科技大学出版社，2020.

[13] 陈雪频.重塑价值：中国企业转型路径[M].北京：中国友谊出版公司，2017.

[14] 李若辉.家具企业转型升级的第三种动力：设计创新[M].南京：东南大学出版社，2019.

[15] 胡建兵. 小而美：中小企业的转型之路[M]. 长沙：湖南师范大学出版社，2016.

[16] 薛丽红，李晓宁. 现代企业管理[M]. 北京：北京理工大学出版社，2019.

[17] 成慕敦. 绩效管理[M]. 湘潭：湘潭大学出版社，2016.

[18] 云鹏，尹海燕. 绩效管理[M]. 北京：中国商业出版社，2015.

[19] 郭泽光，等. 现代企业财务管理研究[M]. 北京：中国商业出版社，1998.

[20] 胡椰青，田亚会，马悦. 企业财务管理能力培养与集团财务管控研究[M]. 长春：吉林文史出版社，2021.

[21] 武建平，王坤，孙翠洁. 企业运营与财务管理研究[M]. 长春：吉林人民出版社，2019.

[22] 刘媛，姜剑，胡琳. 企业财务管理与内部审计研究[M]. 郑州：黄河水利出版社，2019.

[23] 杨林霞，刘晓晖. 中小企业财务管理创新研究与改革[M]. 长春：吉林人民出版社，2019.

[24] 李俊秀. 企业财务管理的转型与创新研究[M]. 昆明：云南人民出版社，2019.

[25] 刘珣. 企业财务危机管理研究[M]. 武汉：武汉大学出版社，2017.

[26] 孟晓. 基于标杆管理的企业财务绩效指标探讨[J]. 产业与科技论坛，2022，21（6）：201-202.

[27] 侯汉锋. 医院财务管理中的绩效管理思考研究[J]. 财经界，2022（5）：113-115.

[28] 李宏丽. 项目财务绩效管理存在的问题及对策研究[J]. 中国农村科技，2021（12）：72-75.

[29] 任立改. 战略导向、绿色管理与企业财务绩效[J]. 财会通讯，2021（6）：61-65.

[30] 詹霓. 企业社会责任、盈余管理与财务绩效的研究综述[J]. 河北企业，2021（3）：103-105.

[31] 李书平. 新医改形势下公立医院财务绩效管理机制改革模式初探[J]. 财经界，2020（31）：151-152.

[32] 解伟肖. 医院财务绩效考核推动全面预算精细化管理研究[J]. 经济研究导刊，2020（10）：99-101.

[33] 豆玲，高艳.企业财务绩效管理与领导过程：一个理论模型探析[J].商业会计，2020（2）：88-91.

[34] 刘小峰，赵慧菊，庞纪阳.环境管理能力提升能否改善环境绩效与财务绩效——基于A股上市公司的实证分析[J].南京财经大学学报，2019（6）：65-73.

[35] 赵相勇.新形势下国有企业如何构建财务绩效评价指标体系[J].现代商业，2019（35）：177-178.

[36] 李锐.基于绩效管理的大中型企业财务管理模式研究[J].财会学习，2019（30）：7-8.

[37] 陈旭明，朱捡发.平衡记分卡在企业财务绩效价值链管理的探索性分析[J].东方企业文化，2019（增刊2）：26-27.

[38] 许丽.中小企业财务绩效管理的问题及对策[J].国际商务财会，2019（7）：58-60.

[39] 廖丹丹.企业财务绩效管理质量的提升研究[J].会计师，2019（12）：25-26.

[40] 李蔚玲，曾诗云.企业财务绩效管理的质量提升策略的分析[J].现代经济信息，2019（9）：213.

[41] 梁高越.企业财务绩效管理的质量提升研究[J].现代商贸工业，2019，40（9）：116-117.

[42] 王立，王龙伟.绿色管理如何影响企业财务绩效：战略导向和技术不确定性的影响[J].研究与发展管理，2018，30（6）：34-46.

[43] 计涛.新常态背景下的保险公司财务绩效管理体系[J].全国流通经济，2018（34）：32-33.

[44] 赵大伟.对保险公司财务绩效管理的几点思考[J].纳税，2017（16）：56.

[45] 陈仪卓.企业财务管理绩效问题研究[J].现代商贸工业，2016，37（17）：122-123.

[46] 熊京.探析企业管理模式与企业管理现代化[J].商展经济，2022（6）：141-143.

[47] 刘佳欢.企业文化在企业管理中的作用探讨[J].中外企业文化，2022（3）：67-68.

[48] 李豪，周政易.大数据时代下企业管理模式的创新[J].上海商业，2022（3）：156-158.

[49] 詹旺秀. 新经济环境下企业管理水平的提升策略[J]. 全国流通经济, 2022（1）: 106-108.

[50] 刘红霞. 对人本管理思想在企业管理中应用的思考[J]. 经济管理文摘, 2021（22）: 71-72.

[51] 徐翠萍. 大数据时代企业管理面临的挑战与解决对策[J]. 中国管理信息化, 2021, 24（22）: 116-117.

[52] 邱珊珊. 企业管理沟通问题及对策研究[J]. 现代营销（经营版）, 2021（11）: 178-180.

[53] 田秋. 企业构建战略绩效考核管理体系的作用及路径[J]. 企业改革与管理, 2022（5）: 46-48.

[54] 陈文超. 战略绩效管理对企业竞争力提升作用研究[J]. 人民论坛, 2021（16）: 88-90.

[55] 姚歆惠. 预算管理与绩效考核在企业财务战略管理中的应用[J]. 商讯, 2019（19）: 90, 92.

[56] 王晓亮, 蒋勇. 高管团队激励分散度、企业风险承担与战略绩效研究[J]. 财经理论与实践, 2019, 40（2）: 106-111.

[57] 王永华. 绩效薪酬管理对企业财务战略的影响和应用研究[J]. 经贸实践, 2018（22）: 65-66.

[58] 杨烁. 风险环境下的企业战略绩效审计研究[J]. 中国商贸, 2012（18）: 58-59.

[59] 邓小军. 基于学习记分卡的学习型企业财务战略绩效评价指标体系构建[J]. 财会通讯, 2012（5）: 52-53.

[60] 卿文洁. 企业财务战略绩效评价主体及激励制度探析[J]. 湖南科技学院学报, 2010, 31（9）: 156-159.

[61] 冯自钦, 洪荭. 企业三维财务战略绩效矩阵评价研究[J]. 财会通讯, 2009（16）: 54-56.